神奈川大学人文学研究叢書 26

ジェンダー・ポリティクスを読む
表象と実践のあいだ

村井まや子　編

Reading Gender Politics:
Between Representation and Practice

Edited by Mayako Murai

御茶の水書房

まえがき

ジェンダーにまつわる問題系は、ここ一世紀以上にわたって発展してきたフェミニズムの思想と運動によって、大きく可視化されてきた。性差を生物学的な差異としてではなく、社会的・文化的な差異として捉えることを可能にしたジェンダーという概念は、性的な差異により抑圧を受けてきた女性にとって、抑圧からの解放への道を切り拓いていくために不可欠な理論的基盤となってきた。フェミニズムの元来の定義は、その語源である「フェミナ（女性）」という語が示す通り、社会的に抑圧され権利を奪われてきた女性が、両性の平等という理念に基づく十全な権利を得るための主張である。しかし、フェミニズムの発展の中で、民族や階級やセクシュアリティなど、ジェンダー以外のさまざまな差異を抑圧して「女性」として一括りにされることに対する違和感や、「男性」として社会の性的不均衡に異議を唱える「フェミニスト」が感じる居心地の悪さなど、フェミニズムという用語自体が孕む問題が表面化し、近年は、より多様な差異の概念に基づく権利の主張を求めて、ジェンダー・スタディーズやカルチュラル・スタディーズといった、新たな批評枠に活路を見出す場合も増えてきている。本書のとる批評的立場は、フェミニズムの思想と運動の中で生じてきた問題を論じている点で、フェミニズムの延長線上に位置づけられるが、ジェンダー以外の概念に基づく差異や、「女性」という範疇以外の者たちの受ける抑圧をも考察対象としている点では、フェミニズムという批評枠を超えるものでもある。

本書の目的は、近年ますます多様化しているジェンダーにまつわる問題を、批評理論と社会実践の両面から考察し、家父長制社会における文化的表象の分析と、法的・制度的な権利の要求の歴史との間の、密接な相互関連性を浮かび上がらせることにある。この目的を達成するために、本書は次のような構成をとっている。

「ジェンダーとイメージ」と題する第I部のセクションでは、視覚的・言語的に表されたジェンダーのイメージを分析する。第一章では、朝鮮時代の美人図のイコノロジーの風俗誌的分析を通して、家父長的な儒教倫理が理想とした、自己を犠牲にして夫に忠烈を示すと同時に、血統を保持するために男児を産み育てる性としての女性のイメージが、封建制度が崩壊した後もなお、人々のジェンダーの概念を束縛し続けていたことを明らかにする。

第二章では、第一波フェミニズムを経た「新しい女」たちがメディアを賑わした二十世紀初頭のドイツの前衛芸術の運動の中で、「新しい性」がどのように表象されたのかを、ベルリン・ダダの中心人物の一人ラウール・ハウスマンと、彼のパートナーであったハンナ・ヘーヒのコラージュ作品を例に分析する。シュールレアリスムの場合とは異なり、ダダにおいて女性が果たした役割については欧米でも近年ようやく研究が始まったばかりであり、美術史における男性中心主義を問い直す批評実践の継続の重要性を示す論考ともなっている。

第三章では、第二波フェミニズムの思想に大きな影響を与えたフランスの思想家リュス・イリガライのテクストが、女性の性・身体・快楽の複数性を説くことで、男性の性をも含めた性の規範そのものを揺るがす可能性を切り開くものであることを指摘し、文学の領域においてそのような男性の性の書き換えが行われている例として、十九世紀末フランスと第二次大戦後の日本の女性作家二人の作品に見出される、男性身体の女性化という言語的表象の実験について考察する。同時に、フェミニズムの中で理論的に対立するものとして捉えられがちな、本質主義と社会構築主義の共通項に着目しながら男女の身体と快楽の問題を論じることで、ジェンダー秩序そのものを問題化する企てとしてのフェミニズムの射程の拡大を試みる。

第四章では、おとぎ話におけるジェンダーの表象について、第二波フェミニズム以降の批評と創作の実践の軌跡をたどりながら考察し、やなぎみわの美術作品を例に、無意識の欲望に象徴的表現を与えるおとぎ話というジャンルが、女性についての新たなイメージと物語を創出する可能性について論じる。

このようにまず第Ⅰ部でジェンダーの表象の問題を論じるのは、長い歴史の中で慣習化されてその制度的性質が見えにくくなっている、個人の抱く心的・身体的イメージの認識の変容こそが、個人をとりまく社会の慣習や制度の変革につながると考えるからである。

続く第Ⅱ部「ジェンダーと社会運動」では、女性を既成のジェンダーのイメージから解放すべく行われてきた、異なる文化圏に属する女性たちの社会運動の軌跡をたどる。第五章では、二十世紀への転換期のアメリカで、大学教育を受けた女性に社会活動の場を与えるセツルメント活動を率いたジェイン・アダムズの、黒人問題に対する意識を考察する。アダムズがシカゴに開設したハルハウスの社会福祉活動の対象には、ヨーロッパからの移民は含まれていたが、黒人については、現実的には当時の白人の中産階級層の人種意識を反映した隔離政策を実施していたと論じる。

第六章では、一九一八年に設立されたオンタリオ女性教師協会連合の活動の軌跡を、第一波と第二波フェミニズムの運動との関連に注目しながらたどることで、女性だけの組織が持ちうる意義を考察する。一九九八年に大多数が男性の教師団体との合併により幕を閉じたこの組織が直面した問題が、第二波フェミニズムが孕む、学歴や地域性や世代などの違いから生じる女性間の分断の問題と密接につながっていることが明らかにされる。

第七章では、台湾における第二波フェミニズムを牽引した女性グループ「婦女新知」の活動について考察し、一九八二年からの十年間に及ぶ活動期間中、主に雑誌の発行を通して、女性たちに自分自身の運動組織を作るよう奨励し続けたこのグループの理念が、異なる個性を持つ多様なフェミニスト団体の形成につながった経緯を論じる。

第Ⅱ部を構成するこれらの三章はいずれも、ジェンダーと深く関わり連動している、社会的、歴史的な多様な差異に基づく抑圧を射程に入れて変化し続けない限り、フェミニズムという批評枠に立脚する政治実践が、さまざまな差別を生み出す社会体制の根本的な変革を実現する運動としての有効性を保つことは困難であることを示している。

以上の七つの章は、各セクションの中でそれぞれの考察対象のおおよその年代順に並べられているが、これらの考察対象は近代におけるフェミニズムの発展を体系的に表すためではなく、ジェンダーの表象と社会実践の相関関係の多様さと複雑さを例証するために選ばれたものである。異なる時代と文化における状況を照らし合わせることで、視覚的・言語的イメージが映し出すジェンダーの概念と、支配的なジェンダーの概念に抵抗する社会運動が、時代や文化を超えて響き合うものであることを示そうと試みた。その試みの成否については読者のご批判を仰ぎたい。

村井まや子

ジェンダー・ポリティクスを読む　目次

目　次

ジェンダー・ポリティクスを読む

――表象と実践のあいだ

第Ⅰ部　ジェンダーとイメージ

第一章　美人図のイコノロジー
――朝鮮時代の烈女像

金貞我

1　朝鮮時代の美人図――「雲娘子二十七歳像」という烈女像

博物館や美術館といった展覧会で、女性を描いたものはよく「美人図」と分類される。それは展覧会のみではなく、図録や美術関連の書籍でもほとんどの場合に「美人図」の範疇に入れられる。「美人図」という用語が、明治時代に西洋の美術を取り入れる過程で新しく作られた造語であり[1]、それをそのまま借りたものにせよ、美人図は、長らく美しい容貌の女性を描いた絵画であると考えられてきた。いうまでもなく、時の人々が求める理想の美を備えた女性を描くことは、古今東西を問わず多くの芸術家を魅了してきた。中国では魏・晉・南北朝を経て、九世紀の晩唐に至って美人を意味する士女、もしくは仕女という用語が画史類に現れ始めている[2]。また、朝鮮半島においても、高麗時代に入ると「麗人図」、もしくは「仕女図」と呼ばれ[3]、「美人図」は、美術の一つのジャンルを表わす特殊な表現として使われる以前からも描かれていた。しかし、朝鮮時代の絵画作品のなかには、女性を画題とした絵はそれほど多くない。そして、現存する「美人図」のほとんどは、特定の人物をモデルとした肖像画ではなく、普遍的な「美人」を描

図１蔡龍臣筆「雲娘子二十七歳像」一九一四年、国立中央博物館

いたものが大部分を占める。

朝鮮時代には、身分の高い女性を描くことは厳しく制限されていた。国王の肖像画である御真影の制作は、宮廷画員にとって名誉ある仕事として、同時代のもっとも技量の優れた画員がその制作を担っていたが、王妃の肖像画が制作された例は一つもなかった。人物を細密に写生する肖像画の制作は、身分が高い男性に限られていた。粛宗（1661-1720）は、病死した仁顕王后（1667-1701）を哀れみ、影幀の制作を試みたが、官僚に激しく反対され、ついに実現できなかったことが伝わるが、朝鮮王朝を通して、王室の女性を絵画化することは一度も行われなかった。肖像画の注文主は殆んど支配階級の両班男性に限られ、女性の肖像画は身分の上下を問わず、制作されることはなかった。

それでは、朝鮮時代にはどのような女性が絵画化されたのであろうか。いわゆる「美しい女性像」のモデルは、社会の最下層の身分に属していた妓女であった。しかし、妓女を描いた作品は不特定の人物画であるために、ただ「美人図」と題される場合が多い。澗松美術館蔵の申潤福筆「美人図」（図２）を始め、海南緑雨堂が所蔵する筆者未詳の「美人図」（図３）、松巌文化財団蔵の「八道美人図」（図４）などがその典型である。いずれも豪華な服飾で着飾った妓女を描いたものである。

ところが、朝鮮時代の絵画史の中で稀に見る、実在の女性を絵画化した「美人図」がある。蔡龍臣筆「雲娘子

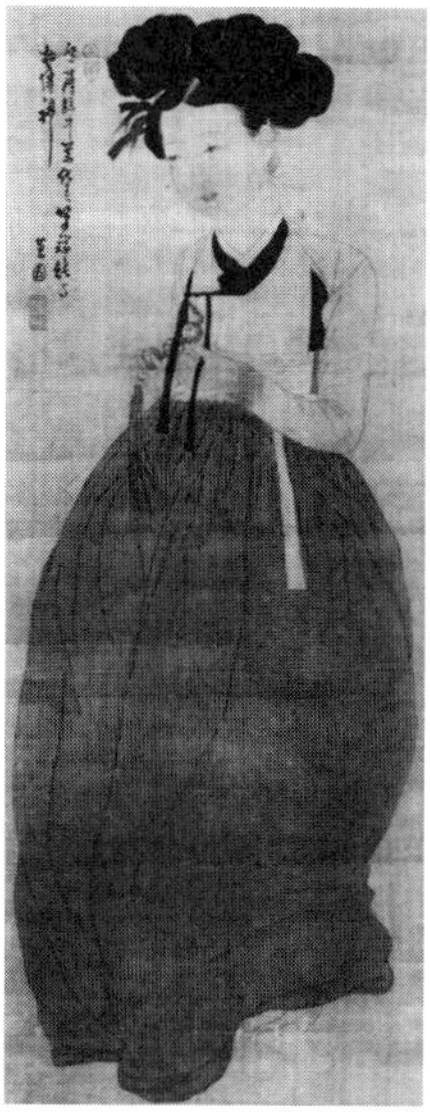

図２申潤福筆「美人図」一八世紀末、澗松美術館

図３筆者不詳「美人図」一九世紀、海南緑雨堂

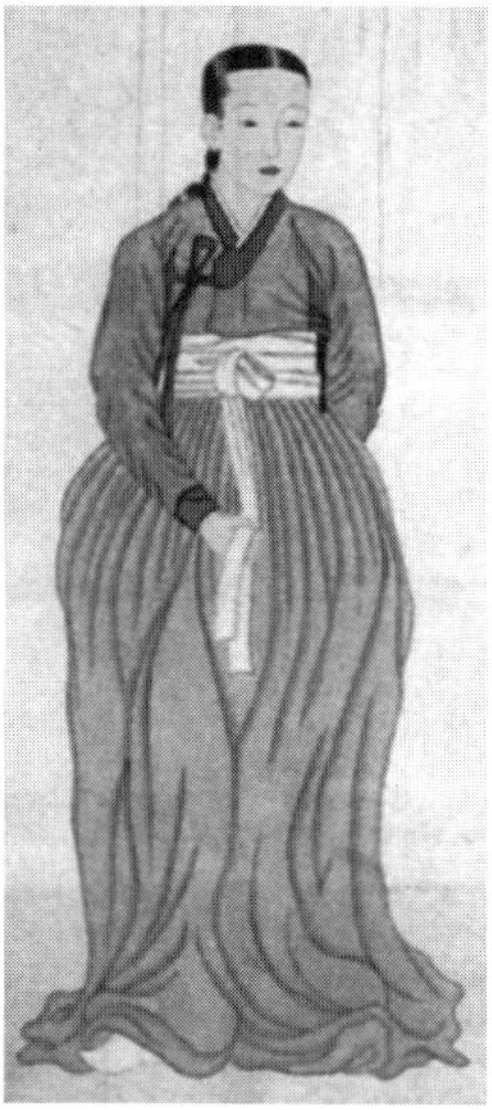

図４筆者不詳「八道美人図」（部分）二〇世紀初、松巌文化財団

二十七歳像」という朝鮮時代の女性像である（図１）。朝鮮王朝が日本の植民地にされ、五〇〇年あまりの王朝の幕を下ろした四年後の一九一四年に、王朝の地方官僚であった画家蔡龍臣（1850-1941）により制作されたこの作品は、実在した女性を描いている。絵の題材になった雲娘子とは、農民の蜂起である洪景来の乱の際に義烈し、朝鮮王朝から烈女として旌表され、死後、義烈祠に配享された妓女崔蓮紅（1785-1846）のことである。

「雲娘子二十七歳像」は、直立姿勢の全身像であり、構図からは、いわゆる美人図の系譜に属するものである。一九三一年、東京で開かれた「朝鮮名画展覧会」に初めて出品され、蔡龍臣の死後、一九四三年、ソウル（当時、京城）の和信画廊で開催された遺作展は、「名画雲娘子作家故石江蔡龍臣氏遺作展」と題されるほど、当時すでに蔡龍臣の代表作として名声が高かったことが窺える。[4] この作品は、いまなお、風俗画展などでは美人図と分類され、「卵型の美しい顔やそっとさらけ出した乳房、そして律動感溢れるチマの襞に隠れた豊満な肉体美」の表現など、もっぱら美しい女性像という解釈に焦点が当てられ、二〇世紀初頭の韓国美人図を代表する作品として位置づけられている。(5)

法量は縦一二〇・五センチ、横六一・七センチ、絹本（白紗）に制作された彩色画である。胡粉を引いた画面に描かれているのは、子を抱く女性像である。画面右上には「雲娘子二十七歳像」、左中には「甲寅渤月石芝写」と記されていることから、図は一九一四年に、雲娘子、すなわち平安道嘉山郡官妓崔蓮紅（1785-1846）の二七歳の姿を描いた肖像画であると考えられる。線描をできるだけ抑え、上衣のチョゴリや膨らむチマの量感を強調するために西洋画の陰影法が施されている。

崔蓮紅は、妓女の初名を雲娘子とし、官妓として配属されていた嘉山郡の郡守鄭著の側室となった。一八一一年、雲娘子が二七歳のとき、平安道で洪景来が反乱（1811-1812）を起こした際に、反軍によって命を亡くした夫の家族を守った行為により、妓籍から良民に身分を復され、宮廷から田畑を下賜された。

洪景来の乱は、朝鮮時代に起きたもっとも大きな農民の乱である。純祖一一年（一八一一）一二月、腐敗した党派政治がもたらした生活不安や西北人に対する差別に抵抗して蜂起したこの反乱は、朝鮮王朝を支配してきた儒教のイデオロギーを根幹から揺るがした大事件であった。洪景来（1771-1812）は、官職に就いていない平安道の両班家に生まれたが、何度も科挙に失敗を重ねた。度重なる科挙への落榜は、西北人に対する差別と外戚安東金氏の独断政治の横暴や売官によるものと信じ、科挙を通して官僚になることをあきらめた洪景来は、同じく社会から差別される庶出の中人階級の知識人や富農、富商らを糾合し、ついに反乱を引き起こす。

洪景来の乱が蜂起された時、最初に襲撃された官衙が、雲娘子の逸話に関わる嘉山郡である。嘉山郡は、官衙の吏属が蜂起軍に味方したために容易に占領され、郡守の鄭著と彼の父・鄭魯は蜂起軍により撲殺され、弟の耆もひどく殴られ瀕死状態になった。雲娘子は、ここで登場する。郡守鄭著の側室であった雲娘子は、蜂起軍が引き上げた後、すぐに弟の耋を助け、鄭著親子の屍を篤く葬った。洪景来の乱が収まった後、官軍により鄭著の喪柩が南に護喪された時は、雲娘子は棺から離れず、悲痛に痛哭したという[6]。

憲宗一二年（一八四六）、崔蓮紅の死後、平壌の父老らがその大義を称え、画像を描き、義烈祠に配享した。義烈祠は、平壌の府妓桂月香（?-1592）の霊を祀る祠堂で名高い。平壌防御師金応瑞（1564-1624）の側室であった妓女桂月香は、文禄の役に平壌まで攻めてきた小西飛に体を犯されると、小西を殺害する計画を立て、金応瑞に首を切らせた後、死をもって自分の汚された肉体を自害し、金応瑞に対して烈を表した。崔蓮紅の義烈も桂月香にたとえられ、桂月香を祀る義烈祠に配享され、桂月香と並ぶ烈女に序列されたのである。平壌父老による崔蓮紅の義烈祠配享について、張之琬の『枕雨談草』は次のように記述する。

「道光丙午蓮紅既老死　平壌父老言紅居槍攘之時能辦熊魚宜加褒異図像配食于義烈祠義烈祠即桂月香妥侑之所也[7]」

『枕雨談草』は、身の安全を顧みず、義を守った崔蓮紅の行動を烈行として称えている。烈女は身をもって烈行を実践した女性を指す。そして、朝鮮時代の女性にとって烈行とは、確固たる意思をもって女性が守るべき倫理を実践する行為を意味する。朝鮮時代後期の儒学者洪良浩（1724-1802）が著した『烈婦旌閭記』に、「婦人の行は死をもって烈を表わすべき」と記されているように[8]、烈行の実践には身体の一部を毀損するか、もしくは「死」をもって自身を犠牲にすることで、人々に深い感銘を残すことが必要であった。そして、その行為を実践した女性に旌表されるのが烈女である。烈女に期待される行為は、朝鮮時代の儒教的家父長制社会が求める至極の道徳倫理として、女性が命をかけて守るべき美徳とされた。(9) すなわち、女性が従属される男性、大部分は夫（もしくは夫に代わる男性）に、自分の身体を犠牲にしながら、忠烈を示す女性が、朝鮮王朝におけるもっとも理想的な女性像（＝烈女）であった。義烈祠に配食された平壌の府妓桂月香も嘉山の官妓雲娘子も、身体を犠牲にし、もしくは身体が毀損される危険な状況にありながら烈行を実践した烈女である。図のなかの烈女崔蓮紅は二七歳、「槍攘之時」の姿である。それは、人物を実写した肖像画というよりも、烈行を実践したその時から一〇〇年ほど経った一九一四年、画家の想像で描いた追画である。「雲娘子二十七歳像」と、妓名が画題として使用されていることは、烈女としての「妓女」雲娘子を際立たせようとした意図なのだろうか。しかし、描かれた烈女のイメージに、「槍攘之時」に命をかけて「能辮熊魚」したメッセージを発信するイコンはどこにも刻印されていない。図は、両手を下ろし、子供（男児であろう）を抱いている優しい表情の母子像である。

子供を抱く女性像は、しばしばキリスト教の聖母像のイメージに連鎖される。若桑みどりによれば、イエズス会宣教師によってアジア・アフリカなどに伝播された聖母子像は、言語および文化の異なる民族、人種の教化に最大の効果を発揮したが、その基層にあるのは普遍的な母性神の存在であると指摘する。(10) 実際、アジアのなかでもとりわけ、インド、中国、日本の場合、聖母子像は、現地における慈悲なる女神のイメージと結ばれ、子供を抱く姿に現地化した聖母像として変容される（図5・6）。そこで、「雲娘子二十七歳像」のイコンも、このような聖母子像における伝統的、民衆的文化の融合の延長戦で読み取ろうとする解釈も現れた。(11)

描かれている崔蓮紅は、単なる一人の女性の実体として表わされていないことは、制作の背景から明らかである。その烈女のイメージは、平壌の父老らがその大義を称えたように、社会が望む女性像として表象されているのであれば、そのイメージを生み出した画家の視線、さらにその女性像を支える社会の見方を考察することが必要であろう。蔡龍臣が描出した崔蓮紅像は、王朝末期のどのような社会背景のもとで、朝鮮時代の理想的な女性の姿として作り出された女性の身体なのか。以下においては、烈女雲娘子の表現における風俗誌的分析を通して、表象の裏に存在する烈女に寄せられた視線を読み取ることを試みる。

図5 筆者不詳　お掛け絵「聖母子」平戸市生月町壱部H家所蔵
写真提供：平戸市生月町博物館・島の館

図6 筆者不詳「聖母子」明代末、The Field Museum

2 「雲娘子二十七歳像」の図像学

(1) 烈女としての雲娘子の表現

それではまず、烈女雲娘子の表現を詳細にみることにしたい。武官出身の画家蔡龍臣は、高宗の御真影まで制作し、迫真に満ちた肖像画の制作で名声を得た画家であるが、烈女としての雲娘子をどのように表現したのであろうか。興味深いことに、蔡龍臣が制作した肖像画のほとんどは、実存する人物をモデルとしており、「雲娘子二十七歳像」のように、実在した人物を想像して描いた作例はそれほど多くない。実際、蔡龍臣の肖像画やそれに関連する記録を伝える『石江實記』にも、「雲娘子二十七歳像」の制作に関する言及は一

図７ 申潤福筆『蕙園傳神帖』「端午風情」一八世紀末、澗松美術館

切記されていない。いわば、この「美人図」も朝鮮時代に描かれたほかの女性像と同様、制作の目的や経緯、注文主などに関してのデータは明らかでない。

立像の雲娘子は、正面を向いた端麗な顔つきである。髪型は、角額に髪際を整え、膨らんだチマにチョゴリはやや短く、胸がさらけ出されている。このような姿を、熊谷宣夫は、「乳房を隠見したという流行が参考される」とする。[12] また、胸をさらけ出す姿は「女性の力を隠喩する」ものであるという解釈もある。[13] 果たして、「雲娘子二十七歳像」は、既存の美人図の伝統から何を学んでいたのだろうか。その表現は単なる当時の流行だったのだろうか。

朝鮮時代の女性の髪形は、一八世紀後半を前後して大きく変っていった。その姿は朝鮮時代に制作された風俗画から窺える。[14] 朝鮮時代の女性の髪形は、未婚の女性は編んだ髪を後ろに垂らすお下げ髪で、既婚の女性は編んだ髪を頭の上部で丸くまとめて固定する巻上げ髪が一般的であった。大きく巻き上げた髪型の女性は、美しい女性の表現としてよく風俗画に描かれた。多くの女性を描いたことで知られる申潤福筆『蕙園傳神帖』の「端午風情」は、その好例となるであろう（図７・８）。巻上げ髪は、大きく作れば大きいほど女性のおしゃれとされ、婦女子の間には高価な髢をいれる奢侈が流行った。その流行は庶民の女性の間にもおよび、競って髪を大きくかざり、社会問題になっていた。英祖三五年（一七五九）に、髢をいれて髪を巻き上げる加髢巻上げ髪の禁止令が出されていたにもかかわらず、婦女子の「重首之飾」の弊害

図8 申潤福筆『蕙園傳神帖』「端午風情」（部分）一八世紀末、澗松美術館

図9 筆者不詳「美人図」（部分）一九世紀、海南緑雨堂

は絶えなかった。正祖年間には右議政蔡濟恭（1720-1799）が上疏し、「貧家の婦女子も財産をはたいて高価な髢を買う」とし、また「加髢できない人は嫁を迎えても見舅姑之礼が挙げられない」という弊害を訴え、加髢巻上げ髪の禁止令を主張した。[15] また、儒学者李徳懋（1741-1793）は、「妻が、琥珀、真珠、玉などの豪華な髪飾りでけばけばしく飾った大きな髪形をしても、家長はそれを止めることができない」現状を嘆き、「一四歳の裕福なある家の嫁は、大きく巻き上げた髪が重くて首が折れた」例を取り上げ、加髢巻上げ髪の禁止令を強く訴えた。[16] 正祖一二年（一七八八）、再度禁止令が出され、質素な簪髪が奨励されてからも、巻上げ髪は完全に姿を消すことなく、簪髪とともに混用されていた。この髪型は一八世紀後半を境に徐々に変わっていき、一九世紀に入ると、後ろに編んだ髪を髷のように結い束ねて簪を挿して固定した簪髪へと定着した。海南緑雨堂蔵の「美人図」は、一九世紀半ば以降の作品であるにもかかわらず、美しい女性を象徴する大きな巻上げ髪をし、重い髪を両手で支えるようなしぐさをしている（図9）。

女性の最新流行のファッションはそれだけではない。一八世紀を境に、服装においても変化が起きる。朝鮮時代初期のチョゴリは高麗時代の名残もあって、丈が腰の少し上までくるかなり長いものであったが、一八世紀頃になるとチョゴリの丈が短くなり、一八世紀末からはチョゴリの下から肌がみえるほどになる。[17] 海南緑雨堂蔵の「美人図」も極端なまでに袖が細く丈の短いチョゴリ姿である。丈の短いチョゴリから露出される胸を隠すために帯を回したが、それがいわゆる腰帯と呼ばれ、チョゴリとチマの間の露出される肌を隠す役割をした。袖は、動きが取れないほどさらに細くなり、極端に短くなったチョゴリに対して、下半身を覆うチマはより長く、膨らむ形になっていった。このような服装は妓女から流行り、両班家や庶民の間にまで波及した。チョゴリが短くなった分膨らんだチマの形態は、エロチシズムを増長するものとして反響を呼んだが、膨らむ形を作るために一〇種類もの下着を着用したという。特に妓女は絹の下着を幾重にも重ね着をし、チマをたくし上げ、意図的に下着がみえるようにした。このような服装は、妓女の象徴として風俗画の中にしばしば登場する。

女性服の上衣であるチョゴリは、襟、ゴルムと呼ばれる結び紐、わき下、そして袖先が異なる色の布が当てられているが、紫や藍色であてたチョゴリは三回装チョゴリと呼ばれた。[18] 特に藍色のチマと合わせる三回装チョゴリは、両班家の女性のみが着用できる最高の礼服とされた。一方、襟、結び紐（ゴルム）、袖先にチョゴリの色と異なる色の生地を充てたチョゴリは半回装チョゴリといい、庶民にも着用が許された。そして、襟、結び紐（ゴルム）、わき下、袖先などに異なる色の布を当てない単色のチョゴリをミンチョゴリといい、主に庶民の女性が着用していた。両班家の女性以外に、三回装や半回装チョゴリが着用できたのが妓女であった。朝鮮時代の妓女は基本的に国に所属していた官妓であったが、妓女の身分と処遇については厳しく明文化されていた。しかし、服飾においては、両班家の女性と同様に、例外規定が設けられ、時には奢侈禁制の条項を超えることが許されていた。官妓は、宮廷や上流社会の宴会に音楽と舞踊を提供することがその重要な役割とされたが、ほかにも、地方官僚や辺境に赴いた軍人の夜伽をすることも妓女の仕事であった。すなわち、妓女は支配階級の男性に生理的欲情の発散と音楽や舞踏といった文化的欲求を満たす役割を課せられていた。服飾における例外規定はその役割に対する代価であっただろう。

朝鮮時代の身分制度には厳しい身分の区別が存在していた。基本的には支配階層の両班と被支配階層の常民で構成される両常体制であった。常民は、士農工商に従事する良民と賤役に従事する賤民で構成されるが、階層間の身分上の区別は厳しく、服飾や称号、あるいは行事の座席などにおいて画然とした分別が定められていた。身分上、妓女は最下層の賤民であった。三回装チョゴリの着用が許されなかった良民の女性はともかく、両班家の女性と同じく三回装や半回装チョゴリの着用が可能であった妓女は、チマの着用方により、身分を表わさなければならなかった。実際に、服飾による女性の身分はチマの着用方で明確に分別されていた。両班家の婦女子は幅が広く、丈も引きずるほど長いチマを好み、庶民の女性は幅が狭く、短いチマを着用した。両班家や良民の女性はチマの裾を左から右に回し、賤民や妓女は右から左へと回して身分を表わしており、身分階層を区別する手段としてもっとも直接的であり、明確な役割を果したのが服飾であった。

図のなかの雲娘子は、海南緑雨堂蔵「美人図」（図3）や松巌文化財団蔵の「八道美人図」（図4）にみる三回装チョゴリや半回装チョゴリのような豪華な服装ではなく、ミンチョゴリを着た質素な姿である。チョゴリの袖は幅が広く、奢侈の象徴であった細い袖とは明確に区別される。また、チマの着用は右回しなのかそれとも左回しなのか、分別のできないあいまいな描き方である。嘉山郡郡守の側室であっても、官妓だった雲娘子の身分は賤民であったが、洪景来の乱以降、身分を良民に復したことを示唆しているのだろうか。妓名である雲娘子を画題に用いながらも、上衣から覗かれる乳房以外は、髪形や服飾の表現において、いわゆる美人図の範疇に属する妓女の表現とは、一致するところがない。

（2）胸をさらけ出す女性

図10 申潤福筆『蕙園傳神帖』「端午風情」（部分）一八世紀末、澗松美術館

画家蔡龍臣は烈女を描き上げるために、なにを強調し、なにを入念に描きたかったのだろうか。そして、絵の表現から何を排除しようとしたのだろうか。正面向きの安定した立ち姿の雲娘子は、嘉山郡郡守鄭蓍の子とされる子供を抱き、腰帯を回していない短いチョゴリの下には、乳房をさらけ出している。烈女という封建社会の理想的な女性を描き上げる時、画家が選択した図様は、胸をさらけ出し、子供（男児であろう）を抱く姿である。この図様にはどのような社会的約束が働いたのだろうか。

朝鮮時代を支配していた儒教の道徳倫理から、身体を隠すことが厳しく要求されていた朝鮮の女性に、胸をさらけ出すほど身体の露出が許されていたはずはない。士大夫階層である両班の女性は自由に外出することは許されなかったし、庶民の女性ですら肌を人にさらすことは少なかった。

乳房をさらす女はたびたび絵のなかに登場する。前出の申潤福筆『蕙園傳神帖』のなかの一点である「端午風情」は、川辺の一角で沐浴をする半裸の女性と身繕いをする数人の女性を描いている（図7）。体を露出し、沐浴をする女性の姿は、封建的な儒教のイデオロギーからみると、あまりにも破格である。朝鮮時代の絵画に稀にみられるこのような大胆な表現は、ほとんどエロチシズムと結びつけて論じられている。この図の右下にさりげなく描かれた、ものを運ぶ女性も胸をさらけだす姿である（図10）。ミンチョゴリとゴドルチマと呼ばれるたくし上げられたチマの着用から身分の低い下女であろう。しかし、エロチシズムと無関係な図柄であることは一目瞭然である。

いわゆる「美人図」のなかには、乳房を露出するイメージが少なくない。東亜大学博物館蔵の「美人図」も「雲娘

図 12 筆者不詳「美人図」（部分）　一九世紀、東亜大学博物館

図 11 筆者不詳「美人図」一九世紀、東亜大学博物館

子二十七歳像」と画面形態において酷似する。特に、東亜大学博物館本の「美人図」は短いチョゴリの下に白い胸が半分覗く姿であるが、それは片腕を上げるしぐさにより身体の「性」がさらに強調されている（図11・12）。東亜大学博物館本の女性像は、着用しているチョゴリが半回装であり、また金箔の文様入りであることから、女性の身分は妓女であり、わざと腕をあげるしぐさで身体を露出するのは、エロチシズムの表現とみなすのが従来の一般的な解釈である。

一八世紀末ごろから極端に短くなったチョゴリの下から身体を露にした女性像は、朝鮮時代の風俗画のなかに繰り返し登場する。興味深いことに、胸を露出する女性は、多くの場合に子供を伴う姿である。例えば、申潤福筆「子供をおんぶする女」（図13・14）や劉運弘（1797-1859）筆「妓女」（ソウル個人像）にも確認できる（図15・16）。劉運弘の「妓女」は豊かな黒髪を巻き上げる若い妓女を見つめる女性を描いているが、その女性は胸をさらけ出し、子供をおんぶする姿である。短いチョゴリと腰帯越しに見える片方の乳房は露出され、子供の顔は左の方から垣間見

図 13 申潤福筆「子供をおんぶする女」
一八世紀末、国立中央博物館

図 14 申潤福筆「子供をおんぶする女」(部分)

図 15 劉運弘筆「妓女」、ソウル個人蔵

図 16 劉運弘筆「妓女」(部分)、
ソウル個人蔵

られる。豊満な乳房は乳首まではっきりと表わされ、つい先まで授乳をしていたかのようである。

このような図像資料を比較検討すれば、胸をさらけ出す女性像は、熊谷宣夫が言及したように、蔡龍臣が「雲娘子二十七歳像」を制作した当時に「流行」していたものではなく、女性の服装の形に変化があったかなり以前から続いた民間風俗であったとみてよかろう。このように胸をさらけ出す図像資料は、風俗画に限らず、一九世紀末から二〇世紀初頭の朝鮮時代の風俗を伝える写真や絵葉書のなかに

図 17 釜山市立博物館蔵

図 18 釜山市立博物館蔵

も繰り返し登場する（図17・18）。欧米人や植民地支配者の日本人の目に収まった数多くの写真には、極端なまでに短いチョゴリの下に胸をさらけ出す女性の姿がある。そして、写真の中の胸を露出した女性は、やはり子供をおんぶする姿が少なくない。

朝鮮時代の末期に朝鮮を訪れた外国人の記録にも、朝鮮には女性が胸をさらけ出していることが珍しくないことを証言する。例えば、一八八七年から一八八九年までアメリカの総領事に赴任し、朝鮮に滞在していたシャイエ・ロングが書き留めた記録のなかにも、「朝鮮の女性服は胸が短すぎて胸がほとんど露出され、腰帯という名が相応しくないほど帯は胸の辺りまで上がる奇妙な姿である[19]」と記されている。そして、それを、朝鮮の女性の「息子自慢」であるという[20]。

実際、朝鮮時代の女性の服装は、授乳する子供を持つ女性には極端までに非実用的である。チョ

図 19 ルカス・クラナフ（Lucas Cranach the Elder）「聖母子（Madonna and Child）」1520-1526 年、The State Hermitage Museum

図 20 蔡龍臣筆「雲娘子二十七歳像」（部分）
一九一四年、国立中央博物館

ゴリの丈は胸のあたりにまでしかなく、着用のためには胸を帯で縛りつけなければいけなかった。授乳のたびに帯を外し、また縛りつけることは、重労働を強いられた庶民の女性にはほとんど不可能なことであった。朝鮮時代に、家庭内で女性が行う家事労働は育児のみではない。衣服は木綿が多かったためにすべて解いて洗い、また縫い直さないといけなかった洗濯のような労働力と時間を要する家事や食生活に関わる労働の専担、そして、自給自足的な生業労働まで担わなければならなかった女性に、授乳が必要な子供の育児は過酷なものであった。このような女性の労働のあり方を外側から支え、維持し、正当化する方法が、授乳する女性に許された「胸の露出」であったのであろう。

さて、「胸の露出」が「息子自慢」であるという朝鮮時代末期の外国人による証言は、どのような脈絡で理解されるべきであろうか。さらに「雲娘子二十七歳像」に描かれる胸をさらけ出す姿は、どのような意味で烈女のイメージとして描き出されているのであろうか。

乳房を露出し、子供を抱く雲娘子の立像について、リ・

ジョンヒは、キリスト教の影響を指摘する。[21] 実際に、当時、日韓併合による不安な社会情勢のなかで、博愛を掲げるキリスト教の教えは勢いよく民心に浸透した。宣教師の活動は、宗教の布教のみに止まっているのではなく、文化・教育など広範囲にわたり、植民地統治に入ったばかりの朝鮮社会全体に強い影響を与えた。リ・ジョンヒは、その過程で流入された聖母子像の造形様式が、伝統的肖像画様式と融合され、「雲娘子二十七歳像」にみる子供を抱く女性像の構図に影響を与えたと指摘する。その典拠として、ルネサンス期の画家ルカス・クラナフ（Lucas Cranach the Elder 1472-1553）の聖母子（Madonna and Child）や中国化された聖母子像（Virgin and Child）を取り上げる（図19・20・6）。そして、その制作の背景には国を失った民衆に向けてのメッセージ、すなわち、愛国心を高潮する意図が働いた、と解釈する。

実際、胸をさらけ出し、子供を抱く雲娘子像が聖母子像の影響と結び付けられるのは、アジアにおけるキリスト教の布教の過程で生み出された、聖母マリア像の影響による「子を抱く女神」の姿の連鎖であろう。若桑みどりによれば、日本における聖母マリア像の導入は、一六一四年、キリスト教禁止令による厳しい迫害と殉教が繰り返されるなか、神道の子安明神、仏教の子安観音の形姿を持ったいわゆる「マリア観音」として変容をとげていったという。[22] 信仰を禁じられ、聖画像を奪われた信者が、既に存在する土着の崇拝像から子供を抱く母子像を選択し、その像を変容させたのであろう。中国においても、聖母マリアと観音像を意識的に合体させた「マリア観音」や、中国民間信仰の女神と融合した「送子観音」など、聖母マリアのイメージは子供を抱く母の姿に重ねられた。

しかし、朝鮮時代における胸をさらけ出す女性像は、キリスト教の聖像の意味をおびる中国や日本の女神像とは、脈絡を異にする。朝鮮時代の中期以降、胸をさらけ出す女性像が絵画資料に頻繁に登場していることは、すでに確認したとおりである。「雲娘子二十七歳像」が帯びるメッセージは、崇拝像の見立てや信仰対象の化身でもなく、社会全体の価値観や観念を守るという名目を正当化した、いわば、男性社会が求める理想の女性像である。そこには、理想の女性像に深く刻まれた儒教の倫理が存在しているのである。

3　烈女という理想の女性

(1) 封建倫理が強いる理想の女性

朝鮮時代の女性において結婚と出産はどのような意味をもっていたのであろうか。朝鮮時代に制作された風俗画のなかに婚姻儀礼を描いた図はそれほど多くないが、その殆んどは親迎の場面を描いている。親迎とは、婚礼の当日、新郎が新婦を迎えに新婦の家に向かうことをいうが、風俗画のなかに描かれる婚礼の場面は親迎の行列が多い。金弘道筆「檀園風俗画帖」にも、その場面が描かれる(図21)。婚礼当日に、新郎は婚礼を行うことを先祖に告げる醮礼の儀をあげ、新婦の家に向かう。親迎の行列には、花婿以外に上客、後行、青紗灯籠、雁夫などが同行する。なかでも、雁を手に持った雁夫と呼ばれる人物に注目したい(図22)。雁は一度結ばれると添い遂げ、死に別れても新しい連れを迎え入れないといわれることから、新郎の新婦に対する一生変わらない誓約を象徴し、婚礼には欠かせないものであった。

しかし、朝鮮時代の女性にとって結婚は、一対の雁のような夫婦愛が重視されるものではなかった。『女四書』の一つである『内訓』に「人が婚礼を重視するのは先祖の血統をつなぎ、祭祀のためである」[23]と記しているように、朝鮮時代において、結婚は家系継承をもっとも重要な役割とされた。朝鮮王朝中期の名医許浚(1546-1615)が著した『東医宝鑑』にも、「人が生きる道は子供を生むことから始まる」と記し、子孫の重要性を強調している。[24]朝鮮時代の女性にとって、子供を出産すること、特に男児を出産することは、果たせなければ許されない重要な使命であると同時

図 22 金弘道筆『檀園風俗画帖』「親迎」（部分）一八世紀末、国立中央博物館

図 21 金弘道筆『檀園風俗画帖』「親迎」一八世紀末、国立中央博物館

に、社会が求める美徳を備えた女性になることであった。家系継承は既婚女性の日常を支配する倫理の一つであり、出産、特に男児出産のできない女性は七挙之悪を犯したことで、一方的な離婚の理由になる。

自由恋愛が一切禁止されていた朝鮮時代には、結婚は媒酌によるもので、縁談が始まる前に相手の女性の人相見をするが、その目的は性格や人徳、教養をみるものではなく、多産・多男の人相であるかを確かめることであった。多産・多男の嫁を求める努力は、逆に、無子像の女性を選び出すこととして現れる。一七七六年（英祖四二）、王の内医であった柳重臨が編纂した農書『増補山林経済』には無子像女性の人相が明記され、結婚相手として避けるべき女性像として定義される。(25) 正室が男児を出産できなかった場合には、代理母を雇い、生男を偽装することが行われ、女性の間には男児出産を祈願する祈子習俗やさまざまな禁忌が横行した。祈子習俗のなかに、特に広く信仰されたのが産神であったが、産神は受胎・出産・養育の女神であった。

結婚は家系継承に必要な子孫を得るためで、夫が妻に真心で愛情を注ぐことは羞恥であり修養の足りなさとされた。『礼記』が記す「礼は夫婦が慎むことから始まる」の一節は、儒教倫理の教えと称し、女性たちは教え込まれていた。[26]朝鮮王朝の建国理念であった儒教は抑仏揚儒策として具体化された。揚儒策は朱子と文公家礼の奨励を意味し、その基本倫理は三綱五倫の熱烈な信奉にあった。君、父、夫に対する忠誠と服従は天の理であり、至極の倫理であるという理念は、王権を強化する絶好の手段であった。女性にとって、「女不事二夫」は至上の鉄則であった。そして、「礼は夫婦が慎むことから始まる」という、男女の間の礼儀を示す内外思想は「内外法」として法律化され、強制化された。本来は男性と女性に対する儒教的区別意識から生まれた「内外法」は、女性の生活を統制する法として化した。

男女区別は住居空間から徹底していた。朝鮮時代には夫婦であってもそれぞれ異なる空間で生活をしなければいけなかった。家屋は女性の空間と男性の空間に分けられていた。アンバンと呼ばれた内室のある棟は女性の家族が暮らす生活空間であり、舎廊房と呼ばれた出居のある棟は男性の生活空間である。その空間の間を遮るのが「内外塀」とよばれる住居空間の中にある塀である。しかし、その「内外塀」で分離された空間は中門でつながり、中門の外側に家の入り口の大門が置かれる構造である。男女は中門をくぐりその空間を自由に往来できたわけではなかった。一つの家の中で、夫と妻は隔離された空間で暮らし、夫は妻の内室をおおっぴらに出入りすることは避けるべき不文律とされた。夫は人目を避けて、夜、妻の部屋を訪れ、明け方に自分の部屋にこっそりもどるのが礼儀であった。貧しい三間のみの家でも、台所の一間を挟んで両側に内室と舎廊房を配置することでそれぞれの空間を分けるほど、男女区別は徹底していた。「内外塀」と呼ばれる塀で囲まれ、遮断された男女の空間は、さらに「内外壁」が中門と内室の間に置かれ、外部の視線を徹底的に防ぐ役割をした。裕福でない家庭では、小さい「内外壁」を男女の空間の間に配置し、象徴的な塀とした（図23）。このような住居文化は、身分の高低を問わず広く受け入れられ、男女有別の観念はあらゆる階層にまで広まっていた[27]。

内外法では、婦人は中門のなかであっても昼に庭を歩いてはいけないとされ、外出のときは必ず顔を隠すことが厳しく要求された。中門を出ることになった場合には四面が遮断された輿に乗るか、馬やロバに乗るときは羅兀（ナオル）と呼ばれた皁の垂衣で顔を隠した。羅兀は、丸い笠の形をした骨を作り、その上を紗で被せて肩まで垂らし、四面を隠すものであった。また、徒歩の場合は、常に長衣やチョネといった被衣で体をすっぽり覆うようにし、女性は、身分の高低を問わず、身体を露出することは極端にまで避けることが求められていた。常民の女性にも、内外の律を守ることや身体の露出を避けることは、両班家の女性と同様に厳しい規律が適用された。

図23 内外の壁（同春堂宗宅）、伯顔金大壁氏撮影

しかし、結婚の目的は血統をつなげるという大義名分の他に、庶民の農家では、労働力確保の手段でもあった。『朝鮮女俗考』によれば、農家の婦女子は畑や田んぼで除草や田植えをすることもあり、特に穀物を碓で搗くのは女性の仕事であったという[28]。また、衣食住のなかで、衣と食は婦女子の労働であり、製織・洗濯・裁縫などをこなしながら、「朝は炊飯、昼は畑に食事運び、夕方は麦を乾して臼搗きをし、終日休む暇がない」と記すが、貧しい家系の少女たちは、結婚という名目で重労働に酷使されることも少なくなかった。

女性、特に労働する女性や授乳する子供を持つ女性に許された乳房の露出が、朝鮮時代中期以降に変化した女性服の形態と無関係ではないことは、前節でふれたとおりであるが、朝鮮時代を通して図像資料に見られる「胸をさらけ出す女性像」は、封建倫理を頑なに守る女性が果たすべき男児出産の表象として表わされている。家父長的イデオロギーに忠節を尽くした烈女の表現に、画家が選択した図様は、胸をさらけ出し、男児を抱く姿態である。それでは、このような男児出産を求める女性の願望は、一体、どのような脈絡で烈女のイメージと結合され、二〇世紀初頭、植民地化されたばかりの混乱と失意の時代に雲娘子像として再生されたのであろうか。

(2) 量産される烈女

朝鮮王朝における最大の統治理念は、儒教イデオロギーに基づいた家父長社会の確立であった。人が守るべき倫理的価値を孝・忠・烈におき、親孝行と忠臣、烈女は国家が篤く褒章した。女性の日常は家父長制の規範によって支配され、行動することが求められた。三綱と五倫の実践は、女性が貞操を守り、男性やその家系に忠節を尽くすことから始まる。女性の意識の中に儒教の倫理や道徳を閉じ込め、各階層のすべての女性が烈女になることが、朝鮮王朝の目指すものであった[29]。

烈女の象徴は、儒教理念の言説により、規範化・制度化された。その基本テクストは『三綱行実図』、『小学』、『内訓』に結集される。『三綱行実図』の烈女編は女性が守るべき倫理、道徳の概念を説き、男性に対する女性の従属性を貫くために女性の身体の犠牲、すなわち、命もしくは身体の一部をささげることを促す。一方『小学』、『内訓』では、日常での従属性が如何に実践されるべきかを具体的に教える。それによって女性はさまざまな拘束に従順に従うことを求められ、男性の支配形態を正当化する理想の女性像として定型化する。

そして、朝鮮王朝の儒教モラルにおける理想の女性像の手本は烈女であった。烈女こそ、儒教倫理の至高の象徴として与えられた女性たちへの模範であった。犯された女性は、たとえその女性がどれほど抵抗したとしても、恥になる。儒教の倫理は、汚された女性に、または、汚される危険に置かれた女性に死を選ぶことを露骨的に強いている。そして、烈女は国家から旌表される。朴珠によると、『東国新続三綱行実図』に記された朝鮮王朝初期の烈女の合計は七七五名で、忠臣六九名の一一倍もあり、中期以降になると、各道の観察使から報告される旌表者の烈女数はますます増えていったという。[30]国家を挙げて奨励した貞操倫理の実践であったために、各道の観察使は競って旌表者の数を増やし、その政策に応えようとした。烈女を推奨する動きは、文禄・慶長の役（1592-98）と清の朝鮮侵入であった丙子の乱（1636-37）の両戦乱により、さらに確固たるものとなった。[31]『東国新続三綱行実図』は、両戦乱との関連で烈女に旌表された四四一名の事例を記録しているが、事実の有無はともかく、肉体を冒瀆され、性的被害者になった多くの女性は、自らの命を絶つことで、規範のテクストの教えどおりに行動を実践したのである。

そもそも、儒教社会を支配する男性は、家系継承において純粋な血統の保持を望み、再婚を倫理に反する不道徳な行為と定義した。両班家の女性が再婚する場合は、子孫に制裁が加えられ、官僚にはなれず、その家系は門閥貴族として名をはせることができなかった。烈女に旌表された女性のなかに士族が多いのは、両班家の女性の再婚、すなわち貞操を捨てる行為が、子孫の不利益に直結したことに一因がある。社会からの制裁を考えると、子孫のために烈女の道を選択せざるを得ない人生を強いられたのであろう。

旌表政策は、朝鮮王朝が家父長制社会の完成に向かって女性を規範化する有効な手段であり、旌表者は身分を問わない。旌表者は、水田の下賜などの物質的な表彰のほかに、官職を授かる賞職、徭役を減免する復戸が国家から与えられたが、なかでも村に旌門を立てる「旌閭」がもっとも高い段階の表彰であった。[32]「旌閭」が建てられた烈女は、社会から最高の名誉を獲得でき、身分の上昇が可能であった。非士族層の烈女のなかには妓女の存在が少なくないが、それは、妓女が烈女に旌表されると賤民から良民へと身分を復し、社会への仲間入りを果たすことができるからにほかならない。実際に、一五九三年に二〇歳の若さで、晋州城を陥落した毛谷村六助を抱いて川に投身した論介（1574-1593）は、晋州の官妓の身分から烈女に旌表され、憲宗一二年（一八四六）に論介の故郷に生郷碑が立てられた。平壌府妓桂月香も平壌防御師金応瑞に大西飛を殺害させ、烈女として祀られ、崔蓮紅も反乱軍から官衙を守る郡守に烈行をささげたことで旌表された。いずれも、身分は社会の最下層の公賤であり、官妓の身分で官僚の側室になった立場であった。社会的には認められないが、夫と見做される男性に崇高な義理を守り、自身の身体を犠牲にすることで、賤民という卑しい身分と妓女としての汚れた過去を清算することができたのである。このような非士族層の烈女数は朝鮮王朝中期以降、急速に増加していった(33)。朝鮮時代の女性が見習わなければいけない理想の烈女像は、身分を問わず各階層に浸透し、王朝が滅びた後も「変らない儒教的女性のイメージ(34)」として定着していた。

4　身分社会の崩壊と消え去る烈女

（1）画家蔡龍臣の時代

「雲娘子二十七歳像」は、注文主、鑑賞者など、制作背景についての基本的なデータは殆んど分かっていない。蔡龍臣自身の記録を有する『石江實記』や肖像画の讃を集録した『奉命寫記』でも、その詳細は不明のままである。いったい、「雲娘子二十七歳像」の烈女像は、だれの視線に応え、いかなる社会的効果を目的として制作されたイメージなのか。ここでは画家蔡龍臣の時代と「雲娘子二十七歳像」が生み出された当時の社会状況について言及する必要があろう。

緻密な人物画の制作で高い評価を得ていた蔡龍臣は、武官出身で、郡守という地方の官職に就いていた画家である。中央の宮廷画員と接触があったこともなければ、中央画壇の様式の影響を受けたこともない、朝鮮時代には稀にみる官僚画家であった。しかしながら、迫真にせまる写実的な描写力は高く評価され、画員画家の最高の名誉とされる御真影の制作までも繰り返し務める。(35)一九〇〇年、太祖、粛宗、英祖、正祖、純祖、翼宗、憲宗など、七祖の御真影の範本を模写し、一九〇一年には高宗の御真影を図写して、肖像画家としての地位を確固たるものとした。宮廷に属していた専門画家ではなかったため、中央画壇の画風ともほとんど関連をもたなかったが、きわめて写実的な表現力は異例な称賛を受け、武官というよりも宮廷絵師としての活躍がより目立った。一九〇六年、日韓協約（乙巳保護条約）の締結で朝鮮王朝は事実上外交権を奪われ、併合寸前の渦中に、王朝の地方官吏であった蔡龍臣は定山郡守の官職を辞し、全羅道の故郷に戻る。還暦の年に、日韓併合により朝鮮王朝は滅びてしまうが、その四年後に故郷の全羅道で「雲娘子二十七歳像」を制作する。蔡龍臣は故郷に隠遁した後も、肖像画の注文制作で生計を立てていく。一九一〇年代の初めに制作した肖像画人物には、当時の日韓併合に抵抗する憂国志士が多かった。

「雲娘子二十七歳像」を制作した同じ年の一九一四年、蔡龍臣は、御真影制作の始末を記録した『奉命写記』を著するが、その末尾には国を失った悲痛な心境を露に表現している。『奉命写記』を著した動機も君臣の義にあるとし、「王と国家に被った恩恵に万分の一でも報いるため」と記する。(36)王朝を支えてきた三綱の倫理を明言するのは、常に儒教倫理をすべての価値観の中心におきながら封建時代を生き抜いてきた王朝の官僚だった蔡龍臣には、自然な発露だったのであろう。

既存の職業画家の画風から離れた蔡龍臣独特の技法は、当時、欧米や日本から伝来した写真の影響が大きいとされる。写真のような客観的再現力が蔡龍臣の肖像画の名声をますます高め、一九一七年には日本に招かれ、乃木希典、大隈重信、後藤新平など多くの政治家の肖像画を制作した。その後は、政治家の肖像画制作は極端に減り、代わりにさまざまな階層の民間人の肖像画を描くようになる。晩年には「蔡石江図画所」という工房を構え、肖像画の注文制作を行ったが、当時の広告紙の写本によると、逝去一年前である九〇歳まで画業を続けていたことがわかる[37]。

蔡龍臣が生きた時代は、朝鮮半島における激動の時代そのものであった。武科試に及第した三六歳（一八八六年）には、奴婢制度は廃止され、近代的な女性教育機関である梨花学堂が設立された。四五歳には、東学農民運動が鎮圧され、主導者の全琫準（1855-1895）が処刑される。また、王妃閔氏が殺害される乙未事変、漢城師範学校の設立、聖書公会の発足などの事件を経験した。まさに、社会のあらゆる分野において新・旧が錯綜し、交代をとげていく時代であった。身分社会から解放されたのは奴婢のみではなく、女性の地位においても転換期の時代であった。しかし、女性のモラルは旧来の因習から容易に逃れることはなかった。

（2）消え去る烈女

長い間、朝鮮社会を呪縛していた儒教的思考は、封建制度が崩れた後も容易に消えることはなく、女性をその観念のなかに閉じ込めていた。貞操観念を強調し、女性の再婚が許されなかった男女関係は、このような転換期に、極端な解決法として現れる。朝鮮総督府の調査による『朝鮮の犯罪と環境』によれば、一九一一年から一九一五年にいたるまで、朝鮮人の殺人罪の中には、女性の本夫殺害が多いことを指摘し、その原因は主として、幼年の男子が年長の女子を娶る早婚の弊害にあると報告している[38]。女性の殺人は、結婚慣習の不条理と離婚が許されない社会の強い道徳観念がその原因であるとする指摘である。夫以外に情が通じた男性が現れると、夫を殺害することで夫と別れる方法を選ぶ女性が多かったという。当時、男性の殺人犯が人口比率上かなり低いことを考えると、朝鮮時代から引きずる結婚風俗や男女関係が如何に不条理であったかを物語る一例であろう。

しかし、このような混乱のなかでも、女性教育は緩やかではあったが着実に普及されていった。一八八五年、女性宣教師のメアリ・スクラントン（Mary Scranton　1832-1909）は女性を対象に布教活動を開始し、一八八七年、梨花女子大学の前身である梨花学堂を創設し、自由平等思想を根幹とする新教育を実施した。その動きは、三従之道を要求する家父長制や貧困と重労働から女性を解放する女権運動の基礎になったのである。封建時代の倫理概念の箍にかけられていた朝鮮時代の烈女たちは、緩やかでありながら、変容していった。

一方、朝鮮時代の身分制度の撤廃は、急激に変化するもう一つの女性像を生み出す結果となる。妓女の変容である。官妓が解体され、芸能の伝授者であると自負を持った妓女は、娼妓と区別があいまいなまま私娼化されていく。死を持って「烈」を実践した「尊敬すべき女性」のリストのなかに数多く存在していた妓女の形態は、今度は、奴婢の身分から解放される代わりに、民衆からの蔑視に直面しなければならなかった。

蔡龍臣が「雲娘子二十七歳像」を制作した一九一四年、『毎日新報』に、妓女の写真とプロフィールをのせた「芸壇一百人」が連載される。一月二八日から六月一一日まで連載された特集は、当時の優れた芸術界の人物一〇〇人を紹介するのが趣旨であった(39)。しかし、実際に掲載された九八人のうち、男性芸人は八人に過ぎず、その殆どは妓女、すなわち、妓生の紹介であった。その内容は、妓生になった理由、年齢と出身地、プロフィール、現住所、技芸や容貌、所属組合および料理屋、妓夫などの名前が記述されている。「芸壇一百人」が連載された一九一四年ごろには、妓生の一挙一動が注目され、新聞の紙面を飾るようになる。『毎日新報』は朝鮮において唯一の朝鮮語の新聞であったため、朝鮮の人々に妓生のイメージは急速に広まるようになった。

また、一九一八年、「雲娘子二十七歳像」が制作された四年後に、『朝鮮美人宝鑑』が編纂される。朝鮮研究会の青柳綱太郎が編集、発行したこの本は、六〇五名の妓生が写真と共に名前、年齢、出身地、現住所などが網羅され、また妓生の技芸と経歴などがハングルと漢文で記述されている。[40] 本来、売春を専業とする娼妓と技芸を披露することを職業とする妓生は区別されていた。植民地朝鮮の時代に警視庁令で発布された妓生取締令も「妓生取締令」と「娼妓取締令」と、妓生と娼妓とを区別していたことが分かる。このような朝鮮総督府の妓生取締対策に対抗するために官妓出身の妓女が集まり、妓生組合を設立することになる。このように作られた妓生組合は一九一四年には「巻番」と名称が変えられるが、「巻番」を通して行われた妓生の組織的な管理と集団居住化は、公娼制度の一環として実施された売買春者の集娼化と絡み合い、妓女は娼婦として転落していく。[41] このような状況を李能和の『朝鮮解語花史』は次のように記述する。

「わが国の言葉に遊女をひっくるめて蝎甫という。蝎は中国語でいう臭虫である。夜、出てきて血を吸って人を苦しめるので娼婦に喩えることになった。本来、都城には蝎甫はなかったが、高宗甲午年以降、初めて繁盛するようになった。人々は国が衰亡する徴兆であると云うが、虚言ではない。[42]」

植民地朝鮮の時期に入って私娼化・公娼化されていく妓女は、「汚染された女性」のイメージとして定着していく。そこには国のために命をささげた烈女の姿はどこにもない。深く根を下ろした封建倫理は、容赦なく「蝎甫」を軽蔑する。もはや妓女には、自身の身体を毀損してでも未来の羞恥を避ける道は閉ざされてしまったのである。

（3）「胸をさらけ出す美人図」――象徴としての烈女像

ジェンダーは、生物学的な性のことでないことはいうまでもない。男女が生まれながら持つ生物学的差異は、「社会的観念や支配組織が男女の明白な性差を作り出し、それに基づいて作り出された秩序[43]」であり、その背後には、女性が行うべき行動様式を定める社会的観念が存在する。そして、朝鮮時代の女性は、そのような観念を聖典化するテクストの教えの中に閉じ込められてきた。支配階級の男性中心の封建社会は、儒教の理念による血統主義に徹底し、血統汚染を起こす要因を防ぐ方法として、女性は血をつなげる男児を産むことを結婚の使命として定める。女性は、生まれたときから貞操観念を強いられ、男児を産むことが人生をおいて最優先すべき運命として教えられてきたのである。

烈女像は、朝鮮時代の社会が求める理想の女性として作り上げられ、封建倫理の概念や観念の入れものとして利用されてきた。「雲娘子二十七歳像」は、朝鮮王朝の滅亡とともに崩壊していく身分社会が、残存する封建社会の倫理と葛藤するなかで、封建社会を支えてきた至高の倫理を実践する「胸をさらけ出す女性像」として表象される。その身体は、烈行を実践する女性のイメージが、朝鮮時代の女性における普遍的な役割と見做された男児出産の象徴と一体化され、美人図の様式として具現化されているのである。

「雲娘子二十七歳像」とほぼ同時代の制作とされる東亜大学博物館蔵の「美人図」は、様式上でも「雲娘子二十七歳像」と類似する。腕を故意に上げるしぐさで、豊満な乳房をさらけ出す「美人」は、チョゴリの結び紐に飾り物を下げている。その飾り物はほかでもなく、「女不事二夫」を象徴する護身用の小刀である（図24）。男児出産を暗示する露出した豊満な胸の女性は、貞操を象徴する装飾小刀を飾り、封建倫理を実践する理想の女性像の象徴を帯びている。朝鮮時代における美しい女性は、家父長制社会の理想とされる倫理を守り続ける姿として象徴される。烈女崔蓮

図24 筆者不詳「美人図」（部分）一九世紀、東亜大学博物館

紅は、妓女の身分でありながらも、夫（夫に代わる男性）に社会の倫理が定めたとおりの忠誠を示した出来事を背景に、男児出産を人生最大の目標と定められた女性のイメージを最大限に強調する姿の「胸をさらけ出す女性像」として表わされているのである。亡国のさなかに立つ古き王朝の官吏であった画家は、苛酷に堕落していく烈女たちに、胸をさらけ出し、子を抱く封建時代の理想の女性像を模範として与えたのであろう。

視覚的表象の歴史は、「過去に作られた視覚的表象を写し、変形し、応用するところから次の表象が生まれる」[44]、というイメージ連鎖として形成されてきたとすれば、画家蔡龍臣が選択した図様は、画家の記憶に蓄積されたもっとも普遍的で、理想の象徴としての女性像であろう。崔蓮紅は、洪景来の乱に際し、『嘉山邑誌』などの公の記録や、『枕雨談草』のような野談集に記述された実存の人物である。にもかかわらず、儒教的価値観を死守する烈女のイメージに、封建社会が求める「血統をつなげる女性」の象徴が重ねられ、虚構の女性像として表わされている。「胸をさらけ出し、子を抱く」烈女像は、古き、良き時代の価値観をしのぶ王朝の官僚画家の願望と記憶が結びついているのではなかろうか。そして、そのイコンは、封建時代の価値観から脱皮を目指し、女性の新教育が始まろうとする激動期に、封建社会への逆行ともいえる回顧の願望を象徴しているようである。真の烈女は消えつつあっても、社会は依然として儒教的女性のイメージを求めていたであろう。

注

（1）佐藤道信「絵画と言語（一）『書』と漢字」（『美術研究』三五三、一九九二年）。
（2）李美林「近世美人画の形成と成立過程について―18世紀韓日美人図の姿型を中心に―」（『美術史学報』二五、二〇〇五年）、二五頁。
（3）鄭炳模『韓国の風俗画』（ソウル、ハンギルアート、二〇〇〇年）、三四六頁。
（4）許英桓「石芝蔡龍臣研究」（『石芝蔡龍臣』、ソウル、国立現代美術館、二〇〇一年）、一九頁。
（5）熊谷宣夫「石芝蔡龍臣」（『美術研究』一六二、一九五一年）、許英桓「石芝蔡龍臣研究」前掲書。Jung-Hee Lee, "The Paradoxical Image of a Beauty in the Portrait of Lady Un at the age of 27 by Chae Yongsin"（『美術史学報』二五、二〇〇五年）。
（6）小田省吾「洪景来反乱の概略と其の動機に就て」（『青丘学叢』八、一九三二年）、熊谷宣夫「石芝蔡龍臣」（『美術研究』一六二、一九五一年、再収録）、三三一～三四頁。
（7）小田省吾、熊谷宣夫、前掲論文に再収録、傍点は筆者による。
（8）洪良浩『烈婦旌閭記』（李能和『朝鮮女俗考』金尚憶訳、ソウル、東文選文芸新書一八、一九九〇年、四九六頁に再収録）。
（9）本章における朝鮮時代の烈女の概念、烈女旌表政策および統計などについては以下の文献を参照した。李インギョン『烈女説話の再解釈』（ソウル、図書出版月印、二〇〇六年）、姜明官『烈女の誕生』（ソウル、ドルベゲ、二〇〇九年）、朴珠『朝鮮時代の旌表政策』（ソウル、一潮閣、一九九〇年）。
（10）若桑みどり『聖母像の到来』（青土社、二〇〇八年）。
（11）Jung-Hee Lee、前掲論文。

(12) 熊谷宣夫、前掲論文「石芝蔡龍臣」、三九頁。
(13) Jung-Hee Lee、前掲論文、一八四頁。
(14) 拙著『東アジア生活絵引―朝鮮風俗画編』(金貞我他共編著、神奈川大学21世紀COEプログラム推進会議「人類文化研究のための非文字資料の体系化」、二〇〇八年)参照。
(15) 李能和、前掲書『朝鮮女俗考』、三一六頁。
(16) 李能和、前掲書『朝鮮女俗考』、三一八頁。
(17) 前掲拙著『東アジア生活絵引―朝鮮風俗画編』、拙稿「朝鮮時代の図像資料と風俗画―女性をめぐる眼差し―」『非文学資料研究5』(神奈川大学21世紀COEプログラム推進会議「人類文化研究のための非文学資料の体系化」、二〇〇四年)一一頁、李京子『韓国服飾史論』(ソウル、一志社、一九八三年)。
(18) 朝鮮時代の服飾については、李京子、前掲書『韓国服飾史論』のほかに趙孝順『韓国服飾風俗史研究』(ソウル、一志社、一九八八年)、柳喜卿・朴京子『韓国服飾文化史』(ソウル、源流社、一九八三年)を参照した。
(19) シャイエ・ロング(Chaille-Long)「コリアもしくは朝鮮」(ソン・ギス訳『朝鮮紀行』、ソウル、ヌンビッ、二〇〇六年)、二九五頁。
(20)『民族の写真帳』、(崔錫老、ソウル、瑞文堂、二〇〇五年)、鄭ソンヒ、前掲書『朝鮮の性風俗』
(21) Jung-Hee Lee、前掲論文、一八一～一八三頁。
(22) 若桑みどり、前掲書。
(23)『女四書』(李淑仁訳註、ソウル、ヨイヨン、二〇〇八年)、一七六頁。
(24) 許浚撰『訂正東医宝鑑』(細川元通校正、近世歴史史料集成第5期第5巻、霞ヶ関出版、二〇〇九年)。

(25) 柳重臨『増補山林経済』(鄭ソンヒ『朝鮮の性風俗』、ソウル、図書出版ガラム、一九九八年、再収録)。
(26) 前掲書『女四書』。女性の日常における統制については姜明官、前掲書参照。
(27) 鄭ソンヒ、前掲書『朝鮮の性風俗』六二～六五頁。
(28) 李能和、前掲書『朝鮮女俗考』、三八一～三八三頁。
(29) 姜明官、前掲書『烈女の誕生』、一九頁。
(30) 朴珠、前掲書『朝鮮時代の旌表政策』、一八頁。
(31) 姜明官、前掲書『烈女の誕生』、四一七頁。
(32) 朴珠、前掲書『朝鮮時代の旌表政策』、六五頁。
(33) 朴珠、前掲書、二〇九～二一〇頁。
(34) Deuchler, Martina. *The Confucian Transformation of Korea: A Study of Society and Ideology*. Harvard University Press, 1992. 280-281.
(35) 蔡龍臣の画歴および時代背景については主に以下の文献を参照した。熊谷宣夫、前掲論文「石芝蔡龍臣」、許英桓、前掲論文「石芝蔡龍臣研究」、趙善美「蔡龍臣の生涯と芸術―肖像画を中心に」(『石芝蔡龍臣』、ソウル、国立現代美術館、二〇〇一年)。
(36) 趙善美、前掲論文「蔡龍臣の生涯と芸術―肖像画を中心に」、三一頁。
(37) 趙善美、前掲論文、三二頁。
(38) 善生永助「朝鮮の犯罪と環境」(大海堂、一九二八年、朝鮮総督府編『韓国併合史研究資料』龍谷書舎、二〇〇五年)所収。

(39) 李キョンミン「妓生の表象空間と『朝鮮美人宝鑑』」『妓生はどのように作られたのか』(韓国近代写真研究叢書02、ソウル、アカイブブックス、二〇〇五年)、二二一～二二三頁。
(40) 朝鮮研究会『朝鮮美人宝鑑』(韓国近代公演芸術叢書1、ソウル、民俗院、二〇〇七年)。
(41) 張ユジョン「20世紀初妓生制度研究」『韓国古典女性文学研究8輯』(ソウル、図書出版月印、二〇〇六年)。
(42) 李能和『朝鮮解語花史』(李在崑訳、ソウル、東文選、一九九二年)、四四二頁。
(43) 若桑みどり『象徴としての女性像—ジェンダー史から見た家父長制社会における女性表象』(筑摩書房、二〇〇〇年)。
(44) 千野香織「嘲笑する絵画—『男衾三郎絵巻』にみるジェンダーとクラス—」『男と女の時空—日本女性史再考』(藤原書店、一九九六年)。

図版出典

図2:『韓国の美特講』(呉柱錫、ソウル、ソル出版社、二〇〇九年)
図3、7、8、9、10:『朝鮮時代風俗画』(ソウル、国立中央博物館、二〇〇二年)
図6:『聖母像の到来』(若桑みどり、青土社、二〇〇八年)
図15、16:『韓国の美19風俗画』(ソウル、中央日報社、一九九四年)

第二章　「ジェンダー・イメージ」が展開する場所
——ドイツ前衛アートにおけるコラージュとその意味作用

小松原由理

1　コラージュとジェンダー

コラージュとは、異なる素材を組み合わせるという技術用語であり、写真黎明期には、露出を調整する際の合成技術として頻繁に使用された言葉である。この用語を美術上の手法として取り入れたのはピカソとブラックによるパピエ・コレであり、さらに、意図せぬ偶然的要素を貼り合わせると言う意味で用いたのがマックス・エルンストによるコラージュである。エルンストによって、写真や絵画といった領域ごとに用いられていたコラージュは、それらを統合させるアイデアとなり、とくにエルンストは物語の挿絵としても好んで用いたことで、文学的な着想も含有させる言葉となった。

ベルリン・ダダによる「フォトモンタージュ」（Fotomontage）は基本的にエルンストによるコラージュの言い換えである。細部を組み立てることで全体をなすという意のモンタージュという言葉が使用されたことによって、モニタージュをより連想させてしまうこの言葉はしかし、エルンストによるコラージュよりもむしろ厳格な一つの思想の枠組みを意味していた。彼らにとってのコラージュとは、二つ以上の異なる価値を一つの平面に共存させることであり、ゆえに彼らの作品は、価値の多様性を映し出す鏡であるとともに、とある価値を否定するのではなく、あらゆる価値の根拠を無効化する鏡であらねばならなかった。コラージュとは「価値の完全なる転換を生み出すものであり、アレゴリーの彼方に位置するもの」[1]――そう彼らが語るように、この手法は、単なる美術用語という範疇を超えた、一つの思想でもあった。

この「思想としてのコラージュ」によって制作された彼らのコラージュのテーマは多岐にわたる。例えば、初期のベルリン・ダダのコラージュには政治的なテーマが多く、第一次大戦後の動乱を治め誕生したワイマール共和国の政府を挑発する内容のコラージュが数多くつくられていた。政府閣僚たちの顔は細部にわたり変形され、新聞雑誌から彼らが選んだ記事のキャッチの切抜きとともに悪戯に貼り合わされた。他にも、ベルリンやニューヨークという都市のイメージを語るものとしてもコラージュは効果的に用いられたが、とりわけ好んでコラージュが使用されたのが、ジェンダーをテーマにした作品だといえる。なかでも、コラージュをジェンダーに密接に結びつけながら、制作に取り組んだのがラウール・ハウスマンであり、そのパートナーであるハンナ・ヘーヒである。

本稿では、この二人のアーティストを中心に取り上げつつ、二〇世紀初頭の前衛アートシーンにおいて散見された、グロテスクに誇張された性と身体をテーマにした幾多の作品を、とりわけコラージュとの関連性に注目しながら、あらたに考えたい。とくに、一九二〇年代のヨーロッパ、なかでもワイマール共和国期ドイツにおいて殊更に叫ばれた「新しい人間」(der neue Mensch)「新しい女」(die neue Frau) は、そこでどのように描かれたのか、あるいはまた「新しい性」とも呼ぶべき次世代のジェンダー・イメージはどのように構想されたのか、眺めてみたいと思う。

2　ワイマール共和国時代の性

(1) 新しい時代の「新しい人間」と「新しい女」

ヨーロッパ、なかでもドイツにおいて一九一八／一九年が意味するものは何かなど、今更言うまでもないかもしれない。一九一八年一一月に勃発したドイツ革命に始まり、フィリップ・シャイデマンによる共和国宣言と同時にドイツ帝国の崩壊、翌一九一九年一月の反対勢力への武力弾圧とカール・リープクネヒトとローザ・ルクセンブルクの虐殺、二月六日のワイマールでの国民議会を受け、一一日にはエーベルトを初代大統領としたワイマール共和国が誕生し、一三日にはシャイデマンによる連合内閣が発足する。敗戦とともに訪れたのは劇的な時代の変化であった。そこに登場するのが「新しい人間」のイメージであり、「新しい女」のイメージである。

「新しい人間」とは、第一次世界大戦以前からすでに表現主義者の作品に好んで用いられた言葉ではあった。その背景には、ニーチェがツァラトゥストラに語らせた偶像破壊と人間存在の肯定であり、全能なる神ではなく、人間存在にこそ救済と創造の可能性を見出そうとする時代意識だった。こうして、表現主義者たちの「新しい人間」が「お人間」(O- Mensch) というパトスに結びつき、メシアニズムという特徴とともに語られる一方、一九一八／一九年以降の前衛アートに描かれる「新しい人間」はデザイン化されているものの、極めて無機的である。パトス的なものとは対極の球体と立方体から組み立てられている新しい人間は、外面的なる身体性こそがスタンダードとなった新たな時代の表象だと考えられるだろう（図1）。

当時の新聞雑誌を賑わした「新しい女」もまた同様に、ファッションやヘアスタイルという外的容姿にその特徴を持つ。ブービーコプフ（ボブカット）にハイヒールあるいはロングブーツという組み合わせが、モダンガールたちの

図1　グロス《新しい人間》

図2　モード誌より　新聞を読む女性

代名詞であり、また洗練された彼女たちの姿こそ、疲弊した男たちが蔓延するワイマール共和国の表向きの顔となった（図2）。それはまた、ワイマール共和国の誕生とともに現実のものとなった社会の変化をビジュアルに反映させたものでもあった。ワイマール新憲法のもと男女同権が謳われ、女性の参政権と大学進学が公認されると、女性の社会進出には目を瞠るものがあった。彼女たちは、オフィスガールやタイピストやデパートの店員として、成長するサービス産業の世界に進出していった。四年に及ぶ世界大戦により大量にその数を減らし、過度に弱まっていた男たちを余所目に、新たな時代の自由を謳歌する「新しい女」たちの颯爽で溌剌とした姿は、むしろ男性的な逞しささえ漂わせていたのである。

（2）加速する性の合理化

それでは、「新しい女」が闊歩する新しい時代の、「新しい性」はいかに描かれたのか。すでに、二〇世紀転換期には、これまで話題にすることすらタブー視されていた性が、フロイトによるリビドーの発見を大きな転換点として、中心的なテーマになってはいた。こうした流れを物語る運動として、身体文化運動（Körperkulturbewegung）、自由身体文化（Freikörperkultur　略称ＦＫＫ）、ワンダーフォーゲル等を挙げることができる。感性の自由、身体表現の自由、性的表現の自由は大きな社会現象となり、古いモラルを塗り替えようと欲する声は、ワイマール共和国到来以前に、着々とドイツ全土に広がっていた。しかし、表現の自由を掲げたそれらの運動の実態は、必ずしも本来の性的衝動を解放することに結びつくものでもなかった。ワンダーフォーゲル運動が禁欲的な男性同士の強い結びつきを標榜していたこと、またＦＫＫが屋外の日差しを浴びた健康で健全な身体の美を掲げていたことを考えれば、そこで主張された身体や性の自由が、必ずしも「性の解放」であったとまでは言い難い。むしろ、性は極めて外面的な装飾性とともに語られ始めるようになっていたといえよう。

ワイマール共和国時代に入り、装飾としての身体と性という価値感は、科学的研究によりさらに強固に根拠付けられていく。一九二一年に出版されたエルンスト・クレッチマーによる『体格と性格』以降、分類学への関心はそれ以前とは比べものにならない程に高まっていった。『人類学』誌では、「結婚における身体的・精神的調和」、「頭頂骨と性格のかかわり」や「服装心理学」といった身体的特徴、果ては服飾の好みによる人間のタイプ別分類が、統計学に裏打ちされた学問的枠組みを持ちつつ報告されている(2)。こうした、身体的特徴という表層による内面の振り分けは、性に対しても同様に進行していった。「性の合理化」、「理性に導かれたセクシュアリティー」はワイマール共和国時代に一気に加速する。もちろん、「性の合理化」によって、性生活のノウハウが一般化され、普及し、性に関して言及すること自体のタブーが取り去られたこと自体が与えた社会的な影響は大きい。しかし性の本質に関する根本的なタブーは取り去られた途端に、社会に貢献する性へと再び導かれることになった。その結果、合理的性の幻想から弾き出された性は、あるいは優生学思想と人口政策に黙殺され、あるいは性犯罪や汚れた性としての娼婦への憎悪とともに大量排出されるものとなる。

3 「新しい性」とコラージュ

(1) 非合理なる性の縮図――ラウール・ハウスマンのコラージュ

こうして、合理化されていく性からはじき出された身体、社会から存在を否定された性をこそ全面に取り上げたのがダダイストたちであり、当時の前衛アーティストたちである。性犯罪者の欲望、快楽殺人犯のサディズム、街角の娼婦とその切り刻まれた身体などが、オスカー・ココシュカをはじめルドルフ・シュリヒター、オットー・ディックス、パウル・クレー、ジョージ・グロスといった名立たる前衛画家たちによって次々に描かれている。なかでも、グロスによる《アッカー街の快楽殺人》《女殺しのジョン》《けちな女殺し》などにテーマ化されている性には、犯罪に付随する後ろめたさや罪悪感、暗さといったものが全くない。さらに興味深いのは、被害者の恍惚とした表情であり、その解体された身体の美しさである。そこに描かれているのは、合理化された性とはまるでかけ離れた次元において、すなわち、極めて非合理なる世界において息巻く、理由なき性の確たる姿なのである。

この、いわば「非合理なる性」の姿を、コラージュを用いることで効果的に指し示したのがラウール・ハウスマンである。まずは、《普通の生活の中でのダダ》(図3)を見てみたい。青い紙の上に切抜きを貼り合わせて制作されたこのコラージュは、一見ジョン・ハートフィールドやジョージ・グロス、ヴァルター・メーリングといったダダイストたちの顔写真の切抜きと都市のイメージを貼り合わせただけに見えるが、画面下部に注目すると、そこには胎児を抱えた母胎部の断面モデルの切抜きが確認できる。その上には、右脚で母胎を軽く蹴りこむかのごとく軽やかに踊るスカートのモダンガール、そして母胎横には巨大な婦人用のヒール付ブーツが貼り合わされている。もちろん、「ダ

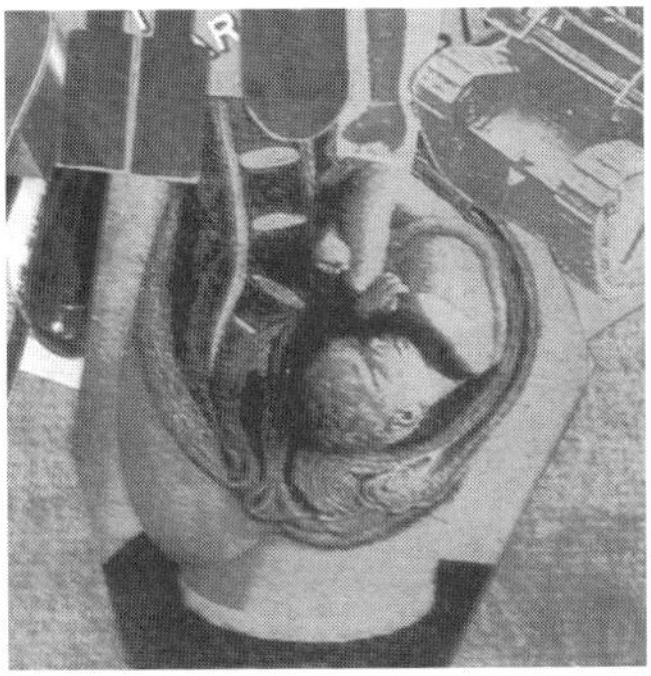

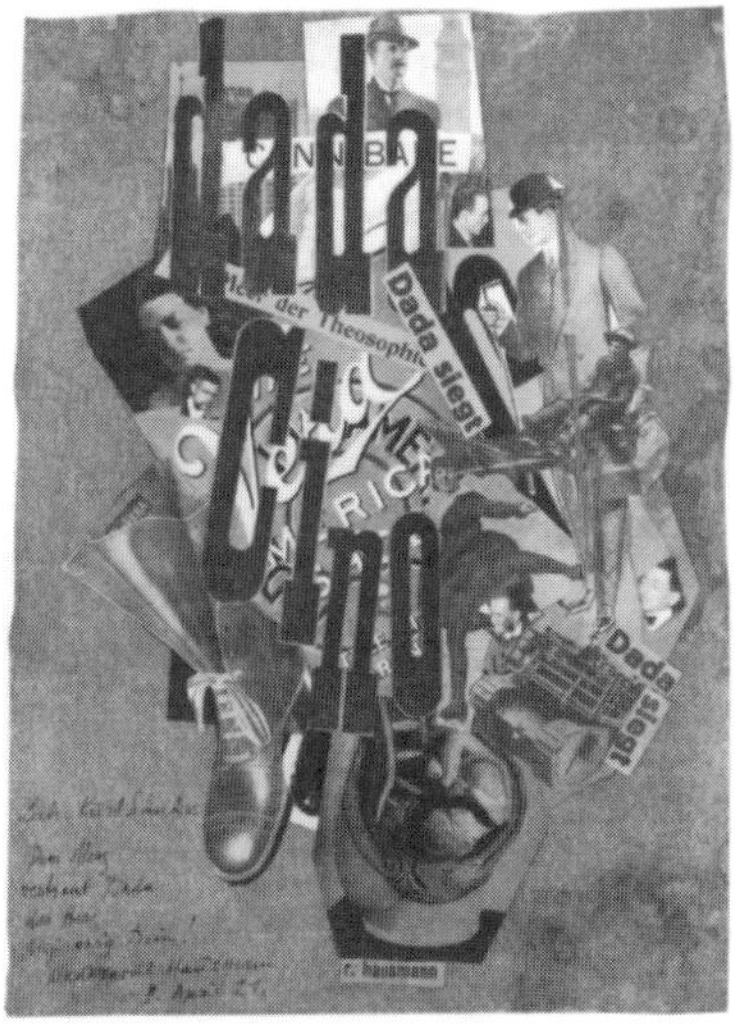

図３ ハウスマン《普通の生活の中のダダ》（右）
下部母胎断面図の拡大（左）

ダは勝つ！」や「ダダシネマ」といった文字や写真の切り抜きの配置が、画面下部から上方へと広がるかのようにもとれるので、ダダイストたちの日常とは結局のところ母性に寄りかかったものであるという自嘲的な表現であるとも解釈できなくもない。だが、この母胎の断面図がより明確に指すものは、妊娠をめぐる性のロマンティシズムへの拒絶、すなわち合理化された性への拒絶だと読むべきだろう。

ところでハウスマンには、時代に蔓延する理性的セックスや合理的な性に反対する多くの論考がある。一九一九年に書かれた「家族における所有概念と自分の身体への権利」では、彼は以下のように主張している。

自分の身体を自由に扱う権利を厳密に告知することによって必然的に以下のような事態をもたらすこととなろう。

1 女性と子供を価値の劣るものと表明する市民的結婚の無条件廃止。

2 あらゆる女性が母となる権利の認知。さらに、婚姻外の性的関係を女性に禁止する道徳規定の廃止。男女間の性的関係であろうが同性間であろうが、あらゆる形態の、あらゆる種類の性的関係への原理的権利は、個々人の意志にのみ委ねられねばならない。

3　未成年女子の出産権を定め、子供を教育し、養う上で不可能が生じる場合は社会がこれを一五歳に成長するまでは完全に保証すること。

4　母親が出産し子育てする権利は、それが不能な場合においても、決して社会によって阻まれてはならない。社会の保全義務のもとに、出産（すなわち子供）のために必要となるあらゆる方策を施される権利を母親は持つ。母親が不能な場合とは、ここでは精神的に行うことが出来ないと母親が表明することをさすが、子育てを自分でしたくないと希望することも該当する。

5　結婚による母親の経済的保証にかわって、社会の経済的義務がそれを補う。子供は15歳になるまで保証されるが、その個人的名付け親である父親が現存するも、彼の収入や能力からは子供のために必要となるお金が出せない場合は、一五歳以降でも、原則的に保証される。

6　以上の項目により、未成年者全員に均等の経済的・教育的権利を保障する国有化が、実現されねばならない。(3)

この宣言自体が、すでに合理的であるとか、女性性がここでは、産む性、すなわち母性へと一元的に還元されているなど、真っ向からの解釈と批判は、当てが外れていると心得なければならないだろう。ここで彼が弾劾しているものの核心は、「合理化される性」の元凶である市民的結婚制度とその根底である男性優位社会である。したがって、母胎の模型図を彼がコラージュに使用することで決して女性性を侮辱し弄んでいると解釈するべきではないのだろう。そうではなくて、際どいこのコラージュにおいて彼が試みているのは、母胎もまた、あらゆる性的な身体イメージと等価なのだということを指し示すことであり、それは何より、性のロマンティシズムという呪縛から、性的なるものを解き放つためのイメージ操作なのである。

さらに、《普通の生活の中のダダ》における母胎モデルのコラージュは、同じく彼のコラージュ作品《ＡＢＣＤ》（図４）において、さらに過激化していく。画面の最下位にあるのは、触診されている妊婦の断面図、中絶のための図解を切り抜いたかのような断面図である。右下部に置かれる二つの地球儀とクラシックコンサートの演目リストのような筒状に切られた紙切れによってモンタージュされた男根のイメージ、無造作に投げ込まれたかのようなお札、中央を独占するハウスマンの大きく開いた口と、その口にモンタージュされたＡＢＣＤという文字。ここに卑猥なイメージだけを受け取ればそれまでになる。しかし、それならばここに散在するアルファベットと数字は何を指すのか。１〜９までのうちで無いのは数字の「八」だけだが、アルファベットのうち欠けているのは「Ｇ〜Ｎ」までのこれまた「八つ」。性の神聖なる結合が結局成功しなかった原因は数値なのだよ、という挑発だとこの「八」をとることは不可能な読みではあるまい。あ

図４　ハウスマン《ABCD》下部印は著者による。

るいは、性行為を神秘化させるあらゆるイメージを、数やアルファベットへの世界へと誘い出しているのかもしれない。そして何より、そこに新たに広がった性風景もまた一つのイメージの世界にすぎないのである。こうしてハウスマンは、合理的なる性という幻想を打ち破った後の、非合理なる性的な身体が行き交うイメージの縮図を、コラージュによって指し示すのである。

(2) ハンナ・ヘーヒによる「身体的コラージュ」

ハンナ・ヘーヒのコラージュは、これまでも美術史において度々取り上げられ注目されてきた。ただ、ハンナ・ヘーヒの作品が語られる際、彼女自身の特別な環境——ベルリン・ダダという前衛アート集団で唯一女性アーティストであったということと、また既婚者ハウスマンの愛人であり、二度の流産を強いられた女性であったということ——が強調され、その作品解釈の大部分が方向付けられていたことも事実である。もちろん、女性性を自らの作品テーマに積極的に取り上げていた彼女のコラージュ作品が、女性である彼女自身の自己表現でもあるのだと捉えるのは決して不自然ではない。だがここでは、いまいちど純粋に彼女のコラージュの外的な特徴に目を向けてみることからはじめてみたい。

ヘーヒがコラージュをはじめたのは、一九一八年の夏にハウスマンと過ごした休暇先での「フォトモンタージュの発見」以降ということになる。その際、彼女に稲妻が走るほどの強烈な衝撃を与えたのは、民家に飾られている一枚の絵だった。それは、軍服を着た近衛兵を描いたものだったが、首から上だけは、その家の主の顔写真に取り換えられていたのである。非常に稚拙なこのコラージュに、実はヘーヒのコラージュの原点がある。彼女のその後のコラージュに多用されるのは、この一見単純な頭部と胴体部の付け替え、上半身と下半身の解体と合成、つまり「身体的コ

図5　《キッチンナイフ》（右）と右上部、ヴィルヘルムⅡ世のモンタージュ部分の拡大（左）

ラージュ」なのである。

彼女がベルリン・ダダの展覧会に発表した作品であり、今日ダダを代表する作品として名高い《ドイツにおける最近のワイマールビール腹文化エポックを、ダダのキッチンナイフで切る》（本文以下、キッチンナイフと略称）（図5）や、《ダダ・Rundschau》は、画面全体に散在する人物たちが、政治家や有名人といった時代を象徴する顔であるという理由で、政治的な批判として、あるいは社会風刺画として捉えられてきた。ところが、その人物の一つ一つに彼女がもれなく施したコラージュを詳細に追っていくと、そこには思想的な深みなどとは対極的な、どこまでも遊戯的な組み換え作業が見えてくるのである。例えば《キッチンナイフ》の画面右上にそびえるヴィルヘルムⅡ世であるがそのひげはよく見るとスクラムを組む男性二人による合成となっているし、左上にひときわ目立つアルベルト・アインシュタインの右脳部はハサミムシで出来ている。この騙し絵的な人物コラージュこそが、彼女のコラージュの特徴であり、その細部において施されるコラージュがあまりにも緻密であるが故に、実に見事に、政治的なメッセージという全体性をかき消されているのである。

こうして彼女がコラージュに使用する身体の組み換えの妙は、モード界に精通していた彼女ならではのセンスでもある。ハウスマンとの交際によって、ベルリン・ダダという運動に巻き込まれる以前から、彼女はウルシュタイン出版社で一九一六年から一九二六年までの十年間、美術学校の学業のかたわら週三回、イラストレーターとしても勤務していた。ウルシュタイン社といえば、何よりドイツでは初のフォトジャーナリズムの試み『ベルリン・イラストレーション新聞』や、ドイツにおけるいわゆる大衆紙の元祖となった『正午ベルリン新聞』などを抱える、当時のドイツ最大手の出版メディアである。ハンナ・ヘーヒが手がけたのは、手芸担当編集部での、主にレース模様や刺繍などの型版のスケッチであったが、その他にもウルシュタイン社発行の雑誌のなかで特に人気の高かった女性誌『婦人』や『実用的ベルリン女性』に記事を書くこともあり、当時最先端のファッション業界に精通した女性エディターの先駆けでもあった。

(3) 眼部に施されるコラージュ

ところで、ヘーヒのコラージュを注意深く見てみると、こと女性の身体を取り扱う際に必ずといっていいほど拘るのが、顔面、それも眼部であることに気付く。それも、こと眼部のコラージュは、サイズの合わない他者の眼の付け替えであったり、焦点や方向の違う眼の付け替えであったりと、胴体が動物であったり、片手が鋏であったりというその他の身体パーツへの操作の大胆さと比べると、そのイメージ操作はいたって控えめであり、見過ごされがちである。しかしそうであればこそ、その密やかな且つ念入りな操作には、彼女なりの一貫した主張が秘められているように思えるのだ。

具体的にみていこう。例えば《美しい娘》(図6)における女性二人のうち、前面にいる女性の身体コラージュは頭部が豆電球であり、フェミニンな髪型はその上部で広告ポスターの張り紙でできた空洞の顔面を補うかのように位置しながら、奇妙に女性としてのシルエットを完成させている。その背後に顔を出しているのは女性の顔であるが、よく見るとその右目はサイズ違いなのである。その不釣合いに大きい瞳でこちらを覗き込んでいるこの背後の女性は、ひょっとすると前に腰掛ける女性の亡くした顔面なのかもしれないし、またその言い換えなのかもしれない。だとす

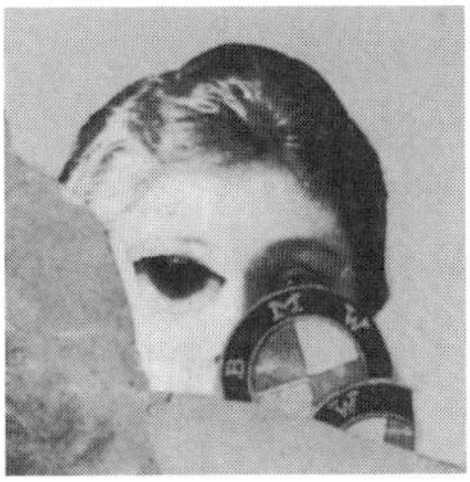

図６　ヘーヒ《美しい娘》(右)、
右上部拡大（左）

図７　ヘーヒ《花嫁》（下）

れば、それは巨大企業の歯車のなかでその身を消費して行くモダンガールたちの盲目性を揶揄しているのだととれるだろう。この文脈に近いと思われるのが《花嫁》（図7）における瞳のイメージである。巨大化された幼女そのものの顔面を持つ花嫁の両目は直接操作されてはいないものの、その背後に天使の翼とともに描かれているのは、涙を落とす巨大な瞳と、乳児を抱えた眼球そのものである。もちろん、結婚とともに、乳児の誕生という新たな瞳が授けられるという解釈もあるだろうが、いずれにしても眼球の付け替え行為自体が示すものは、本来彼女自身であるはずの花嫁の身体内部がすでに、置換可能な外部でもあるのだという事実なのだ。

ただそのこと自体が、女性のアイデンティティーの不確かさをヘーヒがやみくもに批判しているのだとするのは一面的に過ぎるように思われる。例えば、《ダダンディー》という作品を見てみよう。このコラージュ作品のタイトルであるダダンディーとは、ときにシルクハットに燕尾服という格好でパフォーマンスをする男性ダダイストたちが、そのダンディズムを半ば自嘲的に名乗る際の呼び方であり、ヘーヒがそんな彼らに対する茶化しとして作成したものというのが通常の解釈である。ところでこの《ダダンディー》（図8）で、画面中央に登場するモーディッシュな五人の女性のまなざしのうち二人の女性にも、またもやコラージュが施されているのだが、外部から貼り付けられた左右ちぐはぐなその瞳をこちら側にむけて微笑む彼女たちの表情は明らかに満足げで、半開きの唇は極めてセクシーである。そこから視点を遠ざけると、そこにはひとりの男のシルエットが浮かび上がってくるのだが、猫背のこの男の身体を肉付け形成しているのは、他でもないこの女性たちなのである。

こうして、ヘーヒによる女性の眼部へのコラージュには、女性性に対する自己概念の揺らぎに対する両義性を読み取ることができるのだが、その揺らぎはまた、彼女自身の姿にも重ね合わせて描かれてもいる。《ロシアのダンサー、あるいはわたしの似姿》（図9）を見てみよう。画面中央でこちら側を覗き込むのは、女性の頭部と片足を上げバラ

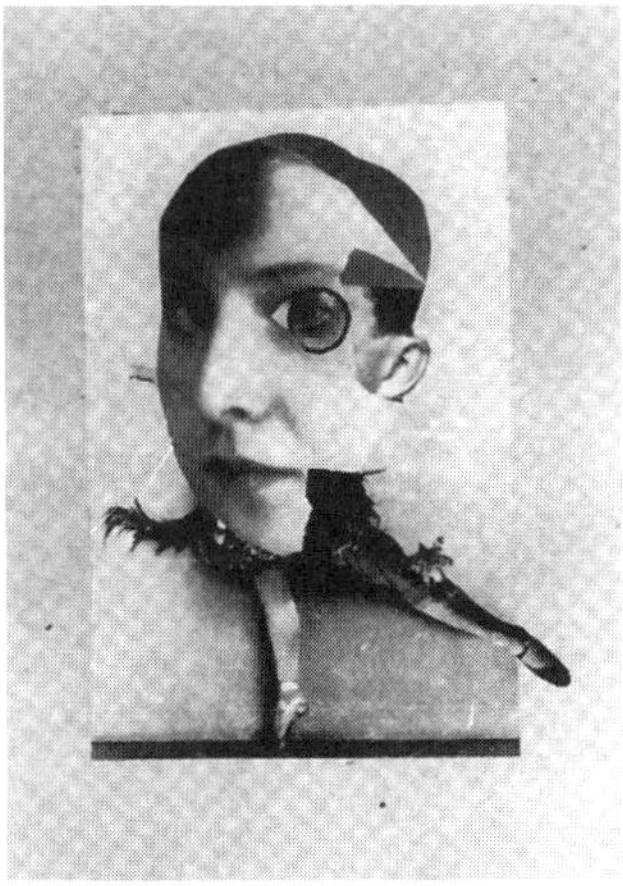

図９ ヘーヒ《ロシアのダンサー》

図８ ヘーヒ《ダダンディー》男性シルエット部を拡大

ンスをとるダンサーの脚部のみでコラージュされた、胴体部のない奇妙な身体である。まず注目したいのは、ヘーヒのダブルとされるこの女性の左目にはめられたモノクル（単眼眼鏡）である。モノクルはブルジョワ紳士の象徴とされた当時すでにインテリジェンスやハイクラスの記号であり、働く知的なモダンガールたちの間で、このモノクルは俄かに流行していたのも事実である。もちろん、一枚も記録が残されていないにしても、彼女自身が実際にこのモノクルを着用していたとしても不思議ではない。

一方、このモノクルを確実に愛用していたのが彼女の愛人であるラウール・ハウスマンである。実際に左目の視力はほぼ無かったというハウスマンにとって、モノクルはダダンディーへの仮装というよりは日常の装着物であったともいえる。仮にヘーヒが「わが似姿」とするこの自画像の眼部に、ハウスマンのモノクルをコラージュしたのだとすれば、この《ロシアのダンサー》とは、一回りも年上であり、芸術家として最先端を突き進む彼の世界観を手にした満足げなセルフイメージともとれるのである。ところが、よく見ると、そこでもまたモノクルの向こうの瞳は、白目の部分から奇妙にずれこんだところに貼り付けられている。しかも、その細く鋭い瞳のサイズはヘーヒ本来の瞳をうかがわせる白目部分からみると、あまりにも小さい。つまりここに示されているのは、彼の眼鏡をかけてダンスする自分自身と、その滑稽さの両方なのである。

4　展開する「ジェンダー・イメージ」

(1) 他者によるセルフイメージ

ヘーヒがコラージュにおいてみせるこの両義性と、彼女とダダとの関係性はどうも似通っているように思える。ダダの展覧会で彼女が展示したのは、たったの二作品だが、そのうち一つが、有名な《キッチンナイフ》であり、もう一つが人形二体であった。彼女が縫い上げたこのダダ人形二体は、メインルームでの巨大な豚の剥製や、ハートフィールドによる頭部が電球の人体模型、また別室に配置されたヨハネス・バーダーの巨大なアッサンブラージュの賑やかさとは対極的に、展覧会の片隅にこっそりと飾られていた。そんななか注目なのは、この人形二体の目玉部分は不揃いであることもさることながら、興味深いのは、この二体を抱えて愛おしげに眺める彼女のセルフポートレートがまた別に作品として残されていることでもある。なぜなら、男性ばかりのアーティスト集団において、女性である自分はお飾り人形に過ぎないという、自らの存在価値そのものの具現化ともとれるこの二対の人形を作り、向かい合うというこのポーズこそが、彼女にとっての作品の意味、より厳密に言えばコラージュという手法の役割を象徴的に表しているように思えるのだ。

というのも、コラージュとは常に異素材の組み合わせによって一つの平面を生み出す作業であり、それは彼女にとっては、他者性とともに提示される自己を探る作業を意味するのである。彼女にとっての自己なるものとは常に、他者の瞳のなかで生成される何かを集めたものであり、そうして合成された自己と、いまその自己に向き合うわたしとの絶え間ない「ずれ」を展開する場所、それがヘーヒにとってのコラージュなのである。つまり、ハウスマンにとって、ジェンダー・イメージを解放する場所であったコラージュは、ヘーヒにとっては、他者によるセルフイメージを探求するための鏡としても考えられるのである。こうして、男たちのコラージュにおいて往々にして矛盾なく外部に据え置かれる異質なるもの＝他者性を、ヘーヒはその内部にこそ発見し眺めるのである。

（2）《頭》をめぐるセルフイメージの展開

いわば微妙にずれ行く二人のコラージュが、しかしそのずれの微妙さゆえに、時間を超えて、互いのジェンダー・イメージを展開させる場所として機能することもある。その一例としてここで取り上げたいのが、《マシーン頭》（図10）をめぐる一連の作品群である。

ラウール・ハウスマンによる《マシーン頭、われわれの時代の精神》は、その名の通り、人間頭部の彫刻作品である。彼自身が後年語っているように、もしこの《マシーン頭》が一九一九年に制作されたものであれば、それは丁度ヘーヒとの同棲期間中に該当する。当時この木製の「頭」が作品として何の意味も持たないと見なしていたハウスマンは、別離の際、ヘーヒの住居から去るとき、彼女のもとに放置していったという。その後、一九三二年にハウスマンが「頭」を取り戻すまでの一〇年間、ヘーヒはこの「頭」を観察しては微妙な手入れをしていたとされる[4]。後に彼女は、テートギャラリーにあるこの「頭」の模倣品（図11）を見て、オリジナルの「頭」との違いを証言したのだが、その際の彼女の表現が極めて興味深いのである。

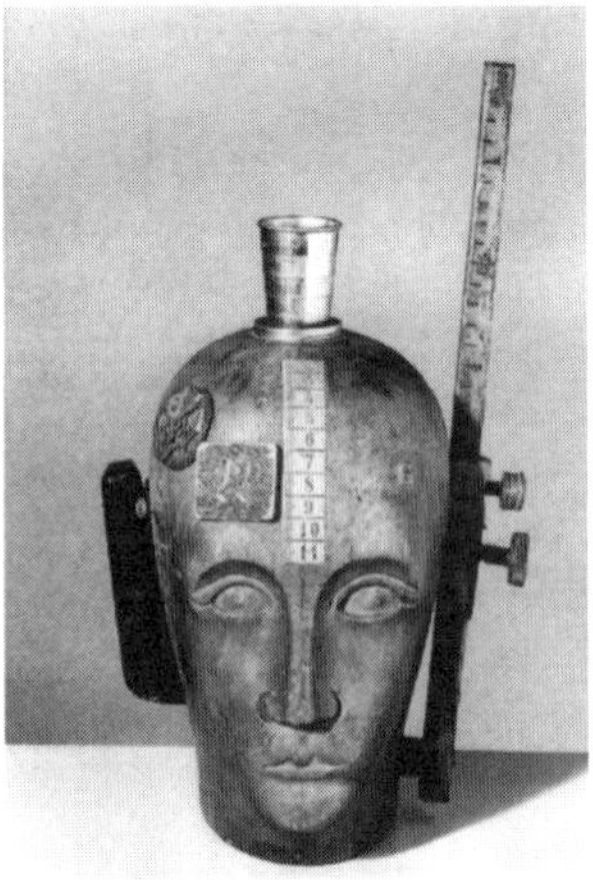

図 11 作者不詳《マシーン頭》贋作

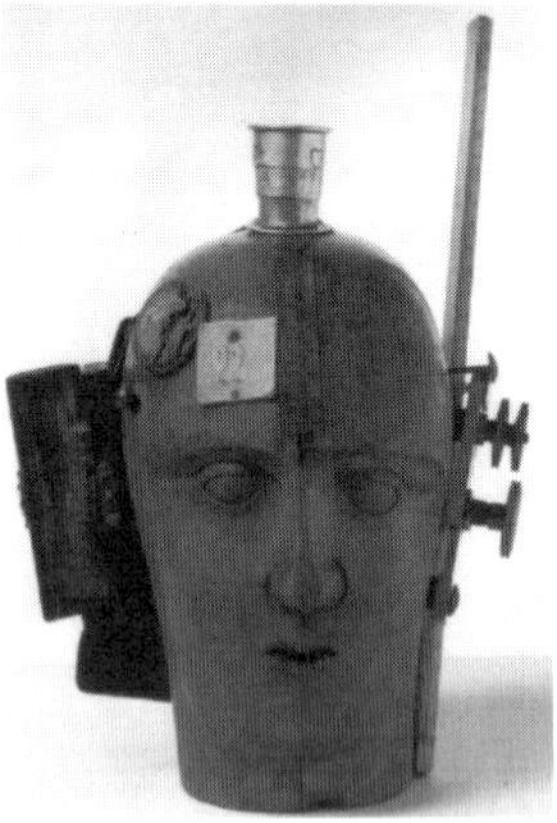

図 12 ハウスマン《マシーン頭》

オリジナルの方は、もっと幅広で、つやつやしていたわ。この模倣品ほど悲壮な感じでもなかった。オリジナルのあごはもっと男性的なのよ。(5)

続けて彼女は、模倣品の頭頂部にあるアルミコップに刻まれている輪がオリジナルでは三つであること、そのコップはヘーヒの父親が猟銃の際に用いていた野外用のコップだったこと、額の裁縫用メジャーはヘーヒが使用していたもので、1cmから10cm部分が貼り付けられていたのであって、模倣品のように2cmから11cmではなかったことなど、細かく指摘している。(6) いずれにしても注目なのは、ヘーヒがオリジナルの「頭」に男性性を重ね合わせたことなのである。当然彼女が、アトリエを去った後に残されたその「頭」にハウスマン自身を投影させたとみてもおかしくはない。つまり、この「頭」の副題でもある「われわれの時代の精神」とは、「われわれの時代の男の精神」であり、「マシーン頭」とはとどのつまり、自分自身の機械性を哀れむ「男頭」だったのだとヘーヒは指摘したのである。

一方、ハウスマンもまた、「男頭」にセルフイメージを重ねあわすかのような応答をみせている。一九六〇年代に撮影されたというセルフポートレートに映されているのは、《マシーン頭》を懐に抱え、愛しげに見つめるハウスマンの満足げな表情である。あるいは一九五一年の《ダダ・ラウール》（図12）では、ラウールの文字に《マシーン頭》の顔面部分、右耳をなしていたお財布部分、ねじでとめられていた木製定規からなる左耳部分が、それぞれコラージュされているのである。こうしてハウスマンは、ヘーヒにより男性性へと押し返された「頭」を、自らのセルフイメージとして、いまいちど能動的に発信するのである。

（3）《二つの頭部》

最後にもう一枚、「頭」をめぐるジェンダー・イメージの展開として見ておきたいのが、一九二三年制作のヘーヒの作品《二つの頭部》（図13）である。この作品で、まず目が行くのは一方の頭から差し出されている「乳児」の形象であろう。ヘーヒがハウスマンとの間に二度の中絶を行っていることを考えれば、そこに生まれてくるはずであったわが子を思い浮かべることは容易い。そしてまた、往々にして操作されてきた女頭の眼部が、まっすぐに男頭を見つめていることも、非常に興味深い。香川はこの図像の本来のイメージは、「二つのメカニックな頭部の、鉛色に光る金属質の皮膚と、澄んだ細長の目の、決して交わることのない視線[7]」にあるとし、「女のくわえた赤ん坊だけが、ピンク色の肉塊として温もりを残している。彼女の何ごとにも動揺しない無表情の頭部のなかで、ただ一つ内面をのぞかせているのは、裂け目のような切れ長の目の、まっすぐに男を見つめる視線である。[8]」と読みを続けている。

確かに作品での男と女の視線は交じり合ってはいない。しかしこのずれ行く視線にこそ、むしろ生成と誕生の契機があると、この絵が示唆していると読むのは行き過ぎだろうか。そしてまた、この「メカニック」な頭部が、引用での指摘のように「金属質」なのかどうかは疑問符つきであり、ここにもまた、ハウスマンの木製《マシーン頭》のイ

図 13 ヘーヒ《二つの頭部》

図 14 ハウスマン《ダダ・ラウール》

メージが転用されていると読むことは間違いだろうか。一九二三年に制作されたこの《二つの頭部》とは、ハウスマンが置いていった「頭」を眺めつつヘーヒが描いた、「マシーン女頭」というイメージの「ずらし」の一つであり、またそこに表されている二つの頭の向かい合う姿こそは、彼女らが展開したコラージュそのものの構造図なのではないだろうか。

5　再加工の場としてのコラージュ

ジュディス・バトラーは「憎悪発話を封じ込めること、それはその中傷力を温存し、その文脈や目的を転換させる再加工の可能性を阻止してしまう[9]」とかつて言った。ダダにおけるコラージュとはまさに、彼女がいうところの「文脈や目的を転換させる再加工」の場だったのだと思う。一方的に投げかけられるイメージをただひたすら閉じられた平面空間で展開するのではなく、他者へと投げかけ、また投げかけられたイメージを再び自らに纏いながら、作品として次々に展開させていくこと——コラージュという場においてイメージは、固定化されることなく、転換され、また進化していくのである。その展開において、そもそものイメージに込められていた価値はその根拠を覆され、新たなイメージへと結びつく。コラージュとは再加工の多次元的な場であり、この場においてハウスマンとヘーヒが並べたジェンダー・イメージの断片は、ときに辛らつに、ときにユーモアたっぷりに、彼らが互いに想い描く「新しい性」の際どい輪郭を縁取っている。そうしておそらくは、その先にあるであろう「性の向こう側」のまだ見ぬ風景を、彼らは必死に覗き込もうとしているのだ。

注

（1）Hausmann, Raoul: Fotomontage. In: Riha, Karl/ Kämpf, Günter（Hrsg.）: Raoul Hausmann. Am Anfang war Dada. Steinbach/ GieBen: Anabas, 1972, S. 54.

（2）Vgl. Hattingberg, Hans von（Hrsg.）: Zeitschrift für Menschenkunde. Blätter für Charakterologie und angewandte Psychologie. München/Celle: Kampmann, 1925. これらの報告者のうちほとんどが博士号あるいは教授資格号を持つ学問的見識者であった。

（3）Hausmann, Raoul: Der Besitzbegriff in der Familie und das Recht auf den eigenen Körper. In: Erlhoff, Michael（Hrsg.）: Raoul Hausmann. Texte bis 1933. Bd. 1: Bilanz der Feierlichkeit. München: edition text + kritik, 1982, S. 37f..

（4）Haus, Andreas: Der Geist unserer Zeit - Fragen an einen Holzkopf. In: Züchner, Eva（Hrsg.）: Wir wünschen die Welt bewegt und beweglich. Raoul Hausmann - Symposium der Berlinischen Galerie im Martin-Gropius-Bau. Berlin: Berlinische Galerie, 1995, S. 50.

（5）Ebd., S. 56. 下線は著者による。

（6）Ebd. S. 56. ハウスはここでさらに、裁縫用メジャーを用いることでハウスマンが女性であるヘーヒが計測能力という男性的特性を身に付けることを批判していたことなどを挙げて分析している。
（7）香川檀『ダダの性と身体』ブリュッケ、一九九八年、二六七頁参照。
（8）同書、二六八頁参照。
（9）ジュディス・バトラー『触発する言葉』竹村和子訳、岩波書店、二〇〇四年、五九頁。

図版出典

1――ジョージ・グロス《新しい人間》1920年。In: Bergius, Hanne :Montage und Metamechanik. Berlin: Gebr. Mann, 2000, S.220.
2――写真「登記所で働く女性」1925年 Becker&Maass 撮影。In: Metzger, Rainer: Berlin Die 20er Jahre Kunst und Kultur 1918-1933, Wien: Christian Brandsätter Verlag, 2006, S.263.
3――ラウール・ハウスマン《普通の生活の中のダダ》1920年。In: Bergius, a.a.O., S.487.
4――ラウール・ハウスマン《ABCD》1923年頃。In: Ebd., S. 46.
5――ハンナ・ヘーヒ《ドイツにおける最近のワイマールビール腹文化エポックを、ダダのキッチンナイフで切る》1919/20年。In: Ebd., S. 486.
6――ハンナ・ヘーヒ《美しい娘》1919/20年。In: Ebd., S. 490.
7――ハンナ・ヘーヒ《花嫁》1926年。In: Wagener, Silke: Geschlechterverhältnisse und Avantgarde, Königstein/Taunus:

Ulrike Helmer Verlag, 2008, S.181.

8――ハンナ・ヘーヒ《ダダンディー》1919年。In: S. 62.

9――ハンナ・ヘーヒ《ロシアのダンサー、あるいはわたしの似姿》1928年。In: Wagener, a.a.O., S.195.

10――ラウール・ハウスマン《マシーン頭、われわれの時代の精神》1920年頃。In: Metzger, a.a.O., S.95.

11――テート・ギャラリーで撮影されたラウール・ハウスマン《マシーン頭》の贋作写真。In: Züchner（Hrsg.）, a.a.O., S.57.

12――ラウール・ハウスマン《ダダ・ラウール》1951年。In: Züchner（Hrsg.）, a.a.O., S.51.

13――ハンナ・ヘーヒ《二つの頭部》1923/26年。

第三章　「ひとつではない男の性／身体」

――女たちによる〈グロテスク・ボディ〉の実験

笠間千浪

1　「ひとつではない女の性」というテクスト

女の性器はひとつではない。少なくともふたつはあるが、ひとつずつに識別できない。それに、女にはもっと多くの性器がある。女のセクシュアリティは、少なくとも常に二重であるが、さらに複数である。……女はあちこちを快楽する。肉体全体のヒステリー化を語るまでもなく、女の快感の地理は、想像されるより、はるかに多様で、たがいに異なり、複雑で、微妙である。同一者に少々集中しすぎた想像界の中で……想像される以上に。[1]

一九七四年にイリガライによって書かれたそれほど長くはない論文は、原題としてはCe sexe qui n'en est pas un（この性はひとつではない）といい、ほかの諸論文も含めて一九七七年に一冊の本のタイトルとなって出版された。[2]その本の論文の多くは一九七〇年代前半から半ばにかけて書かれており、その影響力から、まずはフェミニズム第二波のフランスにおける代表作のひとつであることに間違いはない。[3]

このテクストにおいて、イリガライはフロイト精神分析理論における男性原理中心主義による女性定義に異議申し立てを行った。もちろん、そういった作業はイリガライだけが行ったわけではない。周知のように、フロイトの精神分析論に対するフェミニズム側の批判的検討は特に一九七〇年代以降の大きな流れである。

それではまず、フロイトの提唱した幼児期の性的な心理発達モデルを確認しておきたい。幼児は「前性器的段階（前エディプス期）」を経てから四歳前後の時期にその性愛を性器に集中させる「男根期（エディプス期）」の段階にいるとする。この時期になると、幼児は男根／ペニスの有無に関心を抱くが、そのことは男性器しか認識されないことから生じ、それゆえ「男根期」とされる。この時期において、男児と女児では異なったプロセスを通過することによって男性性と女性性の雛形が形成されるという。鍵となるのは、父というペニスの所有者で第三者の存在、母との関係、ペニスの意味である。

男児の場合、それまで母子二者関係の愛着状態にあったが、この段階で第三者としての父の存在が介入し、三角形の関係が生じる。男児としては母との愛着、すなわち母が欲望の対象となっているのだが、それが父によって去勢の脅威をもって禁止されていることを知るのである。自分とは比べ物にならないくらい父が強力な存在であるのは、彼が大人であるだけではなく、父が第三者の審級、つまり超自我／象徴体系の審級の存在として規定されているからである。そして、その根拠がペニスの所有ということであり、そういう意味でペニスは単なる解剖的な外性器ではなく、権威の付随した「ファルスphallus」という意味を持つ。(4) 母をめぐって父とライバル関係になる状況がエディプス・コンプレックスであるが、結局は「ペニスを切り取られるかもしれない」という去勢不安によって、男児は近親相姦の禁止を受け入れる。そして、母をあきらめ、父と同一化し、他の女性へと欲望を向けるように方向づけられるとした（すなわち、エディプス・コンプレックスの「克服」）。

一方の女児も母子密着的な関係において母を欲望の対象にしていることは男児と同じである。とはいえ、やはり父の介入によって母との関係は以前と同じわけにはいかなくなる。女児の場合は、フロイトの考えでは男児と比べてエディプス・コンプレックス「克服」の段階が一つ多くなるとされている。愛情の対象を母（女性）から父に移行させ、最終的に父親と類似する存在の男性に方向づけられなければならないからである。そして、女児のエディプス期の「克服」は、男児と比較してねじれたものになり、ほとんど「克服」もされないと示唆されている。女児にはペニスがもとからないので、去勢の脅かしはきかない。だが、フロイトはペニスがない女児には「ペニス願望」が生じるとした。女児は、ペニスがない自分に生んだことに対して母を非難し、自らを去勢された存在として認める。そしてペニスの代わりである赤ん坊をくれそうな父親に愛情を移し、結果として母親をライバル視することで「正常な女性らしさ」が生じるとしたのであった。しかも、思春期以降、女性の性器領域がクリトリスからヴァギナに移行されることによって「本来の正常な女性らしさ」が達成されるとしたのである。

こうしたフロイトの性別主体形成の説明の仕方は、基本的にペニスという男性器の有無をめぐる解剖学的宿命論の色調を帯びている(5)。当然のごとく、欧米の第二波フェミニズムにおいてフロイトの解釈は激しく反論されることになった。しかし、しばらくするとJ・ミッチェルなどによりフロイトの解釈は近代的父権主義社会における核家族的状況での性別主体形成の「記述」としてとらえるならばフェミニズムにとっても「利用可能」であることが認識されていく。その後、精神分析学に構造主義を導入したラカン理論の批判的取り入れや前エディプス期における母子関係の再検討を重視する対象関係論などがフェミニズムの視点から展開していくことになったのは周知のとおりである。

そういった流れのなかで、イリガライは男性中心的な象徴秩序（＝男根―ロゴス中心主義）のもとで定義される女性の性愛や従属的な主体や身体を批判していくのである。ペニス／ファルスの「欠如／不在」によって母親そして女全体が劣等で軽蔑すべき存在になり下がるという言説にどのように対抗していくか。そこでイリガライのテクストに戻ることになる。

フロイト的な女性の性愛で取り上げられるのは、「(男性的) クリトリスの能動性」と「(女性的) ヴァギナの受動性」であり、前者から後者へと移行することによって「正常な女らしさ」が完成するという解釈であった。初期の第二波フェミニズムは前者の「能動性」を重視したが、イリガライはその選択はしない。なぜならば、その「能動性」は「小さいペニス」であるという価値判断、すなわちペニスが唯一の価値を持つ象徴秩序における意味だからである。

イリガライが選択した戦術は、「女の快楽の地理」がフロイトや日常的なとらえ方の単一を超えて、はるかに複数形、多層化され、異質であるかを重視することであった。たとえば、女性器の「二つの唇」が男性器とは異なって何の媒介もいらないで自体愛を享受する自律性を持つことを指摘し、男根—ロゴス中心主義の秩序からすり抜けようとするのである。そこで目指されているのは、既存の象徴秩序の想像外にある(男でも母でもない、あるいは前エディプス期の多型倒錯でもない)「真の性的差異」である「女性的なるもの」の提示であり、模索であった。

だが、それにしてもイリガライについてまわる批判は「生物的決定論」や「本質主義」ではないかということである。訳者の一人である棚沢は、イリガライの言う「女性的なるもの」が自然性(すなわち解剖的事実)を基礎としているのなら、女性の状況は均一的に全世界で共通的で普遍なものとしてみなされてしまうのではないかとしている(棚沢、一九九八、二八五頁)。また、中嶋も女の身体から解釈した女性的なるものは女にしか担えないことを疑問視する。そして、「女性的なもの」と「男性的なもの」が身体的な次元で固定されてしまうと異性愛が唯一のモデルとなってしまうし、そもそも「男性的なるもの」はいままでどおりなのかと指摘する(中嶋、二〇〇二、一九〇~一九一頁)。

しかしながら、フランスの反本質主義フェミニズムの代表的な「平等派」であるC・デルフィもイリガライのこのテクストは評価したというし（中嶋、前掲書、一八九頁）、英語圏においてもM・ホイットフォードなどによって短絡的な本質主義を超えた思想としてとらえられている。とすると、あえて女性身体の断片化などのきわどい手法を採用したこのテクストの「挑発性」そのものをもう一度再考する必要があるのではないか。

イリガライは男性のみを主体にする原理に対抗しようとして、女性の性、快楽、身体などが決して男性中心的な秩序によって単一の形をとらないことを繰り返し描いた。女の性はひとつではなく、決定されない複数性に満ちている。だが、そうなると、実はもう一方の「男の性」も「ひとつではない」可能性が拓けてくるのである。なぜなら、女の性が何ものにも同一化しないのなら「このことは現行のあらゆる体制を疑わしくさせる」からである。男の性や身体も「男根中心主義」体制が揺らげば（あるいは、「男根中心主義」的な男の性自体も言説の効果であるから）、従来と同一ではいられなくなるのだ。

このような解釈は、たとえイリガライ自身が自覚していなくとも十分可能である。少なくともイリガライはこのテクストのなかでそのような解釈を可能にすることを意図せずに示唆して「しまっている」。フロイト／ラカン的な性秩序のなかで単一化された女の性／身体を、そういった秩序から解き放つためにイリガライ流に「女の性」を書き換えたということは、結局は身体や性のあり方は言語的な意味づけであることを示したことになるのである。そうなると、一見すると「解剖学的形態」に基づいた本質主義という閉鎖的な固定どころか、流動的な意味の書き換えが可能な地平が拓けてくる。おそらく、この点がこのテクストの魅力の核心ではないか。

イリガライが（意図せずに）切り拓いた「ひとつではない男の性」という新たな地平を考察する前に、イリガライのような「確信犯」的なものも含めて、「本質主義」フェミニズムについて少し考えてみたい。なぜならば、それは女性たちの一つのしたたかな戦術であるからだが、もう一方の戦術である社会構築主義的なものとは本当に水と油のように相容れないものなのかを検討してみたい。

2　女性たちのジェンダー化への抗い

これまでの歴史において、女性が担い手である運動や活動そのすべてが「フェミニズム」という性格を持つとはいえない。上野は、N・コットによるフェミニズムの歴史的由来についての検討をまず引用している。コットは、一九一〇年代の米国で参政権を目的とした「婦人運動」が「フェミニズム」という用語に替わったことに着目してフェミニズムの要素を三つ抽出した。それによると、①男女平等志向、②女性の地位を社会的な構築物としてみなすこと、③「女性」という集団的アイデンティティをうち立てることであり、ここには男女間における同一性と差異、女性間における同一性と差異の両方が前提とされていて最初から自己矛盾を含んでいたという。これを受けて、上野はフェミニズムとは何かという定義はそれほど簡単ではないという。しかし、あえて第二波フェミニズムも視野に入れた「広義のフェミニズム」を定義すれば、第一に「女性の自律的な運動」であること、第二に「性役割／女性カテゴリー／ジェンダーの問題化」が「他者救済」ではなく「自己解放」の運動として問われていることだとしている（上野、二〇〇六、一四〇〜一四一頁）[6]。

この二つの要素のうち後者が特に重要なのは、この点が単に担い手が女性である「女性運動」とフェミニズムを決定的に区分けするメルクマールだからである。そしてとりわけ戦後の第二波フェミニズムを特徴づけるものとする上野の指摘は的を射ている。なぜならば、欧米における第二波フェミニズム以降の焦点も、「女とは何か」という問いが一貫して争点になっているからである。

S・ヘックマンは欧米フェミニズムが三つの大きな段階を経てきたことを「性差のとらえ方」に着目してその流れ

を描いている。もちろん、性差はジェンダー秩序における「女とは何か」の問いにおいて重要な位置をしめるからである。

第一の段階は、啓蒙思想やその枠内にあるモダニスト的認識論のもとにあるフェミニズムで、性差という差異に対しての態度としては、それを無視して弁証法によるメタ項目である「人間」概念に「同一化」する。この段階は、リベラル・フェミニズムや社会主義フェミニズムなどが対応する。この手法は、「男女平等」路線であり、それなりに成果をあげてきたことは確かである。しかし、「人間」概念の基準は男性であるという規定になっているため、このやり方だと女性をよくて「名誉男性」として扱うにすぎなくなってしまう。

第二の段階は、性差を強調し、逆に「女カテゴリー」や「女性性」に価値をおく「転倒」「二項対立」「分断」の手法をとるフェミニズムである。このタイプのフェミニズム（代表的にはラディカル・フェミニズム）は「解剖学的差異」に性差の「本質」をおくタイプである（本質主義）。このタイプも基本的には「女性という本質」という基底主義原則にあるため、第一の段階と同様にモダニズムの枠内にある。しかし、女性を男性との「解剖学的差異」によって統一してとらえるために、さまざまな女性間の社会的、歴史的な状況の違いを見過ごしてしまううえに両性間の両極性を固定してしまう。男女二項対立をそのままにして「女性性」に価値をおいたとしても、結局は男性中心主義的な価値は温存されてしまうのである。

第三段階は、それまでのフェミニズムが依拠していた位階制を温存してしまう二元論的認識を超える手法であり、ヘックマンは（とりわけJ・デリダの）ポスト構造主義の「脱構築」にその方法論をみる。そこでは差異を捨ててしまうのではなく、新しい方法で概念化して、性的なるものの「新しい記銘」を造り出すことだという。性差を両極的に設定するのではなく、「多元性」「複数性」でとらえることによって性差を二項対立図式で固定化せずに無限の差異のうちの要素としてみなすことである。それは中心を持たず、男性的でも女性的でもないが、男性的なものも女性的なものも抹消することなく、多様な性差を重層化することによって階層化された対立を回避する方法である（ヘックマン、一九九五、二八五〜三二八頁）[7]。

以上の性差のとらえ方に着目したフェミニズムの流れは、性差の「一元化」から「二元化」へ、そして限りなく無限に近い性差の多声化である「n元化」へと拓く道が理論的には示されたわけである。しかし、コットが指摘したように、フェミニズムは当初から同一性と差異という矛盾を抱え込んでいたことを思い出すならば、現在でもこの三つの段階が併存している状況は不思議ではない。むしろ、この三段階はフェミニズムの三つの「戦術」としてとらえたほうがいいのかもしれない。社会的な文脈によって効果的な戦術が違ってくるからである。

たとえば、第一段階の性差の一元化でさえ、「男女同時参加」を社会的公正の次元として使う必要は現在も依然としてある。たしかに公的領域や国民国家への女性の参入は、歴史的にナショナリズムや戦時体制そしてネオリベラリズムとの同一化にもなってきたことは、最近のフェミニズムでの分析で明らかになっている。だが、そうかといって、いわゆる男性性＝ファルスの権威性は「貨幣の所有」と結びついているというM・ホルクハイマーの指摘を改めて引用するまでもなく近代以降の公私が二元化された性別分業制度がそれを維持していることの問題性は残るのである。したがって、性別役割分業の解体のためには、この戦術の有効性はいまだにあるといえる。

また、性差のもう一つのとらえ方の分断で現在も根強いのは、第二段階で示された女性の本質を「解剖学的性差」でとらえる本質主義とそれに対抗する非本質主義（＝社会構築主義）とのものである。もちろん、本質主義とは上述したように、基底主義であるので「生物学的差異」ではなく社会側に「本質」をおいても本質主義になる。だが、ここでは非本質主義の立場を「社会構築主義」として、とくに第三段階の理論的成果を取り入れた立場をさしている。

そして、ふたたび先に示した問いに戻る。このフェミニズムにおける（性差のとらえ方の）根強い対立は水と油のような関係で決して折り合うことはないのかという問いである。そのためには、対立するフェミニズムをそれぞれ細かくみて比較するしかないだろう。そうする途中で、意外にも対立の境界が溶けている箇所に出会うところがある。たとえば、あれだけ新しい「女性的なるもの」の探索を繰り返しているイリガライにおいても、同じ本の中で「女性の宿命はあまりにもしばしば解剖学、生物学のせいにされ」てきたと書いている（イリガライ、前掲書、七四頁）。前述したように、性差の生物的本質主義の危険性を承知のうえで、あえてジェンダー秩序における従属的な女性の位置を揺るがそうと企てるイリガライは十分に「確信的」である。

同じような戦術は、G・スピヴァックやT．ミンハらによってもとられている。植民地関係のなかで他者化され従属された者たち、すなわちサバルタンの問題は、彼／女たちの従属的な主体を特定的に同一化してのみ描くのではなく、構造的なシステムの所産としてきちんと把握する必要性をスピヴァックは主張した。彼女がとるのは「前進を続けるため、ある立場をとることを可能にするため、そういう定義（＝「女」というカテゴリー）が必要だ」とする「戦略的な本質主義」の立場である（スピヴァック、1987=1990：68）。

米国社会のなかの「アジア系女性」という立場で発話する映像作家ミンハも、「女」「ネイティヴ」というアイデンティティを一方で使いつつ、同時にそれらを多数の差異で空洞化するような戦術をとる（ミンハ、1989=1991）。

一九七〇年代初期の日本のウーマン・リブのテクストも、ヘックマンによるフェミニズム第二段階の性格をよく反映している。「明治以来の女性解放は経済的・法的平等を確保するため、彼女らの女としての性は薄められ、切り捨てることによって運動が担われてきた」と田中は指摘し、自分たちが現時点では「主体的にも状況的にも〈女であること〉を通じて自らの解放論理を構築し、運動化できる地点」に立っていることを宣言した（田中、二〇〇九、六四

〜六五頁)。そして、「〈ここにいる女〉の性の生殖を問いつめてく中でしか女を人間に普遍化できない」とするのである(田中、前掲書、六五頁)。ここには、「女」という統一的主体を「性/生殖」を本質的な軸としてうちたてる必然が述べられている。しかし、田中は同じ本の中で「〈男らしさ〉〈女らしさ〉は、それぞれの本分であり〈自然〉なのだという人がいるけど、冗談じゃない」とし、「それらは自然の本分どころか、その不自然さは強迫観念」となっていると指摘し(田中、二〇〇一、七四頁)、体制的な「女らしさ」と「性/生殖」を結びつけることを明確に拒否してもいる。

「本質主義」とされるフェミニズムも、女性の従属的な位置を身体に起因するものと認識しているわけではない。女性身体に付属している否定的な「意味」を払拭しようとしている側面に着目すれば、ジェンダーの構築性を暴露する社会構築的なフェミニズムと断絶しているとはいいがたい。フェミニズムの形態も社会的な文脈によって、女性という運動主体をより動員しやすい本質主義的な性格になったり、ジェンダーの虚構性を暴く戦術になったりすると考えたほうがわかりやすい。両者とも体制的なジェンダー秩序における女/性/身体の他者による否定的な定義や意味づけを拒否するということでは一致している。したがって、先の上野による広義のフェミニズム定義をもっと広義にとらえてみれば、女性たちが、他者規定によって自分たちを規定されるのに抵抗するという「ジェンダー化への抗い」と表現しなおすことができよう。

もちろん、こうした定義の拡大はやや乱暴なことは承知である。だが、こうすることによってデモ行進、各種マニフェスト・パンフレット・ビラ作成、合宿活動、コレクティヴ活動といった運動実践以外の「ジェンダー化への抗い」の領域が可視化されるのである。そうした領域のなかで最もわかりやすいのは、文学領域だろう。一般に文学における「ジェンダー化への抗い」は、単にフェミニズム的活動の一つとして認知されている。そしてその場合、運動実践と同様に、当然のことながらそのほとんどが「女／性／身体」をめぐる主題となっている。しかし、そのなかには女性たちが「男／性／身体」を自明のものとしてあつかわない態度で主題にする領域が存在する。この領域は、女性を担い手とするいわゆる純文学から中間小説、ＳＦ小説、サブカルチャーにいたるまでおよんでいる。この部分をどのようにとらえたらよいのか。

上野のフェミニズム定義においては、女性たちが自律的に「女性」を問題化する当事者性を持つことであった。そうなると、女性たちが「男／性／身体」を主題化するとフェミニズムではないということになる。その定義ではたしかにフェミニズムではないのかもしれない。しかし、女性たちによる「ジェンダー化への抗い」という領域の射程には入っている。そして、この部分を最広義のフェミニズムとみなすことも十分に可能である。なぜならば、女性性／カテゴリー／アイデンティティというものが必然的に男性性／カテゴリー／アイデンティティ構築と同時に構築される、関係性概念だからである。Ｅ・サイードの「オリエンタリズム」における「オリエント」カテゴリー構築の例を持ち出すまでもなく、ジェンダー秩序の問題性を解明しようとするならば、優位性を持つカテゴリーの構築が劣位性を持つカテゴリーを同時形成することを問題化しなければならない。そうなると、優位性を持つカテゴリーを自明としてあつかわない試みもジェンダー秩序そのものを問題視することにつながるのである。

そのことに「部分的に」対応してきたのは、男性研究／男性学であった。日本と比べて男性研究の研究者の数が多い英語圏において、男らしさのモデルである「規範的男性性」の時代的変遷、地域的な偏差の検討や「多様な男らしさ」および「男性性の再構築」などが模索されてきた。しかし、性秩序における権力構造に手をつけずに、「男にも感情表現が必要だ」としてセラピー活動に閉鎖したりする傾向もあるという（ブライソン、1999=2004：280）。また、日本においても、「新しい男らしさ」が提唱されたり、実体的な「男性の多様性」を提示することが男性研究のテーマになっていたりするが、そこでも抜け落ちる傾向にあるのが、ヘゲモニックな規範的男性性の持つ権威性の問題である。

西欧における男性性の近代的形成について書いたG・モッセは規範的男性性について考察し、その変容を射程に入れなければ社会の変革へと結びつかないだろうと指摘している（モッセ、1996=2005：300）[8]。規範的男性性に付随している権威性を考察することは、性秩序の権力構造を明らかにすることである。それには多元的なアプローチが必要であるが、まずは男根中心主義＝ファロセントリズム価値体系における男性身体表象および「性プロトコル」をみておく必要があるだろう。

3 「ひとつではない男の性／身体」を阻むもの

一九七〇年代においてイリガライが意図せずして示唆した「ひとつではない男の性／身体」を切り拓くかもしれない研究分野の作業は、英語圏においては男性研究とともに、セクシュアリティ研究とジェンダー研究が交叉した分野で一九八〇年代後半ごろから多くなってきた。その多くは、一九八〇年代のM・フーコーの「性の歴史」における第二巻「快楽の活用」と第三巻「自己への配慮」における考察に啓発されている。

とくに「快楽の活用（一九八四）」は、古典古代ギリシャにおける性行動はどのようにして道徳経験の領域として構成されたのかを考察し、それが（男性の）自己の統治とどのように関連しているかを主題としている。そのなかで「快楽の実践においては、二つの極、能動者と受動者という分割」があると指摘している。能動者は性的な主体であり、同時に道徳的にも自己統御のできる主体である。一方は、快楽の客体となる受動者である。そして、この両者の分断は、自己統御ができる節制者かそうでないかという軸も含まれるが、その土台は「挿入／被挿入」の軸によっている。

能動者は挿入側であり、具体的には男性の成人自由市民であり、一方の受動者は被挿入側の女性、奴隷男性、自由市民の若者男子である。古典古代ギリシャの哲学テクストに成人男性と少年の恋愛である「若者愛」がテーマになることが多かったのは、単なる「男性同性愛礼賛」ではなく、将来的に能動的主体になるべき自由市民少年が、快楽の客体となる「恥辱」の経験はその主体に危機をもたらすと考えられたからであった。支配的な男性主体にとって「被挿入」のラベル貼りや評判を受けることは、主体の危機につながったのである。

フーコーがそこでしていることは、近現代西欧と異なる古典古代ギリシャにおける「性プロトコル」の抽出ともいえる。フーコー以後の性研究にはその解明の分野が存在する。「プロトコル」とは、データ送受信のさいに必要となる通信規約のようなもので、規範や台本と考えられる。時代や社会、文化の違いによって性的なプロトコルが異なるということは、フーコー以前ではあまり探求はされなかった。(9) もちろん、性プロトコル自体は、性的規範の構造という静的分析に過ぎず、分析概念としては制限を持つが、それによってわかることも多いといえる。

古典古代ギリシャと大枠で同様な性プロトコルを持つ古代ローマのジェンダー／セクシュアリティ研究において、J・ウォルターズは、その性プロトコル解読から、何が「男らしさ」とされていたのかを当時の公的な言説から引き出している。それはまさしくファルス＝男根による挿入（能動的）／被挿入（受動的）という図式に執着する、文字どおりのファロセントリズムであるが、近代以降のそれとはかなり異なるという。真の男性とは、「挿入不可能な存在であり、他者に挿入する者」である。完全に「男らしい」者とは、すべての侵略的な攻撃から自らの身体の境界を守ることが可能な存在なのである。これだけをみれば、現在の男性性と同じようにみえるが、古代ローマ社会の性プロトコルは他の社会的変数である身分や階層、年齢などと絡み合っているため、単に生物的に男性だからということで「男らしさ」が保証されているわけではなかった。上層部の自由市民の成人男性のみが「男らしさ」を享受できたのである。したがって、(元)奴隷、階層の低い労働者、非市民、成人前の若者/少年などの男性は、十分な男性性を欠くものとしてみなされ、受動的な「挿入可能性」を持つ存在とみなされ、その身体は身分の高い市民男性に対して「開かれていた」。このように、性別だけでなく、他の社会的要因が社会階層秩序に大きな影響を与えていたので、上層部女性も他の階層の女性や男性に比べると「不可触」の度合いが高かったという(Walters, 1997 : 29-48)。

また、H・パーカーは、古代ローマ社会の性プロトコルが近代以降のものとは異なり、異性愛/同性愛という軸ではなく、能動的/受動的の軸で成り立っていることを図式的に示すという試みをしている。基本的には身体の開口部であるヴァギナ、アヌス、口に対してそれぞれ能動的か受動的かということによって人を名指す名前があるという。その多くは挿入/被挿入で能動性が決まってくるのだが、興味深いことには、男性であっても女性のヴァギナに対して「受動的」な場合も存在することである(Parker, 1997:47-65)[10]。したがって、基盤的な軸はむしろ「主体(=能動)/客体(=受動)」であることがわかる。

ウォルターズとパーカーが二人とも指摘するのは、古代ローマ社会においては上層部市民の成人男性が享受していた身体の境界を侵される(=犯される)ことのない「性的不可侵性」身体はファロセントリズムの真髄ではあったが、同時にそれは他の社会的変数と絡み合っていたため常に不安定であったということである。それは自由市民男性であったとしても、敵の攻撃を受けたり、市民の地位が剥奪される可能性や奴隷になる恐れなどがあったからである。このことは、古代の性プロトコルにおける男性性が意外に脆弱だったということを意味していよう。

異なる性プロトコルと比較することによって、現代のジェンダー秩序における性プロトコルの特異性も理解できるようになる。近代以降の性プロトコルは身分制の解体とともに、身体が自然科学(的)言説によって男女それぞれ明確に異なるものとして設定されたうえに構成されている。このような性プロトコルのもとでは、男性性や女性性は生物学的に「自然」であるとして正当化されている。つまり、性別カテゴリーが他の社会的な変数によって曖昧にならないほどの絶対的な基準になったということである。このことは、ファロセントリズム自体が他の要因に依らず、生物的決定論によって強化されたということも意味している。

図1は、現代の異性愛を通常とする性プロトコルを表す試みである。

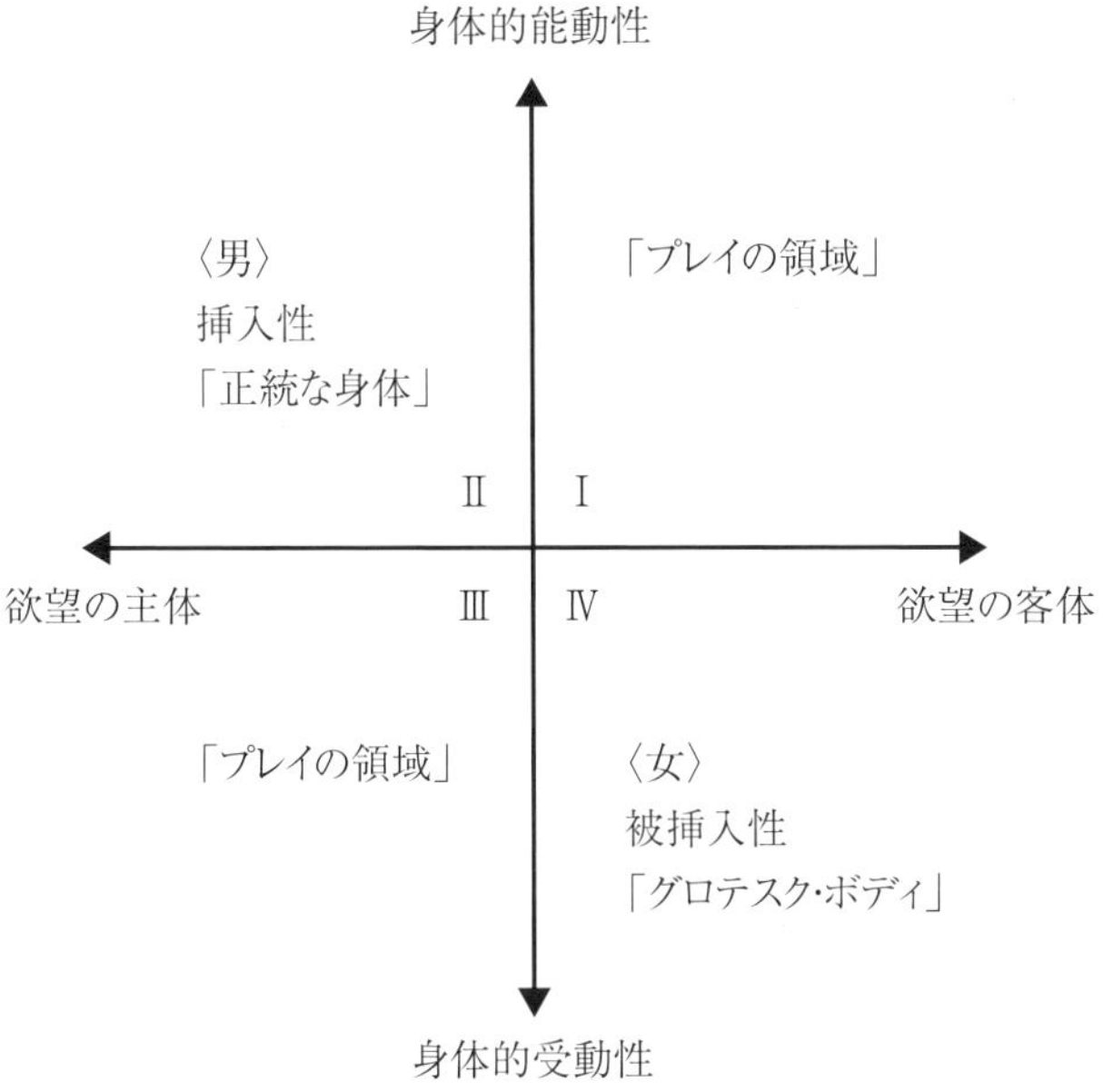

図1 近現代の性プロトコル

タテの軸に身体的能動性と身体的受動性をおいたが、ここにおける受動性の意味は必ずしも挿入を意味しない。ヨコの軸に欲望の主体と客体をおき、四つの象限になる。現在の性プロトコルにおいては第Ⅱ象限が男性性を持つとされる「男」の位置であり、この象限は「挿入性」を持つ。一方の対立する第Ⅳ象限は女性性を持つとされる「女」の位置であり、この象限は「被挿入性」の領域である。なお、「挿入／被挿入」の軸は、言説実践の効果を経て歴史的に構築された意味体系の次元のものであって（あたかも「自然」のように認識されているとはいえ）、肉体的な次元であらかじめ決定されているわけではないことに注意したい。

第Ⅰ象限と第Ⅲ象限は、いわば「プレイの領域」として理解できる。すなわち、第Ⅰ象限が「女」用の「プレイの領域」、つまりはここまではこの性プロトコルによって「許容」されている領域であり、同様に第Ⅲ象限は「男」用の許容範囲である。具体的には消費社会におけるマスメディアやポルノグラフィーはこの領域を利用することによって「本来の」領域における表象とともに膨大なバリエーションを産出している。たとえば、第Ⅰ象限では、欲望の客体でありながら身体的能動性を獲得した女性表象（ＳＭの女王様や「エロかわいい／かっこいい」などの表現があげられよう。第Ⅲ象限では、欲望の主体でありながら、あえて身体的受動性を表現する男性表象（マゾヒズム）が相当するといえる。

この第Ⅰ象限で表象化されている女性は、表面的には「欲望の主体」とされているが現在の性プロトコルからみれば、この領域はあくまでも現行の性プロトコルのもとの「許容範囲」であり、異性愛男性から欲望される「客体」となっている。もし、女性が欲望の主体となりうるなら、自己の身体のコントロールを持ち、この性プロトコルから脱却しなければならないだろう。第Ⅲ象限の男性表象も、欲望の主体である限り許容される。例として、『痴人の愛』（谷崎潤一郎）における主人公譲治がナオミを「育成」して好みの女性に仕立てていきながら、マゾヒスティックに奉仕するという物語は、第Ⅲ象限領域の性格をよく表している。

身体の意味と性プロトコルとの関連は強い。また、近代以降の西欧における身体の意味も性別が強力な要因となっているが、階級、「人種」、植民地などの要因も微妙に絡んでいる。そして、その優位性／劣位性は近代的形態においては資本主義における「貨幣」の所有、およびナショナリズム／国民の意味などと密接な関連にある。

第Ⅱ象限に位置する「正統的な」男性身体は、〈物質的次元では、男性身体も挿入可能であるにもかかわらず〉「挿入不可能」な「閉じた身体」である。その身体は閉ざされているがゆえに探索の対象物にならない「暗黒」になっているが、このことが男の身体の境界を防護し、その不可侵性が権威性につながっている。そのプロトタイプは、ヨーロッパ人中産階級「白人」男性身体である。

一方の女性身体も階級や「人種」、植民地などの要因で重層化しているにもかかわらず、基本的に「正統な身体」としてではなく、その対極にある「グロテスクな」身体として詮索や窃視の客体となってきた。L・ジョーダノヴァは、近代医科学における女性身体が研究という名のもとで、いかに暴力的にエロティックな客体的表象とされてきたかを検討している。その意味で、女性身体は探索の対象である「挿入可能」な「開かれた身体」であり、この性プロトコルのもとでは身体の境界が防御できず、暴力を甘んじてしまう意味が付与されているのである。

したがって、「ひとつではない男の性／身体」を阻んでいるのは、男性身体に付与されている性的な不可侵性という優位性ということになる。ゆえに、「ひとつではない男の性／身体」を模索するということは、男性に権威を与えているジェンダー秩序における性プロトコルを揺るがす契機を探ることになるのである。

4　女たちによる〈グロテスク・ボディ〉の実験

「正統な」フェミニズムと認知されてはいないが、女たちによる「ジェンダー化への抗い」の系譜は存在する。ここでは、一九世紀末のフランスと日本の第二次大戦後のテクストを具体例としてあげたい。

ラシルド(11)が一八八四年にブリュッセルで出版した『ヴィーナス氏（Monsieur Vénus）』は、当時の世紀末デカダンス小説の手法を使用した物語であり、発禁処分を受けた作品である。

育ての親の伯母からしばしば「甥」とよばれるほど剣術や乗馬が上手な上流階級の娘であるラウールが、ある日舞踏会用のドレスの飾りを注文するために、労働者の住む建物の屋根裏に行く。そこで、「ぼうっと濡れた瞳」をして「繻子の薔薇よりも肌理の細かな、透きとおるような肌」「濃い赤毛にみえる金髪」を持つ美しい画家志望の造花師ジャックという青年にひとめ惚れする。ラウールは階級差を利用してジャックを「囲う」ために「アトリエ」として使用するアパートを与える。そして、ジャックに対して「私は男だ」と宣言する。求婚者レトルブに対しても、「自分は男になって、女であるジャックを愛している」と説明する。はじめは階層の低い立場でありながらもラウールに「男」としての傲慢な態度をしばしばみせていたジャックは、上流階級の人間との交流で舞い上がってしだいに「女」としての立場を受け入れていく。

ついに、ジャックは「無力に愛されるままの無気力な存在になって、真の女の心で」ラウールを愛するようになる。しかし、レトルブもジャックの美しさに惑わされ、それを否定しようと逆に彼を棒で叩いてしまう。そのことを知ったラウールは激怒し、ジャックを「守るために」結婚するとレトルブに告げる。結婚した後も二人は男女逆転のままであるが、ある晩ジャックがラウールに「男になることはできないの？」と問いつめる。そのころから、レトルブとジャックの交流が始まり、ジャックがレトルブを誘惑しようとしていることをラウールは知る。そこで、ラウールは「夫ジャックがレトルブに決闘を申し込む」ことを仕掛ける。ジャックは「形式的」だからと言われて安心して決闘にのぞむが、レトルブの何気ない剣の一突きで死んでしまう。レトルブは嘆き悲しみ、アフリカでの任務に行ってしまう。ラウールは、通夜の晩にジャックの髪の毛や爪など体の部分をはぎとり、唇に接吻すると股を開く自動仕掛けを持つ人体模型の蝋人形を技師につくらせる。そして、館の一室の寝台にその蝋人形をおき、毎晩その部屋を訪れるのだった。

この物語は、前に指摘したように、デカダンス小説の仕掛けをふんだんに使用している。世紀末に西欧で流行したデカダンスの担い手は主に男性であり、そこでは当時の「公序良俗」をわざと逆転させることに美学を見出していた。また、一九世紀末当時のフランスではフェミニズムが活発化してきた時期であり、同時に反フェミニズム活動も男性中心に盛り上がっていた。E・ゾラやM・バレルなどが「新しい女」を社会の退化現象に結びつける社会的文脈でデカダンス芸術があるのだが、そこでの性格は女性嫌悪に満ちていた（ショウォールター、1990=2000 : 14-15）。

そういったなかで、このラシルドの小説は微妙な位置を持つ。主人公ラウールの「フェミニスト」的なセリフはあるが、この女主人公のジャックへのサディスティックな仕打ちは、デカダンスで描かれた男を破滅させる「ファム・ファタール」そのものだからである。しかし、ラウールの「男」役への執着は、女性役割の抑圧的なものからくるとされているので、そこが男のデカダントとの違いである（Holmes, 1996 : 75）。

しかし、この小説における特徴は、男性身体の女性化による官能を集中して描いたことである。題名となっている「ヴィーナス氏」とは、一八世紀末にイタリアで製作され、それ以降ヨーロッパ中に広まった女性身体をかたどった解剖学用の蝋人形（「ヴィーナス」と呼ばれていた）の男性バージョンを示している。ジョーダノヴァによれば、当時の解剖学用人形は全身タイプから部分タイプまであったという。しかし、男性の蝋人形は筋肉を露出させた直立像だったり、頭部が欠損していたりしているが、女性蝋人形は肌色の蝋が使用され、髪の毛やアクセサリーがつけられ、恍惚とした表情を浮かべた横臥像が多いという。この違いは、女性身体をまなざす性的なニュアンスからくるという（ジョーダノヴァ、1989=2001：72-73）。

結末で、ジャックがその「ヴィーナス」人形となるわけであるが、その意味でこの小説は女性版ピグマリオンの物語でもある。女性化したジャックの身体は「真珠母の色のように真白な片腕を曲げ、そのなかに顔をうずめ、腰のくぼみの金色の影が、まばゆいばかりに、柔らかそうな尻をきわだたせている」受動的な寝姿に完成している。その身体は、男性身体でありながら「開かれた」身体である。後に削除されることになるジャックの蝋人形が「股を開く」仕掛けを持つ箇所は[12]、男性身体がジェンダー秩序の性プロトコルからはみ出した「グロテスク・ボディ」であることを示していよう。

もう一方のテクストは、一九六〇年（昭和三五年）に『パルタイ』でデビューした倉橋由実子の同年に立て続けに発表された初期作品群である。倉橋の小説は、しばしば「観念小説」「寓話」「抽象的」「マイナー」などの特色を持つとされ、非現実的な「反日常的世界」が描かれていることが指摘されるが、ここでは初期作品に何度も繰り返される男性身体の描写に注目したい。

中山が指摘するように、「蛇」（一九六〇）は、「男性身体の女性化」が目につく作品である（中山、二〇〇五、四九五頁）。

主人公の学生Kは、口の中いっぱいに異物がつまっている感じで昼寝から目をさます。「非常に長い桃色の物体」が、「執拗にKののどをおしひろげてはいりこんでくる」ので苦しくてもがいていると、他の寮生たちが口から出ている部分の蛇を切る。だが、残りの部分の蛇はKの食道から胃にかけて滞留したままで蠕動し、Kの腹部をふくらませ、常にKの身体内部に吐き気をもよおす感覚を与えながら、たまにKの口から頭を出す。革命党員のSはKが「蛇をのんだ」だと言うのに対して、「蛇にのまれた犠牲者」だと主張する。このKの「自分が蛇をのんだ」という能動性は周りからは聞き入れられない。

Kは他の人物からも翻弄される。家庭教師先の「女中」と「おくさん」からは、「ホルモン酒」を飲まされ、性的な行為を受動的にされて「とても痛いし、それにぼく、妊娠するとまずいんです」と哀願する。この世界では、妊娠を心配したり、月経があるのは男のほうである。蛇は胃を通過して下腹部に達し、Kは「肛門が力づよくおしひろげられる」のを感じ、排便の姿勢でしゃがんで「駝鳥の卵ほどある黒い糞」を排泄する。とうとう蛇はKの肛門から「太いしっぽ」になって歩行を妨げるほどになってしまう。そして、最後にKの口から蛇が出て口を大きく開けてKをのみこんでしまうのであった。

また、「密告」（一九六〇）は、「（ジャン・）ジュネ風の小説[13]」であり、少年たちのひと夏の出来事が主人公の一人称的で語られる。ここでは、男性身体が「ソドミー」行為や妄想で女性化している。主人公の「ぼく」は、Q少年がP少年を「あいしている」ことを知り、Pはそんなの気持ちを利用して自分の「情婦」にしていることを知る。「ぼく」は、上級生SからPとQのことを「密告」する役を与えられ、それを受ける。二人を監視する間に、「ぼく」はPの「眼で撫でまわされ、汗と一緒ににじみでる汚辱の意識で全身がすっぱい匂いを放ちはじめる」のを感じる。そのとき、「ぼく」は、「自分をねばねばした膜にしておしひろげて」かれらを「あいしたい」と考える。QがPに捨てられてから酒場で会った黒人と同棲しているのを聞いた「ぼく」は、「あらあらしい侵入の儀式がQを悶絶させているだろう」と想像する。そのとき、Pから自分もそうしてほしいと「ぼく」は誘惑されるが断る。PとQの恐喝事件をSに報告しているとき、Sが鷲に変身して「ガニュメデスのぼくをさらって水平線のベッドのうえでぼくを犯すだろう」という空想で体をほてらせる。しばらくすると、PとQが除籍されていなくなるが、「ぼく」はかれらを「聖者」だと思うと校長代理に言う。

倉橋の作品における男性身体の女性化は、ラシルドの『ヴィーナス氏』のそれが「美の礼賛」になっているのと比べると、否定的な意味をおびている。とはいえ、蛇に身体を貫通させられている男性身体＝挿入された身体が、いろいろな断片的イメージとなって提示され、男性身体ではめったに表現されない「体内からの感覚」にこだわることによる「グロテスク・ボディ」の噴出は倉橋の小説を異様に引き立てている。もちろん、ジェンダー秩序側から読めば、とんでもない「男／性／身体」への「冒涜」である。

なお、ラシルドと倉橋は、当時のフェミニズムに対する距離を表明しているという点で類似している。ラシルドは自分がフェミニストではないのは、自分の「個人主義」が原因だとしているし（Mesch, 2006：123）、倉橋も「女だけのディストピア」ともいうべき『アマノン国往還記』を書いた動機からも明らかである。しかし、彼女たちがフェミニズムと距離をとっていても、フェミニズム側からも「正統な」フェミニズムと認められなくても、そのテクストで「実験」されたことは、ジェンダー秩序の性プロトコルの根幹である「不可侵性」を持つ男性身体の境界を「侵した／犯した」ことである。したがって、「ジェンダー化への抗い」はそこに深く刻み込まれているのである。

「女／性／身体」を主題化することなく、「男／性／身体」に焦点化することによって、とりわけ「男／性／身体」の「女性化」の「実験」手法を採用することによって、それまで手つかずにいた「暗黒」の男性身体を問題化する。そして、自然化され正当化されている女性性／男性性の二元化された境界を不安定に崩し、多様な「差異」の無限に投げ込むやり方は、ヘックマンが評価したデリダの脱構築に近いかもしれない。「ひとつではない男の性／身体」を探る領域が、女性を担い手として、文学から中間小説、ＳＦ小説[14]、サブカルチャー（〈やおい〉）にまで広がりを持つことに気がつくなら、「ジェンダー化への抗い」は意外と層が厚いといえるかもしれない。

注

（1）Ｌ・イリガライ「ひとつではない女の性」、三〇〜三一頁。
（2）日本での翻訳出版は一九八七年であり、英訳は一九八五年である。
（3）「現代フェミニズム思想辞典」ではイリガライやＥ・シクスーをラディカル・フェミニズムに位置付けている（一一八頁）。また、日本では米国での「フレンチ・フェミニズム」受容をそのまま導入し、イリガライはポスト・フェミニズムの差異派フェミニズムのビッグスリー（他にシクスーとＪ・クリステヴァ）の一人としてとらえられることが多いという。また、イリガライ自身は自らをフェミニストと名乗っていないが、これはフランスにおける女性理論での思想的位置が影響しているとされる（中嶋、二〇〇二、一八九〜一九〇頁）。なお、イリガライはこの論集で後にＥ・セジウィックが定式化することになる男性間の絆と女性の位置についての考察もしている。
（4）フロイトはファルスという言葉を単にペニスの意味で使用しているが、超自我との関連で解剖的な意味以上のものを織り込んでいると解釈できる。だが、権力のシンボルとしての「ファルス」概念を明確にしたのはＪ・ラカンである。
（5）現在でも、基本的に（男性中心主義＝）ジェンダー秩序の正当化にこうした解剖学的な説明が暗黙に使用されているので、いまだにフェミニズムにおいて「性愛／セクシュアリティ」領域は焦点化せざるをえないものとなっている。
（6）上野があえてコットのフェミニズムの三要素の「①男女平等志向」を広義のフェミニズム定義から外すのには意味があ

る。「公的領域における女性の参加拡大」志向が戦時下の翼賛体制に回収されたという歴史的事実があるからである。

(7) ヘックマンのこのフェミニズムの流れの概観は、一九九〇年当時のものであるが、理論的には現在でも第三段階を超えるようなアプローチはないとみてよいと思われる。近年になって一部のフェミニズムにおいては、「身体性」を二項対立的な第二段階的な立場で強調する流れが第三段階のフェミニズムが知られるようになった「反動」として出現しているといってよいかもしれない。

(8) モッセは、「近代的な男性性のステレオタイプ」としているが、内容からみてヘゲモニックな「規範的男性性」が『男のイメージ：男性性の想像と近代社会』(一九九九)の主題になっている。

(9) 個別的に男性同性愛の歴史的研究はあったが、その多くは全体的な性プロトコルの抽出を目指していなかったようである。

(10) この場合、女性器への奉仕だという。(表1参照)

(11) フランスの女性作家ラシルド(一八六〇〜一九五三)(本名マルグリット・エームリ)は、数多くの小説を書いたが、「正統文学史」からはほとんど無視されてきた。ただし、『ヴィーナス氏』のラウールをはじめ、多くの「強い女性」を書いていることからフェミニズム批評によって「発見」され、一九八〇年代後半ごろから注目を受けている。なお、『ヴィーナス氏』では、ジャックの姉も登場し、社会的底辺層からの視点も取り入れている。

表1　古代ローマにおける性プロトコルの軸によるラベル

	ヴァギナ	アヌス	口
能動者（男）	fututor	predicator/ pedico	irrumator
受動者（男）	cunnilinctor	cinaedus/ pathicus	fellator
受動者（女）	femina/ puella	pathica	fellatrix

(H.Parker, 1997 : 49)

（12）『ヴィーナス氏』は、一八八四年の初版（ブリュッセル版）が発禁処分になった後、書きかえられたうえで一八八九年にパリで再出版されている。最近では、ブリュッセル版を「決定稿」とみなして、英訳とともに出版されている。本稿では念のため、邦訳（パリ版）の他にブリュッセル版の英訳と仏語の両方を参照した。特に最後の部分が、パリ版では「バネが口を動かす」になっているのに対して、もとのブリュッセル版のほうは「バネが……口を動かし同時に股を開かせるのだった」となっている。

（13）新潮文庫版『パルタイ』における森川達也の解説（二四〇頁）による指摘。

（14）ＳＦ批評のマーリン・Ｓ・バーは、ロバート・スコールズの「ファビュレーション」という概念を援用し、「父権的世界からははっきりと、しかも過激に断絶しているが、そこへ戻ってくるや一種認知的なあり方で私たちの知っている父権的世界に正面から対峙する」内容を持つ作品を「フェミニスト・ファビュレーション」とよんでいる（バー、1993=1999 : 18）。それは必ずしも「ひとつではない男の性／身体」を意味しないが、あきらかにそれに含まれよう。

引用・参考文献

Barr, Marleen, 1993, *Lost in Space : Feminist Science Fiction and Beyond*, The University of North Carolina Press.（小谷真理ほか訳『男たちの知らない女：フェミニストのためのサイエンス・フィクション』勁草書房、一九九九年）
Bryson, Valerie, 1999, *Feminist Debates : Issues of Theory and Political Practice*, Macmillan Press.（江原由実子監訳『争点：フェミニズム』勁草書房、二〇〇四年）
江原由実子・金井淑子編　二〇〇二『フェミニズムの名著50』平凡社

Foucault, Michel, 1984, *L' Usage des Plaisirs*, Édition Gallimard.（田村俶訳『快楽の活用』新潮社、一九八六年）

Hekman, Susan J., 1990, *Gender and Knowledge : Elements of a Postmodern Feminism*, Polity Press.（金井淑子ほか訳『ジェンダーと知：ポストモダン・フェミニズムの要素』大村書店、一九九〇年）

Holmes, Diana, 1996, *French Women's Writing : 1848-1994*, The Athlone Press.

Irigaray, Luce, 1977, *Ce sexe qui n' en est pas un*, Les édition de Minuit.（棚沢直子ほか訳『ひとつではない女の性』勁草書房、一九八七年）

Jordanova, Ludmilla, 1989, *Sexual Vision : Images of Gender in Science and Medicine between the Eighteenth and Twentieth Centuries*, Harvester Wheatsheaf.（宇沢美子訳『セクシュアル・ビジョン：近代医科学におけるジェンダー図像学』白水社、二〇〇一年）

倉橋由実子　二〇〇六　『パルタイ』新潮文庫

Mesch, Rachel, 2006, *The Hysteric's Revenge : French Women Writers at the Fin de Siècle*, Vanderbilt University Press.

Minh-ha, Trinh T., 1989, *Woman, Native, Other : Writing Postcoloniality and Feminism*, Indiana University Press.（竹村和子訳『女性・ネイティヴ・他者』岩波書店、一九九五年）

Mosse, George L., 1996, *The Image of Man : The Creation of Modern Masculinity*, Oxford University Press.（細谷実ほか訳『男のイメージ：男性性の想像と近代社会』作品社、二〇〇五年）

中嶋公子　二〇〇二　「リュス・イリガライ：ひとつではない女の性」江原・金井編『フェミニズムの名著50』平凡社

中山元編訳　一九九七　『S・フロイト　エロス論集』ちくま学芸文庫

中山和子　二〇〇五　『中山和子コレクション：平野謙と「戦後」批評』翰林書房

Parker, Holt N., 1997, The Teratogenic Grid. In : Hallett, Judith / Skinner, Marilyn(ed.), *Roman Sexualities*, Princeton University Press.

Rachilde, 1977, *Monsieur Vénus*, Flammarion.（高橋たか子・鈴木晶訳『ヴィーナス氏』人文書院、一九八〇年）

Showalter, Elaine, 1990, *Sexual Anarchy : Gender and Culture at the Fin de Siècle*, Viking Penguin.（富山太佳夫ほか訳『性のアナーキー：世紀末のジェンダーと文化』みすず書房、二〇〇〇年）

Spivak, Gayatri C., 1987, *In Other Worlds : Essays in Cultural Politics*, Methuen.（鈴木聡ほか訳『文化としての他者』紀伊國屋書店、一九九〇年）

田中美津　二〇〇一『いのちの女たちへ：取り乱しウーマン・リブ論・新装版』パンドラ

二〇〇九「便所からの解放」『新編　日本のフェミニズム1　リブとフェミニズム』岩波書店

棚沢直子　一九九八「編者解説」棚沢直子編『女たちのフランス思想』勁草書房

上野千鶴子　二〇〇六「戦後女性運動の地政学：「平和」と「女性のあいだ」」西川裕子編『戦後という地政学』東大出版会

Walters, Jonathan, 1997, Invading the Roman Body : Manliness and Impenetrability in Roman Thought. In : Hallett / Skinner(ed.).

第四章　おとぎ話とジェンダー
――やなぎみわの『フェアリー・テール』が紡ぐ老少女の物語

村井まや子

1　むかしむかし……

「赤ずきん」、「白雪姫」、「シンデレラ」、「眠れる美女」、「美女と野獣」、「ヘンゼルとグレーテル」……。日本でも広く親しまれているこれらのおとぎ話は、一九七〇年代以降、第二波フェミニズムとの出会いによって、単純で古臭い子ども向けの教訓話から、家父長制社会におけるジェンダーの構造を浮き彫りにする重要な分析対象、つまり大人向けの文学テクストへと変身を遂げた。そしてこれと同時期に、ポストモダンと形容される小説家たちの実験的な語りの中で、おとぎ話はさまざまな魔術的変容を被り、こうしてもっとも古くから存在する文芸の一ジャンルであるおとぎ話は、ラディカルな再解釈を経て新たな魅力を引き出されることとなった。

思えばそのむかし、十七世紀末のフランスでオーノワ夫人やシャルル・ペローによって文芸化されたおとぎ話集が出版され、貴族の女性たちが主催する文芸サロンを中心におとぎ話が大流行した頃までは、おとぎ話は主として大人の娯楽であった。これらの文芸化されたおとぎ話は、フランスでは青本、イギリスではチャップブックと呼ばれる民衆を対象とした廉価版の読み物の中に取り入れられ、フィリップ・アリエスが『子供の誕生——アンシャン・レジーム期の子供と家族生活』で示したように近代家族の形成と同時に子どものイメージが大人から独立したものとして鮮明になるにつれて、子どもを対象とした読み物へと書き換えられていった。フランスでおとぎ話の人気が下火になった十八世紀末に、今度はルードヴィッヒ・ティークやノヴァーリスなどのドイツ・ロマン派の作家たちの間で、当時の啓蒙専制君主制の批判を意図した創作おとぎ話が流行した。一八一二年初版のグリム兄弟のメルヘンがドイツの家庭に普及していく中で、しだいに子どもの道徳教育を目的としたおとぎ話の使用が定着し、グリム兄弟が版を改めるごとに施した数多くの修正や削除からも明らかなように、子ども向けの教訓話にふさわしいものにするための改変が重ねられていった。二十世紀に入ると、おとぎ話は消費文化の中に組み込まれていき、ウォルト・ディズニーによるアニメ映画の普及によっておとぎ話のグローバル化が進む中で、先に述べたフェミニズムやポストモダニズムの影響のもとで新たな視点からの読み直しと書き直しも盛んに行われるようになった。同時に、子どもの頃から視覚的イメージと共に記憶に刻み込まれるおとぎ話は、物語性を持つ視覚的モティーフとして、文字文化だけでなく現代文化のさまざまな側面に浸透していった。このように時代とともに姿を変えながら受け継がれてゆくおとぎ話の同時代性は、二〇〇九年四月にイギリスのイースト・アングリア大学で開かれた「アンジェラ・カーター以後の／に倣ったおとぎ話」("The Fairy Tale after Angela Carter")と題する学会で、分析対象として選ばれたのは文字文化にとどまらず、映画、美術、マンガ、アニメ、ミュージカル、ポップ・ミュージック、ファッションなど多岐にわたり、現在私たちを取り巻く文化全般の中でおとぎ話が占める重要性が浮かび上がる形となったことにも示されている。

本論では、欧米を中心にこの四半世紀余りの間にめざましい発展を遂げてきた国際的なおとぎ話の研究と創作の文脈の中に、やなぎみわの作品集『フェアリー・テール　老少女綺譚』(二〇〇七年)を位置づけ、そこに示される女性と欲望についての新たな物語が、ジェンダーの視点からのおとぎ話の再解釈にどのような可能性を示唆するのかを考察する。

2　おとぎ話の同時代性

スティーヴン・ベンソンは『現代小説とおとぎ話（*Contemporary Fiction and the Fairy Tale*）』（二〇〇八年）の序文で、前世紀末のおとぎ話の再評価には、一九七〇年前後のカウンター・カルチャーの文脈の中で、おとぎ話が「純粋に民衆的なるもののオーラ」をまとうものと見なされたことが関係していると述べている（Benson 4）。つまり、おとぎ話は同時代の大衆の文化と結び付けられると同時に、前近代的な口承の物語の伝統に根ざした特殊な文化として、戦後の本格的な消費社会の到来の中でマス・カルチャーにもハイ・カルチャーにも対抗しうる表現形態として再評価され、新たな同時代的意義を与えられたのだ。

続けてベンソンは、おとぎ話の様式は伝統的なヨーロッパのリアリズム小説と異なるばかりか、モダニズム文学の高尚な文学的実験とも相容れないものであることが、ポストモダンの作家たちに新たな文学の形成の契機を与えたと主張する。ベンソンは一九三〇、四〇年代生まれのロバート・クーヴァー、A. S. バイアット、マーガレット・アトウッド、アンジェラ・カーター、サルマン・ラシュディーらをまとめて「おとぎ話世代」の作家と呼び、彼らの小説に共通しているのは、「お話（tale）という形式、あるいはお話を語る行為」と深く結び付いていることであると述べる。ベンソンはこの世代を「アンジェラ・カーター世代」とも呼び、おとぎ話の創作、翻訳、批評、編纂のいずれにも深く関わったカーターが、現代の文学における「お話」の再評価の動きに与えた影響を振り返っている（Benson 2）。カーターは「お話」という文学形式について次のように述べている。「形式の面では、お話は実人生を真似る振りをほとんどしないという点で、短篇小説とは異なる。お話は短篇小説のように、日常の経験を記録するものではない。それは日常の経験を、その背後にある隠れた領域から生じるイメージの体系を通して解釈するものなので、読者をだまして、日常の経験について偽りの知識を与えたりしない。」(*Burning* 459) カーターはリアリズム小説的な手法では見えてこない、心の奥深くに隠された真実に表現を与えるために、モダニズム文学が退けた物語性を復活させたが、それはジャン=フランソワ・リオタールの言う西洋近代の知識人たちが作り上げてきた「大きな物語」ではなく、近代以前の貧しい民衆の雑多な「声」の寄せ集めとしての民話などの物語を指している。

カーターやラシュディ、そしてカーターが影響を受けたガブリエル・ガルシア=マルケスなどの、マジック・リアリズムの手法と結びつけられる作家たちは、おとぎ話や神話といった、現実からもっともかけ離れているように思えるジャンルの物語を用いて、大多数の人々が現実と思い込んでいる「歴史」という物語の虚構性を暴き出そうとする。つまり、おとぎ話を用いて現実の脱神話化を試みているのだ。即物的リアリズムと荒唐無稽なファンタジーが独特の法則に従って混在するおとぎ話はまた、現実世界で社会的周縁に位置する人々に、思いがけない方法で力と自由を与えることを可能にする伝統的表現様式であるのも重要な点である。

おとぎ話の同時代性を形成する要素の中でここで特に注目したいのは、現代におけるおとぎ話の再解釈は、伝統的にいわゆる「おんなこども」の領域に属するものとされてきたおとぎ話の多くが、性差別的なイデオロギーに満ちており、女性に対する差別を助長し再生産するものであるという認識を立脚点としている点だ。カウンター・カルチャーが解放しようとしている民衆が、実は女性を含んでいないという認識から出発した第二波フェミニズムは、既存のさまざまな支配的言説と共に、民衆の口承文化の要素を受け継ぐおとぎ話に対しても、それが体現するとされてきた「普遍性」の概念に意義を唱えた。確かに古典的なおとぎ話の中では、女性はまず父親の、次に夫の所有物として扱われ、おとぎ話に特有の価値の逆転は、個人の物語の領域においてのみ可能なことととされることが多い。弱者の勝利という幸せな結末は、支配的な社会秩序を揺るがすどころか、かえってその社会がよって立つ根本的な不平等の構造を補強することさえある。カーターは世界中の民話の中から女性が善くも悪くも活躍するおとぎ話を集めたアンソロジーの序文で、次のように述べている。「ここに収められた物語は、ほぼ例外なく、産業化以前の過去と、人間の本質についての再構築されていない考え方に起源を持つ。牛乳は牛から、水は井戸から得るこの世界では、超自然的な介入がなければ、女性の男性との関係、とりわけ女性の自らの生殖能力に対する関係が変わることはありえない。」（*Virago* xxii）

フェミニズムの視点からのおとぎ話研究の先鞭を著けた、マーシャ・リーバーマンによる一九七二年の論文「いつか王子様が――おとぎ話による女性の社会化（"Some Day My Prince Will Come: Female Acculturation through the Fairy Tale"）」は、十九世紀イギリスの子ども部屋を席巻したアンドリュー・ラングの収集再話によるおとぎ話集のヒロインの多くが、受動的でか弱く従順な人物として描かれており、勇敢な王子様に与えられるご褒美として機能しているに過ぎないことを指摘した。「いつか王子様が」という、一九三七年公開のディズニーのアニメ映画『白雪姫』の挿入歌のタイトルへの言及が示す通り、これはディズニーによるおとぎ話のアニメ化におけるジェンダー・バイアスの悪影響についての初期の批評でもある。[1] すでに一九四九年にシモーヌ・ド・ボーヴォワールが『第二の性』の中でその受動性について触れていることからも明らかなように、白雪姫は眠れる美女やシンデレラと並んで、社会的に作り上げられた女性性の典型として取り上げられることが多いヒロインの筆頭である。おとぎ話が子どもの心理的発達に及ぼす影響を説くブルーノ・ベッテルハイムの『昔話の魔力』（一九七七年）は、「白雪姫」を父親の愛をめぐる母娘のエディプス的対立の物語として読み、青年期にさしかかった少女が、毒リンゴの表す成熟した女性の性的魅力を取り込むことで、父親以外の男性に愛情を移すことに成功するという、少女の「健全な」成長を描く物語であると主張する。[2]しかし、サンドラ・ギルバートとスーザン・グーバーは『屋根裏の狂女――ブロンテと共に』（一九七九年）の中で、無垢で無力な白雪姫と邪悪な魔女である后は、いずれも男性によって作り上げられた女性のイメージであると主張し、おとぎ話の中のみならずそれを読む現実の世界の女性たちまでもが、父権的な価値観に縛られている事態を明らかにした。「鏡よ鏡、世界で一番美しいのは誰」と問う后の期待に反して白雪姫の姿を映し出す魔法の鏡は、物語にはほとんど登場しない「父」の価値観を表しているのだ。また、屋根裏に秘められた夫の秘密を知ることで危機に陥るヒロインを描くブロンテの『ジェイン・エア』自体が、「青髭」の物語を下敷きにしているとも読め、[3]さまざまな小説の中に埋め込まれたおとぎ話の構造やモティーフをジェンダーの視点から分析する批評も盛んに行われるようになった。

おとぎ話におけるジェンダーの問題についてもっとも幅広く一貫して批評を展開してきたのは、アメリカのジャック・ザイプスだろう。一九七九年の『魔法の呪文を解く――民話とおとぎ話のラディカルな理論（*Breaking the Magic Spell: Radical Theories of Folk and Fairy Tales*）』に始まり現在に至るまでの、フェミニズム的、歴史的、思想的、文学的、文化的視点からのザイプスの批評および編集活動は、二十世紀末におとぎ話研究が学際的な分野として急速に発展し、おとぎ話が広い世代にとって同時代性を有するものとして解釈されるようになる過程で、多大な影響を与えてきた。ザイプスの研究と並行して、ルース・ボティッグハイマーやマリア・タタールらによるグリム童話の分析は、「赤ずきん」や「シンデレラ」といった古典的なおとぎ話が、いかに女性を抑圧し支配する社会的メカニズムとして機能してきたかを、社会学的、言語学的、心理学的知見などを駆使して論証した。また、グリムとペローが大半を占めるおとぎ話の正典からこぼれ落ちてきた、十七世紀のナポリ出身のジャンバティスタ・バジーレや、十七世紀フランスの女性作家たちによるおとぎ話の再評価も、ザイプスやナンシー・カネパらにより進められてきた。マリーナ・ウォーナーを始めとする文化史的研究は、女性がおとぎ話の生成と享受のさまざまな位相で果たしてきた文化的役割を明らかにするとともに、映画、芸術、アニメなどの現代文化の中におとぎ話のプロットやモティーフを見出すことで、おとぎ話研究の射程の拡大にも寄与した。さらに、クリスティナ・バッキレガらによるポスト構造主義的フェミニズムやポストコロニアリズムの立場からの研究とともに、ジェンダー研究の立場からの批評も展開され、社会的抑圧を受けてきたさまざまな人々をおとぎ話のステレオタイプから解き放つ試みも行われてきた。このようなジェンダーの問題を意識した多様な視点からのおとぎ話の読み直しが、おとぎ話の創作の場にも刺激を与えて新たな方向性を示唆するという、批評と創作の間の相互作用は現在ますます盛んになってきている。

このようにおとぎ話がフェミニズムとポストモダニズムの影響のもとに発展する過程で転換点となった作品としてよく挙げられるのが、一九七九年に出版されたカーターによるおとぎ話の再話集『血染めの部屋』（*The Bloody Chamber and Other Stories*）である。『血染めの部屋』では、「美女と野獣」や「赤ずきん」といった伝統的なおとぎ話が、女性がセクシュアリティについて抱く両義的な感情についての物語として書き換えられている。これらの物語の中で、男性は白馬に乗った王子様としてではなく、謎めいた野獣や狼として登場し、思春期の少女が自らのセクシュアリティに目覚め、それを受け入れるために必要な、内なる他者としての欲望を表す比喩として描かれている。例えば、「赤ずきん」の再話である「狼の仲間」――この短篇はニール・ジョーダンの監督で一九八四年に映画化されている――の結末では、少女はおばあさんを殺した狼に自ら歩み寄り、おばあさんの家で一夜を共にする。「ごらん。少女はおばあさんのベッドですやすや眠っている。優しい狼の前足の間で。（*Bloody* 118）」また、カーターはこの短篇集の出版に先立ち、ペローの物語集を現代女性の視点から訳し直すことで、おとぎ話の翻訳に含まれるイデオロギー性を問題化している。

このようなジェンダーの通念を覆すおとぎ話の書き換えは、視覚芸術の分野でも、後に論じるキキ・スミスやパウラ・レゴなど、特に女性アーティストたちの間で近年盛んに行われてきた。それらの作品の多くは、カーターの短篇集と同じく、現代におけるジェンダーを含むアイデンティティのあり方の変化に対する反応であり、女性の自立的なセクシュアリティを模索することが中心的な主題となっている。

やなぎみわの『フェアリー・テール』も、女性中心の視点からのおとぎ話の語り直しである点はこれらの作品と共通しているが、ほとんどの物語が初潮を迎えようとしている、あるいは迎えたばかりの少女を主人公とするカーターのおとぎ話集とは対照的に、やなぎの描く物語の主人公たちは、初潮を迎える前と、閉経後の女性たちである。つまり、そこには異性愛の男性の性的欲望の対象としてふさわしいとされる、次代再生産が可能な時期にある女性は登場しない。「老少女綺譚」という副題が示す通り、それは老女と少女のみから成る世界であり、そのあいだに挟まれた世代の女性が欠落している。男性は魔女によって変身させられた動物の姿でごくまれに登場するだけで、それも「美女と野獣」などの多くの異類婚姻譚の場合とは異なり、無力な姿のまま周縁的な役割しか与えられていない。

以下では、まずやなぎの先行作品における女性の表象と物語性との関連を考察した後に、『フェアリー・テール』におけるおとぎ話の書き換えが、異性愛を規範とする父権社会によって作り上げられた女性のイメージの中心にある性的存在としての女性から、その前後に位置する世代の女性に焦点をずらすことで、女性の人生についての新たな物語を紡ぎ出そうとする試みであることを示す。

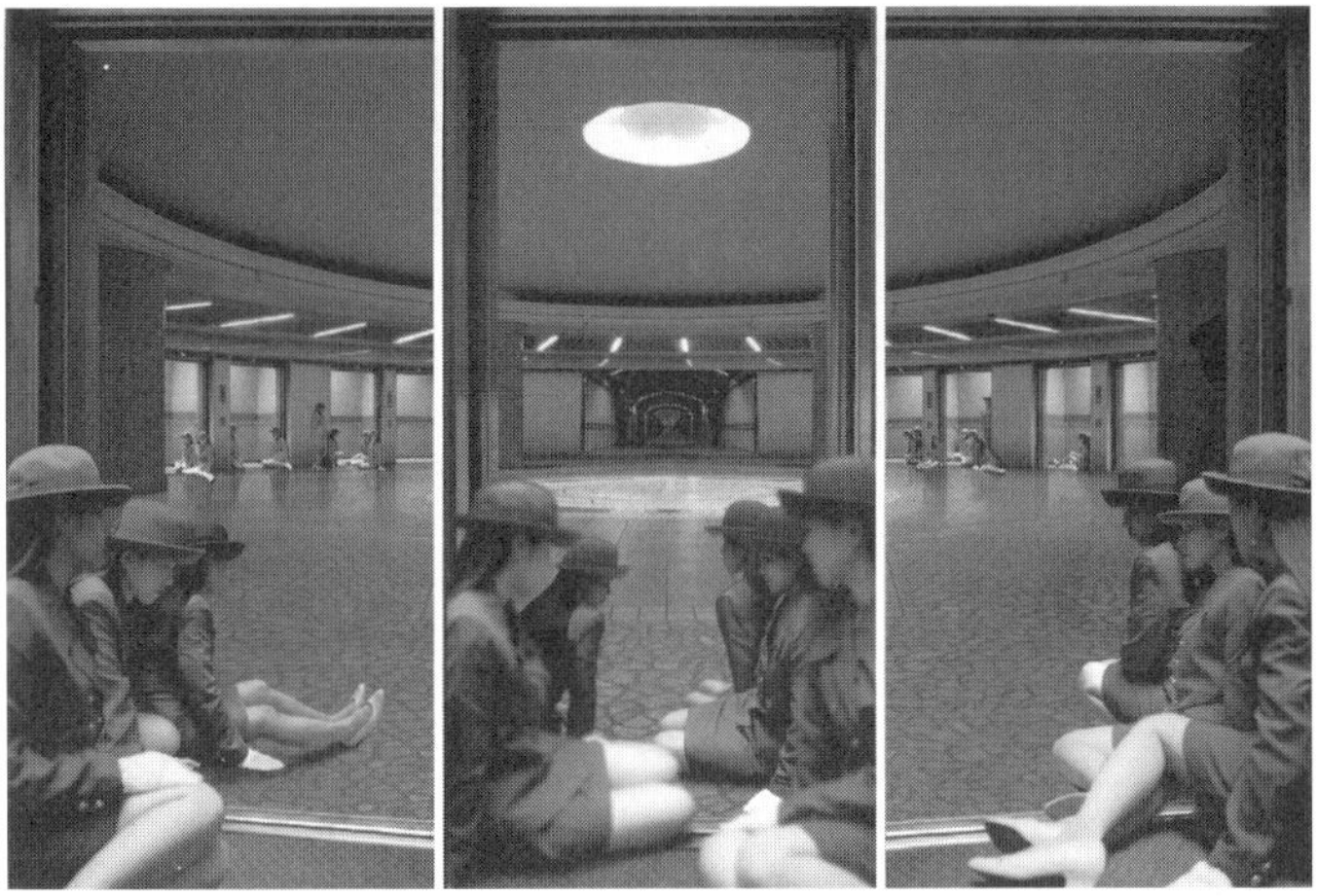

図１　やなぎみわ《アクアジェンヌ イン パラダイスⅡ》

3　エレベーターからタイムマシンへ

やなぎの作品が国際的に注目されるきっかけとなったのは、一九九三年から九九年にかけて発表された〈エレベーター・ガール〉のシリーズである。最近ではほとんど見かけなくなったエレベーター・ガールは、バブルの余波が消え去る九〇年代半ばまでは、伝統的な「女らしさ」を保ちつつ、公的な場で有償労働に従事することができる職業の一つとして、日本社会の中である種の特権的地位を与えられていた。(4) 二十世紀初頭のデパートの大衆化とともに普及したこの職業は、欧米ではエレベーターの性能向上による操作の簡略化に伴ってしだいに衰退し、その呼称自体が死語となって久しい――現在この業務に携わるごく少数の男女はエレベーター・オペレーターと呼ばれる――にもかかわらず、日本では第二波フェミニズムを経た後も、鑑賞物としての若い女性に求められる可憐な華やかさを体現するこの種の職業がまだ健在であった――そして今も別の形では健在である――という事実自体が、公的な場で働くと働かざるとにかかわらず、日本社会においてある年齢層の女性が期待されている役割をあからさまに示していると言えよう。

〈エレベーター・ガール〉シリーズは、鮮やかな色の制服に身を包んだ同じような容姿の若い女性たちが、しとやかな姿勢で集団でたたずむ写真で構成されている（図1）。数年で交替時期が来るエレベーター・ガールという存在が持つ暫定的な性質が、背景となっているデパートのエレベーターや駅のプラットフォームなどの移動のための空間に投影されている。無限の広がりを持つかに見えるこれらの近代的な建築空間は、現実社会ではそこにとどまるべき場所としてではなく、ある場所から別の場所に移動する途中に通過する、場所と場所のあいだにある周縁的空間としてのみ存在する。つまり、女性が商品として流通しうるごく短い期間が、エレベーターという空間的比喩に置き換えられているのだ。このシリーズでは、同じ服を着たいわゆる標準体型の若い女性たちが、消費社会の中で自らが労働者兼消費者として機能すると同時に、男性の視線によって消費される生きたオブジェとしての役割も担わされている事態が浮き彫りにされている。社会の求める「女らしさ」を完璧に演じる、二十歳前後のまさに花盛りであるはずの彼女たちが浮かべる表情は、一様に虚ろでこわばっており、ショーウィンドウの中のマネキンとほとんど区別がつかない。どこにも続くことのない通路の中に閉じ込められて「女性」のイメージを反復し続ける彼女たちは、曼荼羅のように自己を反復しながら、どこまでも広がる無機質で差異のない世界の中で夢を見続けているかのようだ。

このシリーズでは、カメラで撮影された人物と場所がデジタル処理を施され、コンピューターで生み出されたイメージと組み合わされている。このような手法を用いることで、どこまでが実写でどこからが作り物なのかの区別が判然としない状態の、現実と虚構が奇妙に交錯したイメージを生み出すことが可能となる。やなぎの作品の中では、すべてのイメージが注意深く操作され、それが人工的な構築物であることが強調される。リンダ・ノックリンが指摘するように、自ら「からくりを暴く」のがやなぎの戦略なのだ（Nochlin 232）。

このような自己参照的なデジタル合成写真の手法は、もともとは文学ではなく視覚芸術の作品に適用された概念であるマジック・リアリズムの手法と通じるところがある。マジック・リアリズムの文学では、リアリズムの描写の中に唐突に超自然的な要素を挿入し、読み手の不信の停止をぎりぎりのところまで引き延ばす手法がとられる。マジック・リアリズムの代表的作家とされるガルシア＝マルケスの作品が、やなぎの〈フェアリー・テール〉シリーズにインスピレーションを与えたのは偶然ではないだろう（谷　二四頁）。マジック・リアリズムは強い社会批判性を持つジャンルでもあり、社会的弱者たちが抑圧的な社会構造を思わぬやり方で突き崩すさまが描かれることを述べたが、日本社会で女性が置かれている現実の状況を見据えてそれを写し取るやなぎの作品も、その幻想的なイメージの中に現実社会への鋭い批判を読み取ることができる。この点でやなぎの用いる手法は、日常と民話や神話の要素がない交ぜになり、現実と幻想、歴史と寓話の間を絶えず揺れ動くカーターの小説の手法と共通している。さらに、やなぎの作品全体を貫く主題は、伝統的な女性のイメージと、現代社会の中で女性が抱く自己イメージとの関係を、女性の視点から探求することであり、両者の作品は主題的にも重なっている。

次に発表されたのが、一九九九年から現在まで続く〈マイ・グランドマザーズ〉シリーズである。このシリーズでは、まずモデルたちに、「五十年後にどのようなおばあさんになっていたいか」という問いを投げかけ、それまでに自分が歩むであろう人生を想像してもらい、それをもとにイメージを作り上げるという手順が踏まれる。半世紀後の未来の一瞬を切り取ったイメージにつながる出来事をひとつひとつ積み重ねて、想像上の自分史を織り上げていくインタヴューの過程は、長い場合は一年に及ぶこともあったという。このような未来の物語を共同で紡ぎ出す作業を経た後に立ち現れてくる想像上のさまざまな自己像は、特殊メイクとCGのからくりがあらわにされた明らかに人工的なイメージであると同時に、ある種の現実性を帯びてもいる。さらにこのシリーズで興味深いのは、モデルの中に男

図２　やなぎみわ《YUKA》

性が含まれていることだ。ここでいう「グランドマザーズ」とは、字義通り「孫のいる女性」だけを示すのではなく、結婚せずに老年期を迎えた女性と、いつか「おばあさん」になりたいと願う男性をも含んでおり、ここに表される「女性像」が、生物学的な性別にかかわりなく夢想され、同一化されうる存在であることを示している。

　モデルのほとんどが二十代の女性であった初期の作品に目立つのは、若い女性として現在抱いている願望が、老女になってから叶うという筋書きのものである。このシリーズのトレードマーク的作品とも言える《ＹＵＫＡ》（図２）では、老女が自分より五十歳ほど年下のボーイフレンドが運転するハーレーのサイドカーに乗り、ダイヤモンドをはめ込んだ歯を輝かせて大笑いしながら、サンフランシスコのゴールデン・ゲート・ブリッジを突っ走る。一瞬意表を突かれるこの図はしかし、真っ赤に染めた髪と皺だらけの顔という見慣れない組み合わせを除けば、いつか白馬に乗った王子様が迎えに来るという、あのおとぎ話の定番のハッピー・エンディングをなぞっているようにも見えないだろうか。「いつか」がここでは五十年後に先延ばしにされているのだ。その証拠に、写真の隣に添えられたモデル自身による短いテクストによると、アメリカで一攫千金の夢を追う黒い革ジャンにサングラス姿の若者は、「幸運の女神」である彼女に求婚中であるという（『マイ・グランドマザーズ』五五頁）。

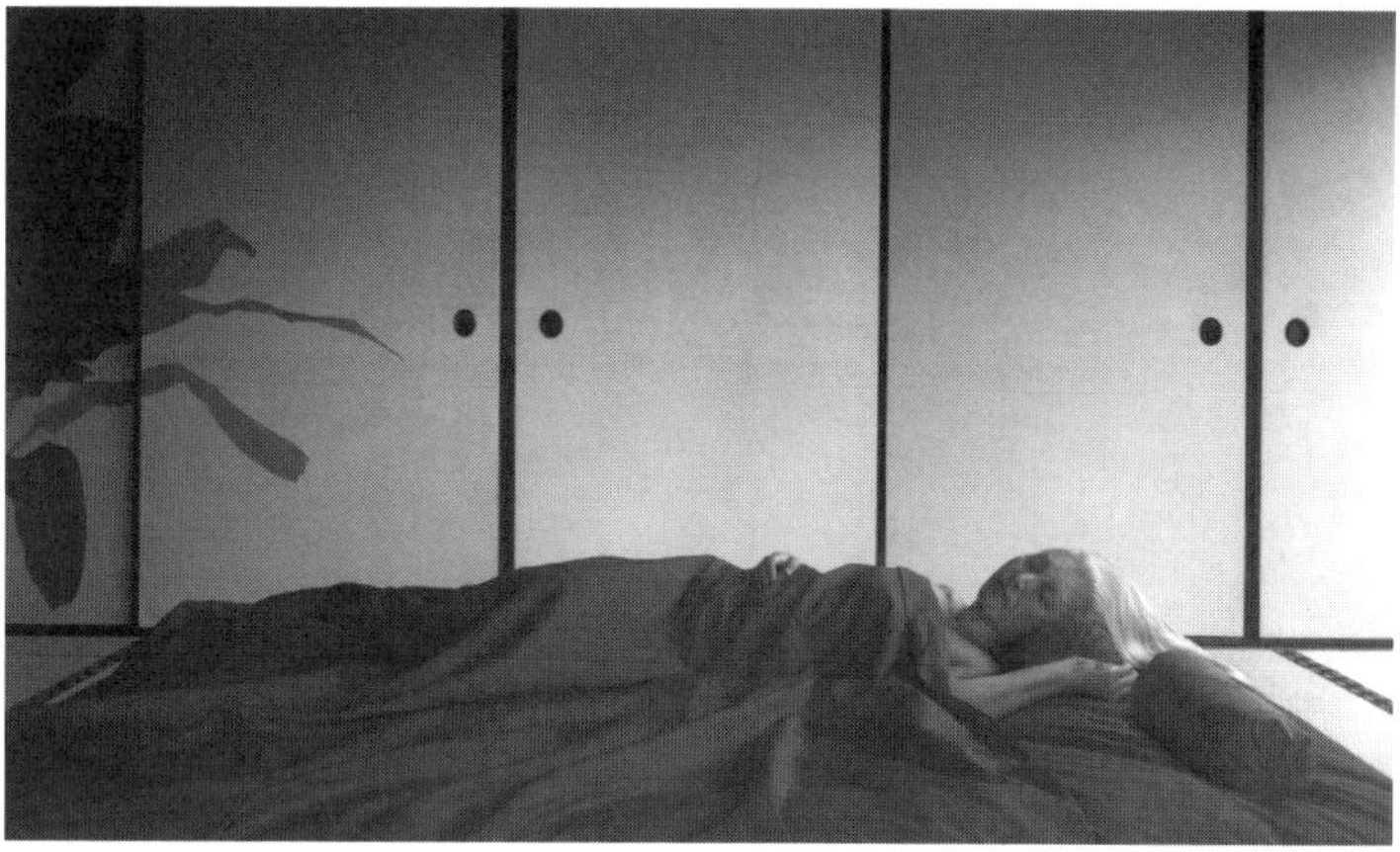

図3　やなぎみわ《AYUMI》

〈エレベーター・ガール〉シリーズの均質で無機質な若い女性たちとは対照的に、半世紀後の未来に個性豊かに想像力を羽ばたかせる〈マイ・グランドマザーズ〉の女性たちには、自分の思うままに生きたいという強い意志が感じられる。しかし、願望の成就はなぜ老後まで延期されなければならないのだろうか。老年期こそが女性にとっての黄金時代であるという逆説は、現代の日本社会において女性が課されている拘束と関わっているようだ。デイヴィッド・エリオットは、やなぎは〈エレベーター・ガール〉から〈フェアリー・テール〉に至る四つのシリーズの中で、「少女期、青年期に経験した時代遅れで偏狭な世間から出発し、いずれ経験するはずの老年期に待ち受ける自由と葛藤をめざす」と述べている（エリオット六六頁）。現代の日本に生きる青年期の女性たちは、半世紀後の社会の変化を期待しつつ、労働・消費・生殖という社会的義務から解放されているはずの老年期に夢を馳せる。自信に満ちあふれた表情で自由を謳歌するこれらの想像上の老女たちは、少女時代に抱いていた全能感を取り戻すという意味で、「子どもに還った」かのようにも見える。

一方《AYUMI》（図3）は、川端康成の『眠れる美女』（一九六一年）に登場する、眠ったまま客の相手をする娼婦として五十年後を想像する。ガルシア＝マルケスの『わが悲しき娼婦の思い出』（二〇〇四年）にも影響を与えた川端の『眠れる美女』の語り手の初老の男性は、年老いた男たちが薬を飲んで無意識の状態に陥った少女たちと一夜を過ごすための秘密の娼館に足しげく通う。一方やなぎの作品の眠れる美女は約八十歳の老女であり、添えられたテクストには、彼女が男性客に売るのは「春」ではなく「夢」であると記されている。つまり、これは川端の小説が描く男性の「夢」に対する、女性の側からの皮肉な返答であると考えることができる。その夢の中では、女性は男性の欲望に無抵抗に従う、息はあるもののまるで死人のような徹底的に受動的な存在なのだ。今なお日本社会で流通している、受動的な性的対象としての女性のイメージの異様さが、眠れる美女を生きた人間として老いさせることで前景化される。目を覚ますことを拒むこの眠れる美女は、ペローの設定に従えばあと五十年間は眠り続けることになるのだが、彼女が長い夢の中で待ち続けているはずの王子様の存在については一切触れられていない。

これらの想像上の老女像を見ていると、人が自分の人生の物語を語る際に、伝統的なおとぎ話の枠組みが半世紀も先の未来にまで影を落としていることに驚かされる。やなぎは次のシリーズ〈グランドドーターズ〉（二〇〇二年）で、今度は時間軸を逆方向に遡る。これは前作のような作り物のおばあさんではなく、七十歳代から九十歳代の「本物の」おばあさんたちが、自分のおばあさんの思い出を語るビデオ・インスタレーションである。自分が少女だった頃の祖母の思い出を語る女性たちは、かつての幼い少女としての自分に戻ったり、数十年も前に亡くなった祖母と一体化したかのような口ぶりになったり、そしてまた現在の自分に戻ってきたりと、現在と過去、自己と他者の間を自在に出入りする。おばあさんがそのまたおばあさんを思い出す語りの中では、遠い過去のことを思い出すときの常として、思い出された出来事と、思い出していると思い込んでいるに過ぎない空想とがない交ぜになっており、話の真偽は語り手にすら判然としない。また、思い出すのも思い出されるのもどちらもおばあさんなので、語られているのは過去のおばあさんのことなのか、現在の語り手自身のことなのかの区別も難しい。さらに鑑賞者を混乱させることに、語り手の声は、彼女たちの孫にあたる世代の少女の声で吹き替えられている。離れた世代に属する女性たちの声とイメージが重なり合う〈グランドドーターズ〉は、〈マイ・グランドマザーズ〉よりもさらに物語を語るという概念に比重を置いた作品となっている。

やなぎは〈マイ・グランドマザーズ〉と〈グランドドーターズ〉の制作過程でさまざまな世代の女性たちと物語を共有する体験を通して、物語は「どう発生してどう消えていくのか。なぜ人間はいつの世も物語を必要とするのか」という疑問が生じたと述べ、モダニズム芸術の否定した物語の概念に向かうことになった背景には、アニメなどに見られる自己中心的な「小さな物語」が氾濫する現代に、美術の批評性を物語に向けることで、「小さな物語が霧散した後」の展開を考えるという目的があったことを示唆している（谷　二五頁）。続く〈フェアリー・テール〉シリーズでは、無意識の願望や恐れに形を与えるおとぎ話という伝統的な物語に、芸術はどのように関わることができるのかを探ることになる。

4　物語の発生の場所へ

女性が思い描く理想の人生の物語に表現を与えるのが〈マイ・グランドマザーズ〉であったとすれば、〈フェアリー・テール〉はそこに入ることを禁じられた、女性の想像力のいわば影の部分に焦点を当てたシリーズであると言えるだろう(5)。作品集として出版された『フェアリー・テール』は、少女がおばあさんから聞いた話を思い出すという枠物語で始まる。おばあさんはそれらの話を、自分が幼い頃に出会った「砂女」から聞いた話として少女に語り聞かせる。

少女の脚と老女の手を持つ「老少女」である砂女は、砂漠を旅しながら物語を語る伝説上の人物という。この砂女のイメージは、ガルシア＝マルケスの短篇「無垢なエレンディラと無情な祖母の信じがたい悲惨の物語」（一九七二年）に由来する（谷　二四頁）。ガルシア＝マルケスの「エレンディラ」では、タイトルに示された対照的な二人の女性は、共に砂漠を旅する中で、対立しながらも最後にはひとつのイメージに溶け合う。祖母は孫娘に繰り返し自分の過去を語り聞かせるが、その話はどれも荒唐無稽で民話のような非現実性を帯びている。ガルシア＝マルケス自身、幼い頃に祖母からたくさんの民話や言い伝えを聞いて育ったといい、『百年の孤独』を含む一連の彼の小説と同様に、「エレンディラ」もそのような民間伝承の物語を下敷きにしている。このように、『フェアリー・テール』の基調を成す構造はすでに枠物語の中で提示されている。

砂女の枠物語の中には、主としてヨーロッパのおとぎ話が十五話はめ込まれており、それぞれの話から一場面を切り取ったイメージの隣に短いテクストが添えられている。西洋のおとぎ話、特にペローやグリムやアンデルセンなどの、いわゆる「正典」とされている物語の多くは、若い／美しい／善い王女様と、老いた／醜い／悪い魔女の対立に代表される、わかりやすい二項対立の構造を持つ。やなぎの『フェアリー・テール』は、このような階層性を伴う二項対立のイメージを、コード化された役割演技の中の要素として再構築する。そこでは役割は固定されたものではなく、脱着可能な仮面として次々に取り替えられる。

先行する作品群の鮮やかな色彩とは対照的に、『フェアリー・テール』では枠物語を除いてモノクロフィルムが用いられており、それがイメージに夢の中のような、あるいは深層意識の世界のような様相を与えている。白黒のイメージの曖昧性はまた、登場人物の両義性を際立たせるのにも役立っている。悪意の塊であるはずの老女が浮かべる笑みは存外無邪気にも見えるし、少女たちの目には抜け目のない鋭さ、そしてときには悪意すら読み込むことができ、意地悪な魔女と無垢で従順な王女様という、おとぎ話につきものの対照的なイメージを曖昧化する。

このようなイメージの混乱は、作品に登場するモデルがすべて五歳から十歳までの少女であることでさらに高じる。老女役の少女は、誇張された皺とおとぎ話の魔女に典型的なかぎ鼻の付いた仮面を被っているが、手足はふっくらとみずみずしい少女のままである。ここで意図されているのは、変装を自然に見せかけることとは逆に、老女の仮面とそれを被る少女の幼い身体との対比を強調することである。グロテスクでときにユーモラスなこれらの老少女のイメージは、若さと老い、そしてそれと結び付いた美と醜という、通常は絶対的で対立的なものとされている概念をひとつの身体の中に混在させることで、両義的で可逆的なものとして提示する。『フェアリー・テール』の世界では、仮面を脱ぎ着するだけで少女は老女に、老女は少女にいとも簡単になれるのだ。この両義性と可逆性の主題は作品集を通してさまざまな形で繰り返され、老若と美醜、そして無垢と経験の違いによって女性の価値を定める家父長制の価値体系そのものを攪乱する。

図４　やなぎみわ《白雪》

白雪姫の物語はおとぎ話的な二項対立の典型であり、女性の外見の美しさが最重視されている点、年老いた女性は男性の欲望の対象であることを止めて嫉妬深い魔女になるという筋書き、そして王子様が見初めるのが毒リンゴを食

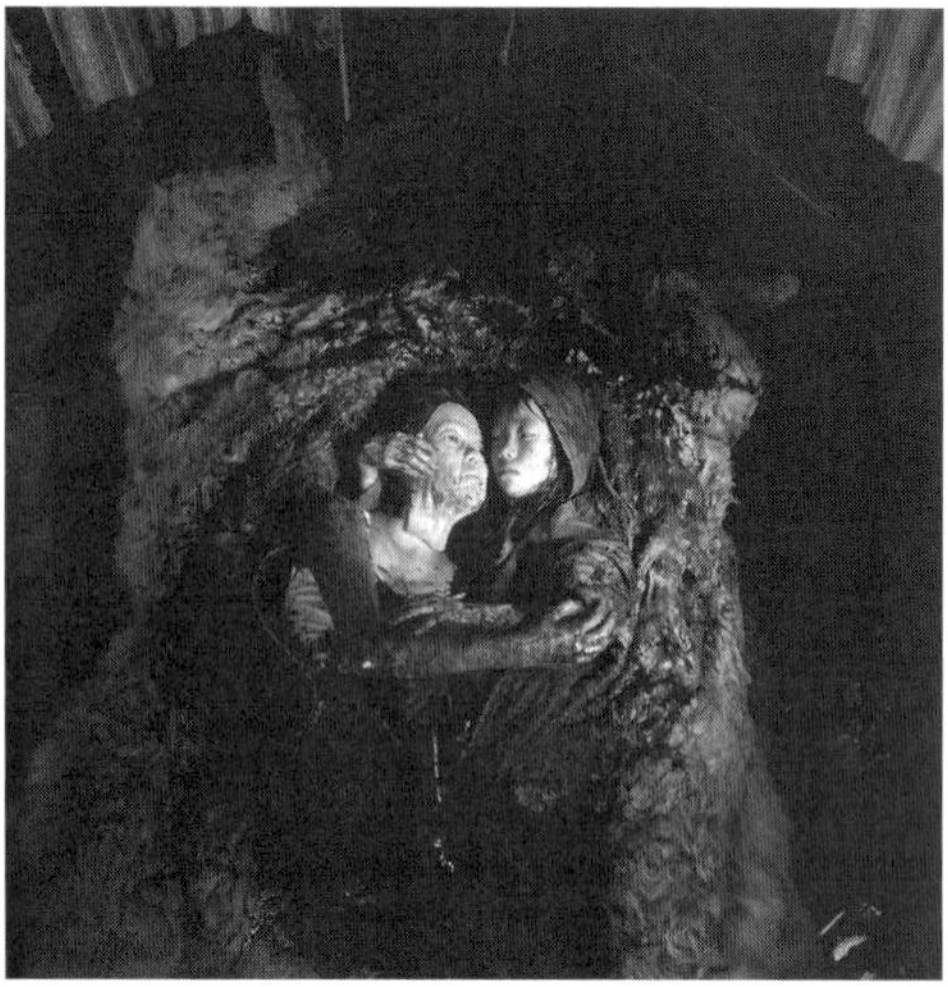

図5（上）やなぎみわ《赤ずきん》

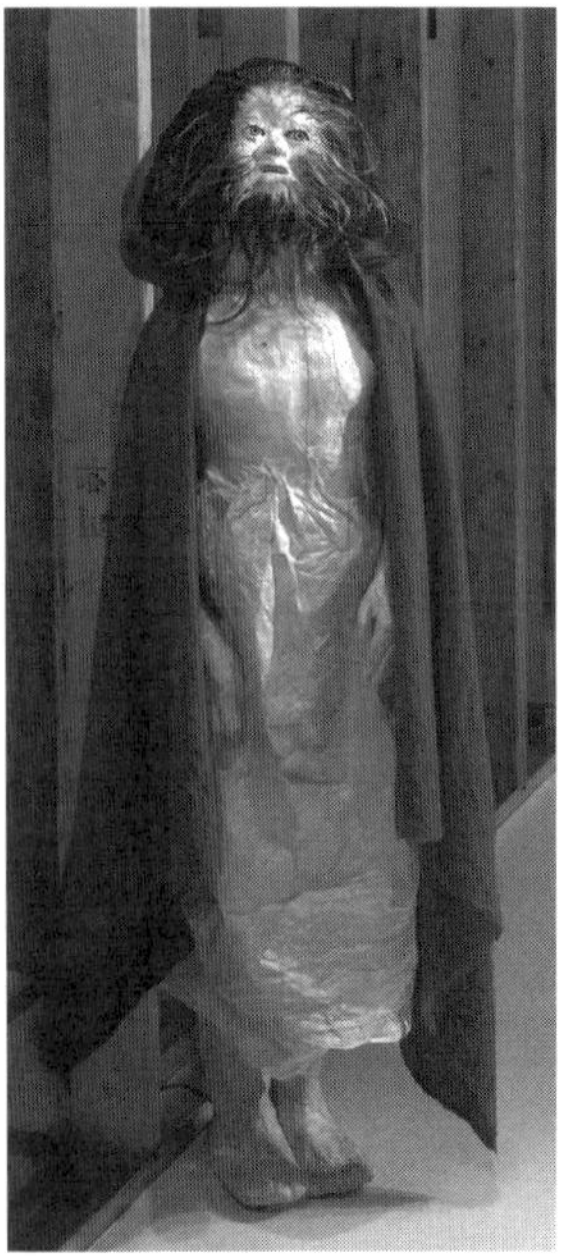

図6（左）キキ・スミス《娘》

べて仮死状態にある少女であることなどから、少女に男性中心社会の求める女性像を刷り込む物語であることが、前述したリーバーマンなど多くの批評家によって指摘されてきた。やなぎの《白雪》（図4）では、この物語の前提となっている白雪姫と継母の対立が、より複雑で両義的なものとして示される。一見したところ、背を向けて立っている人物が幼い白雪姫で、こちらを向いているのが年老いた魔女のように見える。しかしよく見ると、老女の仮面を被っているのは白雪姫自身であり、二人は鏡を隔てた一人の人物であることが明らかになる。グリムの「白雪姫」では、この世でもっとも美しい女性を映し出す鏡を后がのぞくと、そこには自分ではなく若い白雪姫の姿が映るのだったが、やなぎはこの鏡のモティーフを用いて、対立する二人の女性のイメージを一人の女性の異なる側面として映し出す。鏡をはさんで見つめ合う老女と少女は、どちらがどちらに毒リンゴを渡しているのかを見分けることはできないし、差し出されると同時に受け取られるリンゴの片側は、もう一方の側と同じだけ毒を含んでいるはずだ。ここでは、対極にあるとされる性質が、一人の女性が長い人生の中で帯びることになる複数の側面として示され、白雪姫の物語は、一人の女性の内面の複雑さを表す物語に書き換えられている。

《赤ずきん》（図5）の物語からは、二人の女性が狼の腹から救出される場面が選ばれるが、グリムの物語では重要な役割を果たす二人の男性はここには登場しない。ベッテルハイムの解釈ではヒロインを「保護し、救出する父親」を表す猟師の姿はどこにも見当たらず（Bettelheim 178）、狼の方は大きなチャックの付いたぺらぺらの毛皮の着ぐるみに成り下がっており、男性の中にある暴力性の象徴を担うにはあまりにも存在が希薄である。カーターによる「赤ずきん」の書き換えである「狼の仲間」は、この物語を思春期の少女が自己の内なる狼性を受け入れて、大人の女性へと成熟するための通過儀礼として描いており、そこでは古い世代の女性を代表する祖母は狼に襲われたまま葬り去られてしまう。また、キキ・スミスの《娘（*Daughter*）》（一九九九年）（図6）は、反社会的な欲望の比喩としての狼と、社会化される以前の不可解な存在としての少女を、毛むくじゃらの赤ずきんとしてひとつのイメージに合体させている。カーターとスミスの作品に見られるように、「赤ずきん」のジェンダーの視点からの書き換えにおいて、少女と狼の関係性が中心的な役割を担うことが多い。しかし、やなぎのヴァージョンでは、少女が祖母に取って代わるのではなく、二人の女性が「双生児」として対等な関係を切り結ぶ瞬間が物語のクライマックスに据えられている。「オオカミの腹から救いだされた2人は／生まれたばかりの双生児になっておりました。」（『フェアリー・テール』四〇頁）そして、パウラ・レゴの《赤ずきん（*Little Red Riding Hood*）》シリーズ（二〇〇三年）では、ほとんどのヴァージョンの「赤ずきん」でほんの一瞬しか登場しない赤ずきんの母親が、老いさらばえた抑圧的な祖母だけでなく、自分の行動に責任を持つことができない未成熟な娘をも舞台脇に退けて、分別と行動力を兼ね備えた成熟した女性とし

図7　やなぎみわ《マッチ売りの少女》

図8　やなぎみわ《眠り姫》

て自己の欲望を実現するというハッピー・エンディングを迎えるのだが、一貫して成人女性の存在を無視するやなぎのおとぎ話では、同列に並べられた赤ずきんと祖母の二人は助かったことを喜ぶ様子でもなく、まだ死の縁をさまよっているかのような虚ろな表情で互いの腕の中に横たわる。言葉による語りとは異なり、結末を示す必要のない視覚的な表現形態をとるやなぎのおとぎ話は、物語の解釈を開いたまま提示し、見る者に共に物語を想像し直すよう誘いかける。おとぎ話の定式に反するかのようなこのような開かれたエンディングは、A.S.バイアットのおとぎ話を思わせる。バイアットのおとぎ話集『夜鳴き鳥の瞳の中の魔神（*The Djinn in the Nightingale's Eye*）』（一九九五年）のヒロインたちは、生涯の伴侶と結ばれて幸せな結末を迎えることよりも、物語を語り続けることの幸せの方を選ぶ。そこでは物語を語る行為そのものが欲望の対象となっており、ポストモダン小説の語りが欲望の多様化を自ら実践するものであることを示すエンディングとなっている。

《マッチ売りの少女》（図7）では、死を境にした少女とおばあさんが完全に一つのイメージに溶け合う。無造作に脚を投げ出す幼い少女が灯す最後の一本のマッチの炎に照らされた顔は、皺だらけの老女のものである。アンデルセンの物語で哀れな貧しい少女を天国に導くために少女の前に現れる死んだ祖母の顔が、少女の顔に重ねられているのだ。これがこのシリーズの中で唯一、皺が誇張されたグロテスクな仮面が用いられていない作品であり、マッチの炎に照らされてより微妙なニュアンスで浮かび上がる皺を通して、死者が不気味によみがえる。やなぎのヴァージョンでは、少女はアンデルセンの話の中のように、無慈悲な社会の犠牲となる憐れむべき悲劇のヒロインとして天国に昇って行くのではなく、死んだ老女の顔に笑みを浮かべて、社会に復讐するかのように生き続けるのだ。

このように少女と老女を鏡像、双子、あるいは合体したイメージとして重ね合わせる一方で、二者の関係をより敵対的なものとして示す作品も見られるが、その場合もやはり曖昧性と可逆性に向かう傾向がある。例えば《眠り姫》（図８）では、少女が紡錘を手に老女に馬乗りになっている。ペローの物語では、老女が糸を紡ぐところを初めて見たヒロインが好奇心から紡錘を手に取ると、紡錘の先が突き刺さって百年の眠りに陥るのだが、ここでは伝統的な物語の力関係が転倒し、少女の方が優位に立っているように見える。しかし同時に、同じような格好をした二人のモデルは、仮面を付け替えるだけで簡単に役割を交替できることが見てとれる。テクストから次のような二人のやり取りが聞こえてくる。「さあもうおやすみ」「眠くないわ」「もう眠る時間だよ」「じゃあ、おばあさんが先に寝て」（三六頁）。女性の性的な受動性についてのペローの寓話は、ここではまだ

図９　やなぎみわ《グレーテル》

ベッドに入りたくない少女たちのじゃれ合いに姿を変え、心理学的な解釈では男性器を表すとされる紡錘は、少女たちの遊び道具になっている。ヒロインを成熟した女性へと目覚めさせる王子様はどこにも見当たらず、柔らかい繭のような糸の玉が敷き詰められた女性だけの親密な空間で、少女時代の葛藤と安心感の入り交じった白昼夢がいつまでも続くかのようだ。

《グレーテル》（図9）では、タイトルが示す通り、グリムの物語に登場する妹を守る賢い兄の存在が消し去られている。《眠り姫》の場合と同じく、ここでも少女と老女の主従関係は逆転しており、獲物を檻に監禁して食べ頃になるまで太らせようと企む人食い鬼――ベッテルハイムによると母親の破壊的な側面を表すとされる――は、老女ではなく少女の方である。自分のおばあさんを食べる少女の話と言えば、「赤ずきん」の口承版の一つである「おばあさんの話」が思い浮かぶ。この話では、少女は狼にそそのかされておばあさんの血を飲み肉を食べたあとに、トイレに行くふりをしてまんまと狼をまいて無事お母さんの待つ家にたどり着く。イヴォンヌ・ヴェルディエによると、「おばあさんの話」における少女の食人的行為は、上の世代の女性が持つ生産力を体内に取り込むことを通して、少女が成人する過程を象徴しているという。しかしやなぎの《グレーテル》は、それとはまた別の物語を示唆しているようだ。老女の痩せこけた指をかじる恍惚とした表情の少女の、何かに憧れているかのような遠い目の先にあるのは、生と死のどちらの世界なのだろうか。ここでもやなぎの他の物語と同様に、死が二人を対置しつつ結び付けている。

『フェアリー・テール』のヒロインたちは、いわゆる「大人の女」になることを拒み、少女のまま老年期を迎えることを夢想するが、このような成熟期の女性の不在は、実は古典的なおとぎ話の常套でもある。ペローやグリムのおとぎ話に登場するのは、結婚と同時に話が終わってしまうヒロインの少女と、ヒロインの敵対者か援助者となる老女がほとんどで、成熟期の女性は周縁的存在でしかない。『フェアリー・テール』はこのおとぎ話の「老少女性」を逆手にとり、異性間にせよ同性間にせよ性愛を指向するのではない、しかし確かに女性的と呼べるある種の欲望――この欲望こそがおとぎ話がいつの時代にも女性たちを惹きつけてやまない理由を説明するのかもしれない――を描き出す試みであると言える。

5　血染めの部屋の外へ

やなぎの『フェアリー・テール』の世界は、二つの相反する欲望のあいだで曖昧なバランスを保っている。同質的で自己循環的な少女的時空間の中にいつまでも浸っていたいという願望と、そのような心地よいけれども閉所恐怖症を引き起こすような幻想から一歩外に出て、その魔力を解いてしまいたいという批評性が、ひとつの場面の中でせめぎ合っている。クリストファー・フィリップスとのインタヴューの中で、やなぎは『フェアリー・テール』のセットに羊毛などの有機的な素材を多用して、「極めて女性的なイメージ」、つまり「子宮のイメージ」を作り出したと述べている。

私はこのような女性的な表現と本能的につながっていると感じるので、それを認めながらも、同時に距離をおいて自分の作品を客観的に眺めることで、両者の均衡をとろうとしています。私のその極めて女性的な部分というのは、この部屋にずっといたいと願う自分と重なっています。それは最高に居心地のいい場所なのです。そこにいるととても主観的になれるのですが、そこから距離をとることができるというのも大事なのです。（Phillips 221）

図10（右）　やなぎみわ《MITSUE》

図11（上）　キキ・スミス《眠れる魔女》

このような、無意識の欲望の世界に没入したいという願望と、一歩離れて外側からそれを眺める客観性を併置させる手法は、カーターが『血染めの部屋』で用いたものでもある。カーターの短篇集の表題となっている「青髭」の再話では、謎めいた夫のサディズムを恐怖と好奇心の入り交じった思いで受け入れ、あわや命を落としそうになるヒロインの複雑な心の揺れが、残虐な犯罪の舞台となる血染めの部屋の内側と外側の二つの視点のあいだで、危うげな均衡を保ちつつ描かれている。やなぎの『フェアリー・テール』は、少女と、そして老女の仮面を被った老少女だけが住む、父権社会の視線を遮断した密室の理想郷を丹念に構築すると同時に、その世界が同質のものから成るがゆえに死と隣り合わせでもあることを示し、そのような親密な空間の魅惑と共にそのおぞましさを露呈する。そして、老少女たちが本物と偽物の混ざり合った合成イメージであることを強調することで、彼女たちの住む世界の虚構性を見る者に執拗に呼び起こし、心地よい幻想の中に浸りきることを拒む。『フェアリー・テール』は、女性が自己の内側に潜む欲望に象徴的な物語の形で表現を与え、社会的・文化的に割り当てられてきた役割から自己を解き放つための物語空間を創出するが、それは常にそれ自体の基盤を侵食し続けるユートピアでもあり、「いつまでも幸せに」というおきまりのハッピー・エンディングに安住することは許されない。

やなぎ自身は〈フェアリー・テール〉シリーズは一段落したと述べているが（谷　二四頁）、二〇〇九年に新作三点《ARIKO》《MOEHA》《MITSUE》を加えて発表された〈マイ・グランドマザーズ〉のシリーズ全二十六点を眺めていると、女性たちの五十年後の自己像が、〈フェアリー・テール〉の老少女像にしだいに近づいているように思えてくる。子どもたちを対岸の町に船で渡す里親の《ARIKO》は、子どもたちに「夢の中に出てきた魔女として」記憶されることを望んでいる。「ほらほら、おイタをすると動物に変えてしまうよ。」（『マイ・グランドマザーズ』一〇頁）そして、ひとり砂漠の中で舞う《MOEHA》は、荒れ狂う風に逆らいながら砂漠の中を永遠に走り続けるエレンディラの姿と重なる。黒いずきんをかぶった老女が苔むした冬の大地に球根を抱えて横たわる《MITSUE》（図10）では、曇りの日のようなごく弱い光の中に暗い色合いの光景が広がり、〈フェアリー・テール〉の色のない無意識の世界を彷彿させる。背景の苔とバラは、モデルの空想のイメージをもとにやなぎが自宅の庭で数ヶ月かけて育てたものであるといい、アーティストとモデルの共同作業がより有機的なものへと発展していることを示唆している。《MITSUE》のモティーフと構図が、同じく黒いずきんとドレスに身を包んだ白髪の女性——アーティスト自身がモデルである——が枯れ葉の中に黒いリンゴを手に横たわる、キキ・スミスの《眠れる魔女（*Sleeping Witch*）》（二〇〇〇年）（図11）を想起させるのは、現代の女性たちの想像力が共に響き合いながら、おとぎ話という共有の伝統文化の源泉から、新たな女性の物語を紡ぎ出していることの表れだろう。

注

（1）ディズニー版『白雪姫』のもう一つの有名な挿入歌である、七人の小人たちが仕事中に陽気に歌う「ハイ・ホー」は、ドナルド・バーセルミによるポストモダン的書き換えである『雪白姫（*Snow White*）』（一九六五年）の結末でパロディ化されている。バーセルミの『雪白姫』は、六〇年代のアメリカで流通していたメディアの言語のコラージュから構成され、断片化されていっこうに進まない物語の中で、白雪姫と七人の小人たちの関係は滑稽なまでに過剰な性的意味を与えられている。「雪白姫の尻の衰弱／雪白姫の再処女化／雪白姫の神格化／雪白姫は天に昇り／英雄たちは新たな主義を求めて出発する／ハイ・ホー」Barthelme, Donald. *Snow White*.New York: Scribner Paperback Fiction, 1996, 189.

（2）ベッテルハイムの「白雪姫」の分析については以下を参照。Bettelheim 199-215.

（3）『ジェイン・エア』にみられるおとぎ話の影響については以下を参照。Rowe 69-89.

（4）一九九二年に「東京エレベーターガール」という連続テレビドラマが放映され、高校卒業後に上京してデパートのエレベーター・ガールになるヒロインを宮沢りえが演じた。一九八三年に一世を風靡した、堀ちえみ演じるフライト・アテンダント訓練生が主役の「スチュワーデス物語」の二番煎じと思われるこのドラマからも、当時エレベーター・ガールがフライト・アテンダントと並んで若い女性の憧れの職業の一つであったことがうかがえる。また、長谷川町子の『サザエさん』一家の二十五年後を実写で描いた二〇〇九年のグリコのテレビ・コマーシャルのシリーズでは、宮沢りえの演じる三十四歳のワカメは廃止寸前のエレベーター・ガールという設定で、『サザエさん』に描かれる世界のようにすでに過去のものとなってしまった女性のイメージを体現する職業として選ばれたのだろう。

（5）やなぎは二〇〇九年七月二十六日放映のＮＨＫ「新日曜美術館」の中で、〈マイ・グランドマザーズ〉を制作する中で女性の自己イメージの光の部分にのみ焦点を当てることに対して生じた葛藤について触れ、〈マイ・グランドマザーズ〉

がなければその影とも言える〈フェアリー・テール〉もなかっただろうと述べている。

参考文献

＊本文中の英語文献の引用は著者が日本語に訳した。

Abel, Elizabeth, Marianne Hirsch, and Elizabeth Langland, eds. *The Voyage In: Fictions of Female Development*. Hanover: University Press of New England, 1983.

Benson, Stephen, ed. *Contemporary Fiction and the Fairy Tale*. Detroit: Wayne State University Press, 2008.

Byatt, A. S. *The Djinn in the Nightingale's Eye: Five Fairy Stories*. London: Vintage, 1998.

Carter, Angela. *The Bloody Chamber and Other Stories*. Harmondsworth: Penguin, 1979.（アンジェラ・カーター『血染めの部屋』富士川義之訳　筑摩書房　一九九二年）

——. *Burning Your Boats: Collected Short Stories*. London: Vintage, 1996.

——. ed. *The Virago Book of Fairy Tales*. London: Virago, 1990.

Bettelheim, Bruno. *The Uses of Enchantment: The Meaning and Importance of Fairy Tales*. New York: Vintage Books, 1989.（ブルーノ・ベッテルハイム『昔話の魔力』波多野完治・乾侑美子訳　評論社　一九七八年）

Barthelme, Donald. *Snow White*. New York: Scribner Paperback Fiction, 1996.（ドナルド・バーセルミ『雪白姫』柳瀬尚紀訳　白水社　一九九五年）

Fuku, Noriko, and Christopher Phillips, eds. *Heavy Light: Recent Photography and Video from Japan*. New York:

International Center of Photography; Göttingen: Steidl, 2008.

Gilbert, Sandra, and Susan Guber. *The Madwoman in the Attic: The Woman Writer and the Nineteenth-Century Literary Image*. New Haven, CT: Yale UP, 1979.（サンドラ・ギルバート、スーザン・グーバー『屋根裏の狂女――ブロンテと共に』山田晴子・薗田美和子訳　朝日出版社　一九八六年）

Lieberman, Marcia. "Some Day My Prince Will Come: Female Acculturation through the Fairy Tale." Zipes, *Don't Bet on the Prince* 185-200.

McEwen, John. *Paula Rego*. 3rd ed. London: Phaidon, 2006.

Nochlin, Linda. "Black, White, and Uncanny: Miwa Yanagi's Fairy Tale." Fuku and Phillips 232-41.

Phillips, Christopher, "Miwa Yanagi: A Supremely Comfortable Place to Be." Fuku and Phillips 212-221.

Rowe, Karen E. "'Fairy-born and Human-bred': Jane Eyre's Education in Romance." Abel, Hirsch, and Langland 69-89.

Posner, Helaine, and Kiki Smith. *Kiki Smith: Telling Tales*. New York: International Center of Photography, 2001.

Verdier, Yvonne. "Little Red Riding Hood in Oral Tradition." Trans. Joseph Gaughan. *Marvels & Tales* 11（1997）: 101-23.

Zipes, Jack. *Breaking the Magic Spell: Radical Theories of Folk and Fairy Tales*. New York: Routledge, 1992.

——, ed. *Don't Bet on the Prince: Contemporary Feminist Fairy Tales in North America and England*. New York: Methuen, 1986.

アリエス、フィリップ『子供の誕生――アンシャン・レジーム期の子供と家族生活』杉山光信・杉山恵美子訳　みすず書房　一九八〇年

エリオット、デイヴィッド「女性の四年期：無邪気、欲望、忘却、覚醒の肖像」『マイ・グランドマザーズ』六五―七二頁

ガルシア=マルケス、ガブリエル『エレンディラ』鼓直、木村榮一訳　ちくま文庫　一九八八年
——『わが悲しき娼婦たちの思い出』木村榮一訳　新潮社　二〇〇六年
川端康成『眠れる美女』新潮社　一九六一年
谷新・岡本康明編「『小さな物語』が霧散した今後の展開へ」『いまいるところ／いまあるわたし：VOCAに映し出された現代』宇都宮美術館　二〇〇七年　二四—二五頁
ボーヴォワール、シモーヌ・ド『第二の性1・2』生島遼一訳　人文書院　一九六六年
やなぎみわ『フェアリー・テール　老少女綺譚』青幻舎　二〇〇七年
——『マイ・グランドマザース』淡交社　二〇〇九年

図版

＊図版の掲載を許可してくださったやなぎみわ氏、キキ・スミス氏、青幻舎、Pace Wildensteinの関係各位に感謝申し上げる。

1　やなぎみわ《アクアジェンヌ　イン　パラダイスII》一九九五年『マイ・グランドマザーズ』
2　やなぎみわ《YUKA》二〇〇〇年『マイ・グランドマザーズ』
3　やなぎみわ《AYUMI》二〇〇一年『マイ・グランドマザーズ』
4　やなぎみわ《白雪》二〇〇四年『フェアリー・テール』
5　やなぎみわ《赤ずきん》二〇〇四年『フェアリー・テール』
6　Kiki Smith, *Daughter* (in collaboration with Margaret Dewys). 1999. *Kiki Smith: Telling Tales.*
7　やなぎみわ《マッチ売りの少女》二〇〇五年『フェアリー・テール』

8　やなぎみわ《眠り姫》二〇〇四年『フェアリー・テール』

9　やなぎみわ《グレーテル》二〇〇四年『フェアリー・テール』

10　やなぎみわ《MITSUE》二〇〇九年『マイ・グランドマザーズ』

11　Kiki Smith, *Sleeping Witch* (with assistance of Joey Kotting). 2000. *Kiki Smith: Telling Tales.*

第Ⅱ部　ジェンダーと社会運動

第五章　ジェイン・アダムズのセツルメント活動における人種問題

山口ヨシ子

1　ハルハウスとシカゴの黒人たち

ジェイン・アダムズ（一八六〇―一九三五）が一八八九年にシカゴに開設したセツルメント、ハルハウスの周辺には、貧しい生活を強いられていた「黒人」たちもいたはずであるが（レジデント　一六）、その活動の記録ともいえる『ハルハウスの二十年』からは、彼らの様子をうかがうことはできない。社会学者で公民権運動の指導者でもあったW・E・B・デュボイスが、エイブラハム・リンカーンの誕生日に講演会を開いたことなどは書かれてはいるものの（一三七）、貧しい黒人たちがハルハウスを広く利用したという記述はみつからない。「困窮者と人生を分かちあう[1]」という決意のもとに、シカゴの貧民地区に移り住んで社会福祉事業を展開していたアダムズが（三二）、援助を必要としていた黒人たちといかに関わったかという疑問が浮かびあがってくる。

シカゴでは、アダムズが生まれた一八六〇年から『二十年』を出版した一九一〇年までの五十年間に、人口が二十倍に増え二百万人にも達していたが、その約四分の三は外国生まれの移民であった（トラットナー　一三五）。

一八九〇年のアメリカ政府によるフロンティア消滅宣言後、土地を買えない移民層が仕事を求めて大量に都市に流入したためである。「アメリカの夢」の実現を求めて世界中から集まった人びとによって都市化が加速し、第一次大戦前には、シカゴはすでにニューヨークに次ぐアメリカ第二の都市になっていたのである。そのなかで黒人人口は全人口の五パーセントにも満たず、十万にも達しない状態であった（トラットナー　一四五）[2]。ハルハウスの初期の活動のなかで、黒人たちよりも移民たちを援助するための取り組みが目立つが、これは当時のシカゴの人口構成から考えれば当然ともいえる結果であったといえるだろう。

だが、『二十年』にも書かれているように、アダムズが人種や階級などの違いを「本質的に相互依存的」ととらえ、「人間を平等にしているものは分け隔てているものよりも優れていて、基本的な類似性が適切に強調されれば、人種、言語、信条、伝統などの比較的本質的ではない違いは超えられる」と考えていたとすれば（五九）、社会福祉事業家としての、彼女の黒人たちへの対応をあらためて考えてみる必要がある。アメリカでセツルメント活動に従事することは、特別の例外を除けば、厳しい生活を強いられていた移民や黒人たちに囲まれて生活することを意味していたはずだからである（デイヴィス〈3〉　八四）。事実、ハルハウスのレジデント（住み込みのスタッフ）が一八九五年に出版した『ハルハウス周辺の地図と報告書』においても、セツルメント周辺の狭い地区に十八の異なった民族が暮らし、多くの黒人もケンタッキーから移り住んでいることが記録されている（一六―一七）。十万にも満たなかったという当時のシカゴの黒人人口も、二百万都市の四分の三を占めていた移民と比べれば少ないかもしれないが、人種的偏見や貧困と闘っていた数字だったとすれば、決して少ない数字ではなく、社会福祉事業の対象となるべき大きな集団であったといえるだろう。

とくに、二十世紀への転換期におけるシカゴには、ＮＡＡＣＰ（全米有色人種地位向上協会）を設立したデュボイスに加えて、黒人への反リンチ運動をくり広げていたアイダ・B・ウェルズも住み、また、ハルハウスには、アフリカ系アメリカ人医師のハリエット・ライスも参加していた。さらに、ハルハウスの最大の資金援助者の一人で、アダムズの死後、その運営を引き継いだルイーズ・ボーエンは、一九一三年に『シカゴの有色人種』を出版し、当時のシカゴにおいて黒人たちがおかれていた状況を報告していた。このような事実だけを考えてみても、当時のシカゴにおける黒人問題が決して小さな問題ではなく、したがって、そのような問題にアダムズが社会福祉事業家としていかに対処したかということを追求する意味が生じるであろう。

本稿では、リンカーンの友人で奴隷制廃止論者であった父親やイースト・ロンドンでセツルメント活動をしていたサミュエル・バーネットなどの影響を受けて社会福祉事業に取り組んでいたアダムズが、いかに黒人問題に対応したかを考えてみたい。その対応をとくにライス、ウェルズ、デュボイス、ボーエンとの関係などから探ってみたい。

2　カレッジ・ウーマンのセツルメント活動―白人女性と黒人女性

アメリカにおけるセツルメント活動は、南北戦争後とみに発展した女子高等教育との関わりを無視して語ることはできない。大学で高度な学問を修めた女性たちの多くがその学識を広く社会で生かすべくセツルメント活動に参加し、それによって大いなる発展を遂げたためである。たとえば、東部の名門女子大学スミス大学の卒業生は、十九世紀末には、その九割近くがセツルメントに加わったという記録もある（ルーメニア　四八）。女性に与えられた領域でエキスパートになるためには、女性雑誌が与える以上の教育が必要だという考えのもとに発達した女子高等教育であったが（エヴァンズ　一三九）、大学で高度な専門教育を修めた優秀な頭脳が、社会還元の一つの発露としてセツルメントに注がれたということである。良家の子女は貧しい女性たちのように賃金労働に就いて「身を落とすことはない」

という価値観が、娘の高等教育に熱心であった中産階級層を圧倒していた時代にあって、セツルメントは大卒の女性たちに意義ある社会活動の機会を提供していたのである（ゴードン　三二）。「若者を教育し、貧しい人びとの世話をし、女性と子どもの健康を増進させる」といったセツルメントの仕事は、一面で「母親としての技術と能力をより必要としている世界に開放するのだ」という主張の後ろ盾となったとみることもできるだろう（エヴァンズ　一四八）。

セツルメントはこのように、よき家庭人を育成するために専門教育を施すという女子大学教育の矛盾の受け皿となって発展し、一九〇〇年には全米で百を数え、一九一〇年までには四百にも及んだ（トラットナー　一四三）。アダムズ自身、大学卒業後「何もしないというもっとも辛い仕事」（スターレット　一三）に八年も悩んだあげく、ソーシャル・ワーカーという「職業」を作りだして人生の意義をみつけたが、セツルメント活動に従事した大卒の女性たちの多くは、社会に活動の場を得ることで女性の大学教育が無駄ではないことを証明したのである。

ハルハウスに参加した女性たちだけをみても、その活躍には目を見張るものがある。全米消費者連盟の事務総長になるフローレンス・ケリー、連邦労働省児童局の初代局長になるジュリア・レースロップ、ハーバード大学医学部で女性初の専任講師になるアリス・ハミルトン、シカゴ大学で教鞭をとり、女性初の国際会議代表としてパンアメリカン会議に出席するソフォニスバ・ブレキンリッジなど、多くの大卒女性たちがセツルメントで公共政策などの修練を積み、その後国家レベルの社会改革に挑んでいる。女性の「適切な領域」を家庭内に限定するヴィクトリア朝的女性観から抜けだしきれない社会のなかで、彼女たちはセツルメント活動をとおして社会活動の幅を広げていったということができるだろう（山口　一一二八）。

中産階級出身の白人女性たちが、大学教育を生かしてこのような発展を遂げていた一方で、大卒の黒人女性がハルハウスに参加し、アダムズなどとの間に軋轢を起こしていたことは見逃せないことである。その軋轢の原因がおもに人種の違いに起因していると思われるとき、アダムズが『二十年』で掲げているセツルメントの理想が現実の活動のなかで機能していなかったともいえるからだ。人種や階級の違いは、基本的人権を尊重しあう関係のなかでは重要ではないとしていたアダムズの考えが、少なくてもハルハウスのレジデントの間で実現されなかったことになる。アダムズがハルハウスを開設した四年後の一八九三年から、ハルハウスにレジデントとして参加した医師ライスの例は、高学歴のアフリカ系アメリカ人女性が、大学卒業後に直面していた困難の一例をきわめて深刻な形で示しているといえるだろう。

ライスは、十九世紀末のアメリカでもっとも高い教育を受けた女性の一人であり、黒人女性としてははじめて東部の名門女子大学ウェルズリーを卒業したばかりでなく、当時女性を受け入れていた医科大学の最高峰ともいえるミシガン大学やニューヨーク女子医大で学んで高度な専門職を獲得した人物である。(3) 黒人の教育を受ける機会がきわめて制限されていた時代に、(4) 白人のエリート女性に負けない学識をそなえてハルハウスに参加していたといえるが、このような輝かしい経歴をもちながらも、彼女の活躍の様子は、アダムズの『二十年』などには記録されていない。『二十年』にはアダムズとハルハウスに関わった数多くの人物名とその活動内容が記録されているが、ライスのことが言及されていないことは、他のレジデントの場合のように、アダムズとともに改革のネットワークを展開できなかったということの一つの証となる。ハルハウスに参加していながら、極端に情報量が少ないという空白の部分から、ライスが直面していた問題が垣間見えるのである。

ライスがハルハウスで活躍できなかった事実は、アダムズがパートナーのメアリー・スミスに宛てた手紙によって確認することができる。そこには、一八九三年、セツルメントの医療施設で働いていたライスが貧しい移民の診察を拒否したことに対するアダムズの憤りが記されている。「病気の隣人に尽くすことを完全に拒否して、私たちを怒らせている」と書いて、アダムズはライスへの怒りを露わにしている（ナイト　三八七）。診療拒否は、移民たちだけでなく、黒人たちへも及び、ライスは、一八九五年には、恵まれないアフリカ系アメリカ人に医療を施すために設立された病院で働くことも断っている（三八九）。ボーエンの『シカゴの有色人種』によれば、この病院は医者、看護師、患者の間において偏見がなく、黒人が自慢するような医療機関であったということであったが（一八―一九）、ライスにはそのような感想をもてなかったことになる。隣人と苦しみを分かちあうことを目的とするセツルメントに参加しながら、医者であるレジデントが病に苦しむ隣人の診察を拒否したとすれば、その時点で彼女の存在意義は失われていたことになる。

貧しい隣人の診療を固辞したライスに対してアダムズは、「セツルメント精神をもっていない」と断罪していたが（シュルツ、ハスト　七四一）、問題は、なぜ困窮者の医療を拒む医者がセツルメントにいたかということである。第一に考えられるのは、ライスが好んでハルハウスに参加したのではなく、それ以外の選択がなかったということである。ウェルズリー大学の卒業生の五割が卒業した年に、九割以上がその翌年にはセツルメントに加わっていたという当時の状況のなかで（ルーメニア　四八）、ライスにはハルハウスに行く以外に選択がなかったという推測も可能になる。ライスのハルハウスにおける立場は他のレジデントたちと異なり特別な自由を許されたものであったが、開業することもままならない経済状況のなかで（マンシー　二二、シュルツ、ハスト　七四一）、彼女は仕方がなくハルハウスに加わったということであろう（ナイト　三八六）。

ライスが貧者の治療を固辞した背景には、彼女がそれまでに受けてきた差別の影響があったと考えられる。一つには、女性医師に対する偏見にもとづく差別である。一八九三年十月二十九日付けの『ニューヨーク・タイムズ』紙には、「女性医師に対する初期の偏見」と題する記事が掲載され、「立派な医学教育を受けた女性によって重要な仕事がなされ得るという考え」を実現しようとして、「完全なる社会追放」にあったというエリザベス・ブラックウェルら女性医師のパイオニアたちの苦難の歴史が記されている。十九世紀末のシカゴでは、ライスのように大学卒業後専門教育を受けた医師は半数程度であったが、立派な学歴をもちながらも、彼女は他の約二百人の女性医師と同様、男性医師が支配する病院では診察をさせてもらえないというような差別に直面していたという（シュルツ、ハスト　七四〇）。「まともな家庭では女医を受け入れない」という古い偏見が、当時のシカゴにおいても払拭できず、女性医師は、厳しい訓練を経て専門家となっても、その専門を実践する場で「巨大なるハードル」を越えなければならなかったということであろう（七四〇）。

ライス自身、後年、「医者の世界は男性中心の世界で、女性を登用するのは、男性が女性を援助できるとき、または邪魔できるとき以外にはない」と断言している（シュルツ、ハスト　七四二）。だが、ハルハウスにはほかにも女性医師がいて、その活躍が『地図と報告書』などから垣間見えるとすれば（五九）、ライスは女性医師である以上の問題を抱えていたことになる。

ライスが直面していたより大きな偏見は人種的なもので、このことは、一九三五年、ウェルズリー大学が卒業生対象に行ったアンケート調査に対する彼女の答に端的に表れている。ライスは、数ある質問のなかで「あなたの活動に決定的であった物理的障害などありましたか」という質問一つだけに答え、「私は黒人であるが、そのことは神の祝福を受けたこの国ではいかなる犯罪を犯したよりもひどいことです」と肉太の目立つ文字で書いている（シュルツ、ハスト　七四二）。高度な専門教育を受けた黒人医師が四十年余りのキャリアを振り返ってこのように書いたということは、きわめて重い意味をもっている。医者として、白人医師から差別を受けていただけなく、患者からも差別を受けていたことの証のように思われるからだ。

ライスがハルハウスにいた当時のシカゴでは、白人医師が黒人医師には患者をまわさず、患者も、黒人医師に診察されることに恐怖を示したという（シュルツ、ハスト　七四〇）。ハルハウス近隣の貧しい人たちは東欧や南欧からの移民にしても、いわゆるアメリカ人にしても白人が多く、彼らは強い人種的偏見をライスに示していたことが予想されるのである（七四一）。貧しい人の診察を拒否する前に、ライスの方が拒否されていたといえるだろう。

ライスは貧しい白人だけでなく黒人を診察することも拒否しているが、その事実に優秀な黒人としての、野望の強さの証をみることができる（ナイト　三八八）。白人に負けないキャリアを積んできた彼女にとって、貧しい黒人に接することは、黒人の有能さを証明しようと努力してきた過去に戻ることを意味していたともいえるのである（三八八）。当時のアフリカ系アメリカ人女性医師のほとんどは、同人種の患者を診察し、同人種の医者を養成するために尽力していたが、人種統合を信じていた上昇志向の高い家庭に生まれたライスにとって、そのようなキャリアは失敗を意味していたのであろう（シュルツ、ハスト　七四一）。八年以上も大学や医科大学で学び、超一流の学問を修めたという自負が、開業することはおろか、患者を診察することさえままならないシカゴの現実のなかで傷つけられたということであろう。

ライスがハルハウスで力を発揮できなかったことをアダムズの視点で考えれば、一つには、恵まれた白人中産階級の家に生まれたアダムズには、ライスが直面していた黒人医師としての困難さが実感し難かったということがあげられる。医師という専門職に挑んだ当時の黒人女性たちは、自分たちが同人種の代表であるという意識を強くもち、「どんなに苦しくても、奴隷時代より悪くはなり得ないという悟りから生まれた楽観主義に駆りたてられて頑張った」（アプセカー　一〇九）といわれる。このような黒人女性たちの意識や気負い、さらには、そこから派生したかもしれない或る種の頑なさは、社会的・経済的に安定していた立場にいたアダムズには、理解し難いものであったのであろう。

その理解不足が、患者からも差別されていた医師にセツルメント精神を要求するというような、「非現実な要求」となって表れたと推測できるのである（ステブナー　二二一）。

東部の名門女子大から医科大学へというコースは、アダムズが望みながら健康上の理由などで断念したコースであるが、それを成し遂げたライスにはセツルメント精神がそなわっていると信じて疑わなかったところに、あるいは、そなわっているべきと考えたところに、アダムズの盲点があったというべきかもしれない（ナイト　三八八）。人種的偏見の強かった時代にあって、ライスをレジデントとして受け入れ、白人のレジデント同様に扱ったとすれば、そこにはアダムズが『二十年』でも特筆する実父やリンカーンの教え――人間の基本的人権への敬意やアメリカの「もっとも貴重な財産」としての民主主義――を実践しようとする意思がうかがえる（六、二二）。だが、黒人女性としてのライスの個別の事情を配慮できなかったとすれば、アダムズが中産階級出身の白人女性としての意識を超えることができなかったといわざるを得ないだろう。「私たちを怒らせている」というアダムズの文面の「私たち」という意識のなかに、ライスを他者にしてしまった「無意識の人種差別」があったかもしれないのである（ステブナー　二二一）。

ライスは、ハルハウスで白人の大卒女性のように能力を十分に発揮できなかったことで、当時の黒人の大卒女性が直面していた問題と、セツルメントにおける人種問題の難しさを明らかにしたといえよう。人を責任ある部署に配置し、その能力を発揮させることに長けていたというアダムズが（ボーエン〈2〉　八八）、ライスに対しては「たえず困惑し」、その福祉精神が欠落していると結論づけるに至ったことには（シュルツ、ハスト　七四一）、やはり、先駆的社会福祉事業家にも人種の壁があったといわざるを得ないだろう。

3　反リンチ運動をめぐって―アダムズとウェルズ

アダムズの黒人問題に対する意識は、反リンチ運動をくり広げていたウェルズとの関係によっても明らかになる。ウェルズは、正義への確固たる信念やその激しい性格などから当時の黒人指導者の多くと関係を断つなかで、アダムズへの敬意を生涯もち続けたといわれているが（ハミングトン　一六九）、二人はその出自や経験などの違いから黒人問題についての認識に違いをみせ、紙上で議論を展開している。その議論とは、「彼女は他の多くの理論家同様、時代を先取りしていたと同時に、同時代の人間でもあった」（ハミングトン　一六七）といわれる、アダムズの人種意識に起因するものである。アダムズは、人種偏見に根ざす黒人リンチ事件が多数発生していたときに、その愚を非難して進歩的な姿勢を貫く一方、とくに黒人男性への固定観念を捨て切れなかったという点において、当時の白人中産階級出身者としての意識を超えられなかったといえよう。黒人への理解を示しながら、彼女が属していた世界の制約から抜けきれなかったということは、先に論じたライスの場合と同様、ウェルズとくり広げた運動や論争などにおいても同様に見られることである。

アダムズとウェルズは、シカゴにおけるリンカーンの生誕百年祭の実行委員としてともに働くなど、さまざまな活動を一緒に行っていたが（ディーガン　七〇）、二人の関係を象徴的に示すのが、『シカゴ・トリビューン』紙に対する抗議であろう。同紙が黒人に対する偏見を拡散していたことに対する抗議である。『トリビューン』紙は、一九〇〇年、シカゴの公立学校における人種隔離政策を擁護する記事を掲載していたのであるが、その内容は一方的で、黒人側の意見を聞くことはまったくなかった（ウェルズ　二七五、ハミングトン　一六九）。ウェルズは編集者に抗議を申し込むものの取り合ってもらえず、アダムズに協力を求めると、彼女はただちに影響力をもつシカゴ市民の会を結成し、新聞社の上層部に強力な抗議を行ったという（ウェルズ　二七六―七七）。『トリビューン』紙は、公立学校の人種隔離政策を擁護する社説を掲載することは二度となく、アダムズとウェルズの協力関係が効を奏す結果となったのである（二七八）。白人社会福祉事業家とアフリカ系アメリカ人運動家とのネットワークが新聞社の人種的偏見を打破した一例といえよう。アダムズは、その活動においてつねにウェルズを満足させていたわけではないが（リード　二〇、二九）、新聞社への抗議は二人の関係をよく表していよう。

アダムズの黒人問題に対する見解の一端は、このようなエピソードからも推察できるが、その詳細は、彼女が新聞や雑誌に寄稿した記事や彼女が行った講演の記録などによって知ることができる。[5] たとえば、一九〇〇年十一月十八日付けの『シカゴ・インターー・オーシャン』紙には、その前日、アダムズがシカゴ女性クラブで「民主主義と社会倫理」と題して行った講演の要約が掲載され、彼女がリンチを「反民主主義的」と断罪したことが報じられている。アダムズは、その講演会で、白人の子どもを殺したという咎でコロラドの黒人が公開で火あぶり刑にされた事件をとりあげ、「法と秩序を重視する政府があるにもかかわらず、アメリカはもっとも反民主主義的な行為を続け、より高い道徳的行為を実行するためのいかなる試みもなされていない」と述べたという。「残虐行為は残虐行為を生むだけだ」とし、「小さい悪を更生させるために大きな悪を犯す必要がなぜあるのか」と問うて、黒人へのリンチを批判していたのである。

ウェルズが一九〇一年五月十六日付けの『ニューヨーク・インディペンデント』紙に寄稿した記事「リンチとそれを実行する口実」によれば、十九世紀末の十五年間に約二千人もが正当な裁判を受けることなく、絞首刑や火あぶり刑などによって処刑されたという。黒人のリンチに加わり、扇動していた南部の市民は、このようなリンチが「ある種の犯罪を処理する唯一の有効な方法だと心から信じていた」といわれるが、その根拠は、「リンチこそ、南部人にとって黒人の人非人から南部婦人を守る死に物狂いの努力にほかならない」という「決めつけ」によるものであった。ウェルズが手に入れた新聞の社説などの九十九パーセントは、そのような「決めつけ」によってリンチを正当化していたということであるが、彼女はそれを打破する根拠を、リンチの数とそれを受けるに至った罪を具体的に明記することで、黒人がリンチに遭う主因が人種的偏見にあることを立証したのである。

『インディペンデント』紙の記事において、ウェルズが「アダムズの力強いペンによる熱心な嘆願」という表現でその反リンチ運動への支援に言及しているように、アダムズは実際その問題についてもペンの力を行使していた。彼女は第一次大戦前までに百五十以上のエッセイを雑誌などに投稿し、いわばジャーナリズムの力を利用して自身の社会福祉事業を展開していたが（デイヴィス〈1〉一九九）、黒人のリンチ事件についても、積極的に発言していたのである。一九〇一年一月三日付けの『インディペンデント』紙では、「法への敬意」と題して、リンチへの反対を表明している。それがおもに階級差別、性差別に起因していることを明言して、南部で増えつつあったリンチに対する抗議を、自治国に住む者の当然の権利として行っている。自らを南部にとっての部外者と位置づけながらも、いかなる国家でも進歩を後退させるような行為を公に行ったときには他の文明国家が介入するように、自治国のいかなる場所に住む者にとっても他の地域へ抗議する権利を有すると主張しているのである。

アダムズは、犯罪の抑止力になると主張して南部人が行っていたリンチについて、「未発達状態の南部黒人は恐怖によって制圧されなければならない」という主張に内在する、「低い階級への軽蔑心にもとづく貴族主義的な態度」を暴く。しかも、このような傾向は、「低い」階級の者が民主主義的な発達を示し、特別の恩恵を求めるのではなく、人間としての権利などを要求するときにとくに顕著であることを、フランス革命時など過去の歴史を例にあげて指摘している。南部においては人種的敵意も加わって問題が複雑化し、奴隷主であった者が元奴隷を同じ市民とみなすことができないなかで、後者が前者の財産などを脅かす存在になったときに、罰の加え方が「口では言い表せないほど残虐性を帯びる」と述べている。そして暴力による懲罰がつねに成功しないだけでなく、関係者すべての道徳的堕落を招くだけだと主張し、「暴力は犯罪を処理するにもっとも効果を期待できない方法であり、自制の教えを定着させるにもっとも不合理な試みである」と断言している。分析には鋭いものがあるが、問題は、アダムズが階級を超えて考えられるべき懲罰の方法を階級と結びつけて論じている点であろう。

リンチという「残虐で恐ろしい行為」が、女性の生命と名誉を安全に保つためという、騎士道精神の名のもとに行われていることに関しては、法と秩序と正義が勝っている国や地域でのみ女性の名誉が守られると述べ、そのことをもっともよくわかっているのは女性であると主張している。暴力によって守られる女性は、野蛮人の女性のように守られることを自らに許し、彼女は依然として男性の所有物とみなされなければならないと結論づけている。アダムズにとって、リンチは南部女性の男性への従属を示すものでもあったということであろう。

ウェルズはその自伝においてアダムズを「アメリカでもっとも偉大な女性」と呼び（二五九）、彼女への敬意を失うことはなかったものの（ハミングトン　一七三）、その『インディペンデント』紙における記事については、いち早く同紙で反論している。アダムズの「訴えの力を減ずることを何も言いたくない」と断りながらも、彼女の主張の前提が、リンチで死んでいった数千の人びとの魂を傷つけると思われる無意識の「不適切な憶測」にあることを指摘している。新聞の社説などの九十九パーセントが前提としていた、「リンチこそ、南部人にとって黒人の人非人から南部婦人を守る死に物狂いの努力」であり、「ある種の犯罪を処理する唯一の有効な方法だ」という「決めつけ」を、アダムズが自らの主張の前提として用いていることに対する抗議である。ウェルズは、この前提を「まったく根拠のない」ものであるとし、この前提に刺激を受けてアダムズが行ったいかなる提案も価値が減ずるとまで言い切っている。ウェルズが、『インディペンデント』紙で過去五年間に起こったリンチ事件の主原因を特定し、レイプがリンチの原因になったのは約十九パーセントにすぎず、その半数近くが人種差別のためであったことを示したのは、リンチに強い反対を示していたアダムズのような人物にも潜んでいた、黒人に対する根拠のない思い込みのためともいえるのである。

『二十年』においてアダムズは、民衆こそがアメリカの大きな資源であり、町村や郡の自治は民衆自身の手によって可能であるという信念を若くして得たと述べている（一八）。その信念を父親の友人であったリンカーンから学んだと言い、彼が過去の体験から学ぶ努力をしてその信念を獲得した姿勢は、多民族国家で成功するには必須のことだと述べている（一九）。このような考えをもっていたアダムズには、人種差別が社会の自治にとって、「無駄」であり「損失」であった。NAACPの月刊機関誌『クライシス』の一九一一年一月号に寄稿した記事においても、アダムズは、「南部だけでなく、アメリカ中どこでも、酷い人種的対立が大手をふって起こり、非合法で尊大なことがさまざまな形で表れている」という当時の状況を、「国家にとっての巨大なる能力の損失」ととらえている。「人種のことについて書くのは難しい」と認め、部外者であると言いつつも、きわめて実利主義的な見地に立って、人種的対立が社会の発展に悪影響をもたらすものとみなし、その是正への提言をしていたのである。

だが、ウェルズが指摘するとおり、アダムズが『インディペンデント』の記事において、事実にもとづかない「思い込み」によって論を進めていることは事実である。そのことは、黒人を「下位」の存在としてとらえている記事の基調に表れているばかりでなく、「略奪やレイプをするに至る男の獣性を、公開で残虐なことをしたり、見世物的な罰し方をして制御することはできない」という一文によく表れている。南部の同胞に送るメッセージとして、黒人の男性が略奪やレイプをする獣性をそなえているという前提のもとに、罰の加え方としてのリンチを否定しているからである。ウェルズが反リンチ運動を始めたきっかけとなったリンチ事件のように、無実の人がリンチされるというような状況や、軽犯罪を犯した黒人が言いがかりのようにリンチされるという状況は、アダムズには深く刻みこまれていなかったといえよう。ウェルズは、それまでに『南部の恐怖』『鮮血の記録』『ニューオーリンズにおける暴徒の支配』などにおいて黒人のリンチ事件の内実を報告していた。だが、アダムズは「自らの考えを公にする前にめずらしいことに宿題をしそこなった」（ナイト　三八九）ということであろう。アダムズにとって、リンチは南部における階級問題の亀裂や南部女性の男性への従属を示すものであり、彼女は、結局のところ、犯罪を犯しやすい人種として黒人をとらえ、レイプと呼ばれているものの実態を見抜けなかったということであろう（シェクター　一二五）。

当時、北部の中産階級出身者の多くは、白人、黒人ともにアダムズ同様の認識をもっていたといわれる（ナイト　三八九）。ウェルズが『インディペンデント』紙でリンチに至る原因を詳細に報告していたのは、人種対立への強い憂慮を示していたアダムズでさえも超えられなかった黒人男性への偏見を打破したいという強い思いがあったに違いない。学術雑誌や評判の高い新聞・雑誌までが、黒人に対する誤った概念を植えつけ（ギディングズ　二八）、十九世紀を代表する黒人指導者の一人フレデリック・ダグラスでさえも、リンチの件数が増えることに心を痛め、「黒人の側に好色の傾向が強まりつつあると考え始めた」とすれば（ウェルズ　七四）、アダムズの思い込みをやみくもに批判することはできないであろう。だが、『インディペンデント』紙でくり広げたアダムズとウェルズのリンチをめぐる論議は、アダムズが同世代の改革者よりもリベラルであったものの、時代の人種意識から完全に自由ではなかったことを示す結果となったといえよう。

4　ワシントン・デュボイス論争のはざまで

「ジェイン・アダムズを除いてアメリカの黒人に関して彼女ほど洞察力と勇気をもっていたソーシャル・ワーカーはアメリカにはいない」（アスィ　二四九）。これは、一九三二年、デュボイスが、ハルハウスのレジデントとして七年を過ごした社会福祉家フローレンス・ケリーの死にあたって、自身が編集長を務めていた『クライシス』誌に掲載した頌徳の言葉の一部である。ケリーがＮＡＡＣＰに積極的に関わったことを称えるこの記事において、アダムズの名前がより深い畏敬の念をもって言及されていることは、注目に値する。この一文ほど、アダムズとデュボイスとの関係を明確に伝えるものはないからだ。

二人の関係は、同等の権利を有する白人女性と黒人男性との「二十世紀におけるもっとも重要な関係」とも評されているが（ヒル、ディーガン　二）、アダムズとデュボイスは実際、長きにわたって友人関係を継続していたのである。デュボイスは、黒人のあり方に異なる見解を示していたブッカー・Ｔ・ワシントンと論争をくり広げ、やがて黒人指導者間での亀裂を深めていくが、アダムズはその双方とも関係を持続し続けることになる（ヒル、ディーガン　二）。アダムズの黒人問題に対する意識の一端は、異なった見解を示していた二人の黒人指導者の双方と関係をもち続けたことからも見ることができるのである。

アダムズとデュボイスとの関係は、後者がフィラデルフィアの黒人に関する調査を依頼された時まで遡ることができるだろう。(6)『フィラデルフィアの黒人』として結実することになるプロジェクト参加者の人選において、アダムズが重要な役割を果したと思われるからである（ディーガン　五五―五六、カッツ　一六）。このプロジェクトは、フィラデルフィアの富裕な一族出身のスーザン・ウォートンによって発案されたものであったが、ウォートンの友人であったアダムズがハルハウスのレジデントであったイザベル・イートンを推薦し、その結果、彼女が『地図と報告書』で実践した方法をデュボイスに伝授する形となったと思われるのである（ディーガン　五六）。

デュボイスは、一八九六年までには、ハーバード大学で博士号を取得し、二年間のドイツ留学も終え、学問の世界で活躍する準備が十分に整っていたにもかかわらず、白人男性中心の学会からは門戸を閉ざされ、社会学者として「主流」の道を歩むことができなかった（ディーガン　五一）。このような状況のなかで、デュボイスは、イートンと連携して一八九九年に『フィラデルフィアの黒人』を出版し、ハルハウスのレジデントであった白人女性社会学者たちとの連携を強めていったのである（五一）。イートンばかりか、その後、ケリーやブレキンリッジなど、他のハルハウス関係者とも連携していくが、そのような関係の中心には、当然ながら、ハルハウス主宰としてのアダムズがいたといえるだろう。

『フィラデルフィアの黒人』は、メアリー・ディーガンの研究が示すとおり、ハルハウスのレジデントが一八九五年に出版した『地図と報告書』を模範にしたと言ってよいだろう（五一―六二）。ジュリアス・レスターは、『フィラデルフィアの黒人』を「アメリカでなされたはじめての社会学的研究」（三二）と呼び、ミア・ベイは、デュボイスが、ロンドンで貧困調査を行ったチャールズ・ブースによる『ロンドンの人びとの生活と労働』の方式を取り入れ、同時に、ドイツ留学時に学んだ科学的調査法によって黒人市民の実情を報告したと述べている（五〇）。デュボイスがヨーロッパで新しい方法を学んだことは事実かもしれないが、同様の試みは、すでにケリーを中心にハルハウスで実施されていたのである。改善すべき社会の実態を社会科学の視点で調査するという、その後の社会福祉調査の基本にもなるシステムの「アメリカ版」は、ケリーらによって打ち立てられていたといえるだろう（木原　一二四）。

デュボイスは、『フィラデルフィアの黒人』を執筆するにあたって、同市の貧民地区に住む五千人にも及ぶ黒人を訪問したといわれるが（レスター　三〇）、このような試みもケリーらがハルハウス周辺で実施したことでもあった。デュボイスが、ハルハウスの方式を踏襲していたことは、ハルハウス周辺の世帯を出身地や賃金別に色分けしたケリーらの地図と、フィラデルフィアの貧民街七区を階級別に色分けしたデュボイスの地図とが、きわめて類似していることでも明らかであろう。デュボイスは、ハルハウスが移民たちに対して行った社会科学的な調査を黒人についてはじめて実施したという意味で、画期的な仕事を成し遂げたといえよう。

デュボイスとハルハウスとの関係は、先述したように、『二十年』においても記録されている（一三七）。アダムズは、一九〇七年の二月十二日のリンカーンの誕生日にデュボイスを講演者としてハルハウスに招待したときのことを記している（一三七）。生誕百周年の二年前のことである。地中海地方出身の移民たちが、アングロ・サクソンほどには肌の違いを意識せず、デュボイスの学識豊かな講演を尊敬の念をもって熱心に聞き入っていたと書いている（一三七）。そしてアメリカ人が自分たちの人種問題に勇気と知性をもって直面し、移民たちももっと協力してくれれば、難しい人種問題も解決するに違いないと結論づけている（一三七）。

だが、デュボイスの講演会のことで興味を引くのは、アダムズがそのポスターをカンザスに住む姉に送っていることである（ディーガン　七〇）。カンザスから姉がシカゴまで出てくることは期待していなくても、画期的な行事を近しい家族と分かちあいたいという気持ちであったのだろう（七〇）。デュボイスもこの講演会を重要視していたといわれるが（七〇）、このことは、黒人の学識者がセツルメントで講演すること自体が、白人の主催者側にとっても、黒人の講演者側にとっても、特別なことだったということの証にもなろう。

ハルハウスにおけるこの講演会は、一九〇九年二月にシカゴのオーケストラ・ホールで行われたリンカーン生誕百年祭におけるデュボイスの講演会に引き継がれていく。アダムズは、市民によるその実行委員会のリーダーを務め、資金集めにその手腕を発揮したという（ウェルズ　三二二）。講演会が行われたのは、ＮＡＡＣＰの創立日でもあり、アダムズとデュボイスとの連携をもっとも象徴的に示す出来事といえるだろう。ＮＡＡＣＰは、一九一九年に発表されたその政策綱領によれば、黒人男女すべてに白人男女と同一条件での選挙権や教育を受ける権利、公正な裁判を受ける権利などを求めていた団体であった。いわば、黒人の基本的人権を求めて設立されたこの団体に、アダムズはその名声とカリスマ性をもって設立メンバーに名を連ね（リード　二一）、デュボイスはやがては機関誌『クライシス』によって発揮されることになる思想の基盤をもって貢献したといえるだろう。

ＮＡＡＣＰの設立は、デュボイスが一九〇三年、『黒人の魂』において正式に発したワシントンへの反対声明にもとづく行動であり、その黒人指導者としての足跡を真っ向から否定するものである。『黒人の魂』の第三章「ブッカー・Ｔ・ワシントン氏とその仲間たち」によれば、ワシントンが黒人に実業教育を推進し、富の蓄積をうながして、黒人の中流階級を養成することに傾注したことは、黒人に政治的権力、公民権の主張、高等教育を断念させる結果になったということである（三九）。アダムズがＮＡＡＣＰの設立メンバーとしてその名を連ねていることは、デュボイスの主張に賛同し、ワシントンの足跡を否定した証ともとれるが、彼女は後者との関係を断つことはなかった。アダムズの黒人問題への協力は、デュボイスかワシントンかという単純なものでなく、それを総括するものであったという証であろう。

デュボイスは、ワシントンの支持者を自らの友人リストからはずしていったといわれているが、アダムズだけは例外であった（ヒル、ディーガン　二）。デュボイスにすれば、全国的な名声を獲得していたアダムズの参加は、そのこと自体インパンクトをもっていたということであろう（シェクター　一四二）。そのことを裏づけるように、『ニューヨーク・イヴニング・ポスト』紙の社主オズワルド・ヴィラードは、アダムズをＮＡＡＣＰ精神の具現者ととらえ、奴隷制廃止論者の祖父ウィリアム・ロイド・ガリソンに宛てた手紙で、「協会は『聖ジェイン』とその仲間のような温かい友人たちを得て幸運だ」と書いている（ディーガン　七二）。当時のジャーナリズムはアダムズを「聖ジェイン」「民主主義の天使」などと呼んで時代の寵児に仕立て上げ、その名前は全米中に知られていた（フラデン　九五、デイヴィス〈1〉　一九九）。NAACPはその名声こそが、協会の広告塔として必要だったのだろう。

同時代の作家シャーロット・パーキンズ・ギルマンは、アダムズの招待を受けてハルハウスに三ヶ月滞在しているが、自伝において彼女のことを次のように評している。

彼女はじつに偉大な女性だ。彼女は私が知っている誰よりも広い心をもっている。問題を偏見なく受けとめ、その周りを歩き、すべての人の視点を公平に斟酌することができた。（一八六）

アダムズのこのような態度は、「論争に際して中庸の姿勢を保つ性格と習慣をもっている」という自己分析にも裏づけされるが（リード　二〇）、その現実主義的な考えに根ざすともいえよう。彼女は最初の著作『民主主義と社会倫理』において、自分の論理を実生活で試さない社会学者を批判して、「隔離された脇道からでは社会倫理の標準はあげることができない」（六）と述べている。自ら社会学者としての資質をもちながら、行動への意欲に駆りたてられて彼女はハルハウスを開設したのであるが、このような現実主義的な態度は、彼女が黒人問題に対してワシントンかデュボイスかという態度を示さなかったことに通じていよう。アメリカを平和で民主的な社会にするために、健康で、教育のある市民の育成を望んだアダムズは、生きる行為としての現実を重要視し、そのなかでは、伝説的ともいえるデュボイスとワシントンとの亀裂のなかでも、その周辺を歩き、両者の視点を公平に斟酌したということであろう。

5　セツルメントの隔離政策

黒人が社会福祉の対象からも除外されたといわれる二十世紀への転換期のアメリカで、アダムズをはじめとするハルハウス関係者は、黒人問題への関心が同時代の人びとに比べて強かったといえるだろう。時代の偏見を超え難かったさまざまな証拠はみられるものの、その制約のなかで進歩的な考えを示し、現実に鑑みながらその考えを実行したといえよう。

当時、セツルメントは、人種的偏見の強い白人移民たちへの影響を恐れて黒人を締めだす傾向にあったが、ハルハウスもこの点ではけっして例外ではなかったようである（デイヴィス〈2〉一二一―一二二）。黒人がまれにクラスやクラブに現れることがあっても、そのことで白人の参加者が減るのをレジデントが恐れたため、必ずしも歓迎されなかったという（一二二）。ハルハウス内に開設された働く女性のための宿舎「ジェイン・クラブ」についても同様で、その五十年の歴史において、黒人は完全に除外されていた（フィルポット　三一七）。働く女性によって開設され、協同組合方式で運営されて成功をおさめた画期的な施設であったが、アダムズから運営を任された働く女性たちは「白人のみ」という政策を打ちだし、移民は受け入れても（ブラウン　三八九）、黒人は受け入れなかったのである（フィルポット　三一七）。

ハルハウスは、このように時代の風潮を踏襲していたが、一方、黒人たちへの生活改善に向けた努力を積極的に行ったことも事実で、シカゴの黒人貧民地区におけるセツルメントの開設には深く関わっている（デイヴィス〈3〉九四）。ブラックベルトと呼ばれるシカゴの黒人貧民街の端に位置していたフィリップ・ウェンデル・セツルメントは、白人と黒人のレジデントを配置し、両人種がともに利用できるように努めた数少ないセツルメントであったが、ハルハウスのレジデントたちの支援をもって開設にこぎつけている（九四）。ブラックベルトのもう一方の端に位置していたフレデリック・ダグラス・センターも、同様に両人種のためのセツルメントであったが、アダムズはその資金作りを手伝っていたという（ラーシュ＝クィン　一五）。ハルハウスは、さしずめ、自分たちのホームグランドでは黒人問題に深く関わることはなかったが、シカゴ市内の他の地域の黒人問題には積極的だったともいえよう（デイヴィス〈2〉　一二二）。

ハルハウスの黒人問題への関与は、ボーエンの『シカゴの有色人種』によっても明らかである。彼女はアダムズの誘いに応じてハルハウスの活動に参加し、次第にその中心人物の一人として社会活動を拡大していったシカゴの資産家夫人であった。早くからシカゴの黒人コミュニティの窮状に目を向け、黒人問題が次第に深刻化しつつあった一九一三年には、『シカゴの有色人種』を発表するに至っている。これは、一九〇七年にハルハウス内に設立され、ボーエン自身が会長を務めていたＪＰＡ（青少年保護協会）によって出版されたもので、この協会は、アダムズが一九〇一年に設立し、政府に先駆けて法廷内に保護観察官を配備するなどした、ＪＣＣ（青少年法廷委員会）が発展・吸収されてできたものである（リン　一四三、一八七、クヌファー　四七―四九）。ＪＰＡとなってからは、シカゴの青少年の健全な育成を目指して、人種差別、児童労働、売春などの問題の調査にあたっていた。『シカゴの有色人種』は、そのような調査の一つの成果であり、シカゴの黒人がいかに支援を必要としていたかを、教育、雇用、住居、組合活動、女性労働、裁判などの観点から、明確なる数値と実例をもって示したものである。

『シカゴの有色人種』では、その冒頭から、二十世紀初頭のシカゴで黒人の少年少女がおかれていた悲惨な現実が報告されている。黒人人口が全人口の約四十分の一に過ぎないなかで、刑務所に入っている少年の八分の一、少女の三分の一が黒人だという数値を示し、異常なほど高い比率で黒人が獄につながれている状況が示されている（一一）。また、売春宿に「家政婦」として雇われる少女のほとんどが黒人であるという現実が提示され、白人の少女に同様のことをすれば、売春の仲介者として告発される可能性が高いにもかかわらず、黒人の少女には売春斡旋のようなことが公然と行われていることが報告されている（一一）。このような状況を生みだしているのは、ボーエンによれば、人種差別以外にはなく、その改善策は、その撤廃以外にはないという。『シカゴの有色人種』の最後で彼女は、「黒人の少年少女の生活はあらゆる点において人種的制限によって狭められており、シカゴの全黒人が理解され、公平に扱われない限り、少年少女が助けられることはない」（三〇）と述べ、改善への道が人種差別撤廃であることを主張しているのである。

『シカゴの有色人種』では、差別を受けている黒人の悲惨さが、移民との比較においても指摘されている。後者が移民直後の貧しさから脱出する機会に恵まれているのに対し、前者にはその機会が閉ざされていることを明らかにしている。

公立学校の課程を終了し、よい賃金を稼いでいる移民の家庭の進取の気性に富んだ若者は、次つぎと成功して、家族全員をより豊かな地域に移り住まわせている。その豊かな地域では、次第に移民直後に長屋で暮らしていたことなどまったく感じさせなくなっていく。一方、黒人は、どんなに野心に満ちていても、家族を転居させるどころか、自分自身でさえも、町のよりましな場所に移り住み、そのような地域で友好関係を築くことはきわめて難しいと気づくようになる。（一一—一二）

ボーエンは、移民との格差が生まれている原因が、黒人には雇用が保障されないためであるとし、野心に満ちた少年が何度も就職に失敗したあげく、非行への道をたどると述べている（五）。就職が保障されなければ、高等教育への意欲が薄れるわけで、ある工業学校の校長は、黒人の子どもに技術を身につけさせても、就職することはきわめて難しいのでやりがいがないと嘆き、シカゴの代表的ビジネス・カレッジは、一つを除いてみな公然と黒人を差別していたという（四）。その一つも千二百人の白人学生に対してたった二人の黒人学生を受け入れているだけで、それでも、黒人を受け入れることで学校経営に支障をきたしたという（四）。深い差別が黒人のより高い教育とより高度な仕事への道を阻んでいたことになり、それが黒人の生活に「負の循環」をもたらしていたことがボーエンの報告から浮かびあがってくるのである。

同様に貧しい状況にありながら、移民と黒人との間に格差が生じている状況は、アダムズも『二十回目のハルハウスの二十年』で指摘している（三九七）。イタリアなど南ヨーロッパの国々からの移民たちは、子どもたちが工場で働き、アメリカ化を果す過程で非行に走る危険に直面すると、数世紀にわたって培われた文明の伝統にしたがって家庭のモラル教育を子どもたちに施すが、アフリカ系の家庭では、ヨーロッパ人よりも古い文明の歴史があるにもかかわらず、奴隷制によってその伝統がとぎれてしまったため、移民の家庭のような道徳的指導が行き届かないという指摘である（三九七）。黒人問題に対して「アメリカ人の生活におけるもっとも由々しき問題」という認識を抱き、人種間に憎しみが生じている状態を国家の損失ととらえながら、黒人の非行の原因をその家庭教育の不備に求めてしまうところは、やはり当時の中産階級層の考えを反映しているといえよう。黒人家庭における躾の不備については、ボーエンも『シカゴの有色人種』において指摘しているが（一六）、貧困や差別から生じる黒人家庭の諸問題を国家のシステムの不備に求める姿勢を貫くことなく、個人の問題にしてしまう傾向は否めないのである。

トマス・フィルポットによれば、アダムズやボーエンなどセツルメントの活動家は当時における黒人問題のもっとも良き理解者であったが、彼女たちのなかにも純然たるカラーラインが引かれていたという（三〇二）。NAACPの設立メンバーとして人種間の「社会的平等」を支持していたと批判され、人種統合論者とみなされていたが、実際には、人種差別には反対しても人種統合を支持していたわけではなく、「平等」という語を周到に避けていたともいわれる（三〇二）。当時の一般の白人には、「社会的平等」は「最悪の場合には」異人種間結婚を意味し、少なくても、近しい社会的接触を意味していたため、アダムズたちもそのような白人たちから巻き返しを受けないように注意していたという（リード　二〇―二一）。

このことは、『シカゴの有色人種』においても明らかで、ボーエンは、黒人たちが差別を受けている状況や彼らの困難な状況を報告しつつも、その解決策として、人種の平等を謳っているわけではない。「よく理解され公正に扱われるべき」という表現に終始し、シカゴは、その伝統にしたがって、黒人を「公平に扱っている」と黒人間で評判である、という類の表現さえみられる（三〇）。「黒人は社会的追放には怒らないが、市民としての権利や経済的な権利を激しく要求している」（二七）と述べ、権利を認めれば、黒人は人種統合が達成されなくても満足することを暗に仄めかしてさえいるのである。

その死にあたって黒人への理解の深さをデュボイスに称えられたケリーは、一九二〇年、彼が機関誌に社会的平等は「政治的、経済的平等同様、人間の権利だ」と書いたことに反対し、NAACPが彼の発言を退けなければ、脱退すると脅迫したとも伝えられている（フィルポット　三〇二）。彼女はその後、デュボイスの主張を「完全に明白な事実」と認めたということであるが（アスィ　二五四）、ケリーの態度は、NAACPの設立メンバーでさえ、その設立当初には、黒人の白人同様の権利を求めたその政策綱領の精神を真に理解していなかったということを示していよう。

フィルポットは、ハルハウスを黒人たちに「奉仕するふりをしていた」セツルメントと呼んでいる（三三四）。きわめて厳しい批判であるが、この批判は黒人たちがハルハウスにおいてつねに「ゲスト」であったという意味では正しい。アダムズは、いち早くデュボイスやワシントンなど著名な黒人指導者を招いただけなく、後年「黒人の母親クラブ」の結成を援助し、黒人たちを会合に招いているが、そのメンバーは通常の名簿に載ることはなく、年に一度写真をとって活動の証拠を残していただけであったという（フィルポット　三三四―三三五）。セツルメントの関係者は、理想主義者であると同時に現実主義者であり、セツルメントにおける人種の統合は近隣の現実に「悪影響」を及ぼすとみなしていたということであろう（三〇三）。

アダムズは、一九一三年、社会福祉関係の雑誌『サーヴェイ』二十九号に寄稿した論文で、法のもとの平等などが否定され、黒人たちがリンチの恐怖にさらされている状態が、奴隷解放宣言の精神に対する国民の無関心によって生じていると主張している。この主張からすれば、アダムズは、黒人への差別や偏見が解消され、黒人が社会的平等を勝ち得る日が来ることを望んでいたと思われる。だが、有名な黒人を招待することさえ嫌う隣人が多いなかで、彼女は現実を優先する姿勢をとり、ＮＡＡＣＰの会合から帰って会合のことなど隣人に聞かれても、議論に発展しないように注意し、自らの考えを押しつけることもなかったという（フィルポット　三一七）。

一九〇八年の八月、強姦罪に問われた黒人の移送をきっかけに数千人の白人が黒人コミュニティを襲撃して残虐行為に及ぶという暴動が、イリノイ州スプリングフィールドで起こった。この暴動は、ＮＡＡＣＰの結成の機運を高めたといわれているが（リード　一五）、黒人の都市流入が進むにつれて、白人と黒人との対立は激しくなり、アダムズをして「国家的損失」と呼ぶ状態が加速することになる。このような状況のなかで、ハルハウスは「貧しい隣人とともに生きる」というセツルメントのモットーを最大限に生かしてもっとも多かった移民の隣人の問題に傾注し、黒人問題については、現実的には隔離政策を実施していたといえるだろう。

『二十年』で明らかにしている「基本的な類似性が適切に強調されれば、人種、言語、信条、伝統などの比較的本質的ではない違いは超えられる」というトインビーホールのバーネットの教えは（五九）、ハルハウス周辺の白人の移民たちの場合には真に適用し得たかもしれないが、黒人たちにはそうなり得なかったといわなければならないだろう。シカゴの黒人人口は、第一次大戦後さらに急増していったが、アダムズ自身は、次第に平和運動など黒人問題以外のことに関心を強めていった。貧しい移民たちにとって、ハルハウスは「砂漠のオアシス」であり、アダムズは「人生の最後の支え」であったかもしれないが（ポラチェック　六八、一七七）、黒人たちが同様のコメントを発したという記録を見つけることは難しいのである。

注

（1）引用部分の邦訳は、『二十年』については縫田ゼミナール訳、『アメリカの女性の歴史』については小檜山ルイ他訳を参照。その他はすべて拙訳。

（2）シカゴにおける黒人人口は、一九〇〇年の時点で、全人口の一・八パーセントの約三万人、一九一〇年で、二パーセントの約四万四千人、一九二〇年には、四・一パーセントの約十一万人であった（フィルポット　一一七）。

（3）ライスの自伝的事実に関しては、リマ・シュルツ、アデル・ハスト（七四〇―四二）を参照。

（4）東部の女子大学でも、ヴァッサーやブリン・マーは黒人を受け入れず、マウント・ホリヨークでは、一九一三年の時点でも、「我われの大学では、黒人を受け入れるつもりはない」と学部長が断言している（ソロモン　七六）。ライスが在学していたときのウェルズリーの学長アリス・フリーマンは、若いアフリカ系アメリカ人女性への支援を惜しまず、ライスは後年、彼女を激励した学長の「楽しそうな微笑み」を思い起こしている（シュルツ、ハスト　七四〇）。

（5）リンチに関するアダムズとウェルズの記事およびアダムズの黒人問題に関する記事については、シュルツ編集によるウェブサイトを参照。

（6）デュボイスとアダムズをはじめとするハルハウスのレジデントたちとの関係は、ディーガン（五一—七五）を参照。

引用文献

Addams, Jane. *Democracy and Social Ethics*. 1902. Teddington, Middleesex: Echo-library, 2006.

—. *The Second Twenty Years at Hull-House*. New York: Macmillan, 1930.

—. *Twenty Years at Hull House*. 1910. N. p.: Dodo, n.d.『ハルハウスの20年』縫田ゼミナール訳　市川房枝記念会　一九九六年

Aptheker, Bettina. *Woman's Legacy: Essays on Race, Sex, and Class in American History*. Amherst: U of Massachusetts P, 1982.

Athey, Louis L. "Florence Kelley and the Quest for Negro Equality." *The Journal of Negro History* 54.4 (1971): 249-61.

Bay, Mia. "'The World Was Thinking Wrong About Race': The Philadelphia Negro and Nineteenth-Century Science." Katz and Sugrue 41-59.

Bowen, Louise de Koven. <1> *The Colored People of Chicago: An Investigation Made for The Juvenile Protective Association.* Chicago: Rogers and Hall, 1913.

---. <2> *Growing Up with a City.* 1926. Urbana: U of Illinois P, 2002.

Brown, Victoria Bissell. *The Education of Jane Addams.* Philadelphia: Pennsylvania P, 2004.

Davis, Allan.<1> *American Heroine: The Life and Legend of Jane Addams.* New York: Oxford UP, 1973.

---. <2> *Eighty Years at Hull-House.* Chicago: Quadrangle, 1969.

---. <3> *Spearheads for Reform: The Social Settlements and the Progressive Movement, 1890-1914.* New Brunswick: Rutgers UP, 1991.

Deegan, Mary J. *Race, Hull-House, and the University of Chicago: A New Conscience Against Ancient Evils.* Westport, CN: Praeger, 2002.

Du Bois, W. E. B. *The Philadelphia Negro: "Together with a Special Report on Domestic Service by Isabel Eaton."* 1899. New York: Cosmo, 2007.

---. *The Souls of Black Folk.* 1903. New York: Oxford UP, 2008.

Early Prejudice Against Women Doctors. New York Times 29 Oct. 1893. 26 Dec. 2008.<http//:query.nytimes.com/mem/archive-free/pdf?_r=1&res=9A02E7DB173EEF33A2575AC2A9669D94629ED7CF>.

Evans, Sara M. *Born for Liberty: A History of Women in America.* New York: Free, 1989.『アメリカの女性の歴史　自由のために生まれて』小檜山ルイ・竹俣初美・矢口祐人訳　明石書店　一九九七年

Fradin, Judith Bloom, and Dennis Brindell Fradin. *Jane Addams: Champion of Democracy.* New York: Clarion, 2006.

Giddings, Paula. *When and Where I Enter: The Impact of Black Women on Race and Sex in America.* New York: Bantam, 1984.

Gilman, Charlotte Perkins. *The Living of Charlotte Perkins Gilman: An Autobiography.* 1935. Madison: U of Wisconsin P, 1990.

Gordon, Lynn D. *Gender and Higher Education in the Progressive Era.* New Haven: Yale UP, 1990.

Hamington, Maurice. "Public Pragmatism: Jane Addams and Ida B. Wells on Lynching." *The Journal of Speculative Philosophy* 19. 2 (2005): 167-74.

Hill, Michael R., and Mary Jo Deegan. *Jane Addams, the Spirit of Youth, and the Sociological Imagination Today.* 28 Feb. 2009 <http:www.sociological-origins.com/files/ASA_2007_Hill_Deegan_Paper. PDF>.

Katz, Michael B., and Thomas J. Sugrue, eds. *W. E. B. Dubois, Race, and the City: The Philadelphia Negro and Its Legacy.* Philadelphia: U of Pennsylvania P, 1998.

---. "The Context of The Philadelphia Negro: The City, the Settlement House Movement, and the Rise of the Social Sciences." Katz and Sugrue 1-37.

Knight, Louise W. *Citizen: Jane Addams and the Struggle for Democracy.* Chicago: U of Chicago P, 2005.

Knupfer, Ann Meis. *Reform and Resistance: Gender, Delinquency, and America's First Juvenile Court.* New York: Routledge, 2001.

Lasch-Quinn, Elisabeth. *Black Neighbors: Race and the Limits of Reform in the American Settlement House Movement, 1890-1945.* Chapel Hill: U of North Carolina P, 1993.

Lester, Julius. Introduction. *The Seventh Son: The Thought and Writings of W.E.B. Du Bois.* Ed. Julius Lester. Vol.1. New York: Vintage, 1971. 1-152.

Lynn, James Weber. *Jane Addams: A Biography.* Urbana: U of Illinois P, 2000.

Muncy, Robyn. *Creating a Female Dominion in American Reform: 1890-1935.* New York: Oxford UP, 1991.

Philpott, Thomas Lee. *The Slum and the Ghetto: Immigrants, Blacks, and Reformers in Chicago, 1880-1930.* Belmont, CA: Wadsworth, 1991.

Polacheck, Hilda Satt. *I Came a Stranger: The Story of a Hull-House Girl.* Ed. Dena J. Polacheck Epstein. Urbana: U of Illinois P, 1989.

Reed, Christopher Robert. *The Chicago NAACP and the Rise of Black Professional Leadership, 1910-1966.* Bloomington: Indiana UP, 1997.

Residents of Hull-House. *Hull-House Maps and Papers.* 1895. North Strand, NH: Ayer, 2004.

Rousmaniere, John P. "Cultural Hybrid in the Slums: The College Woman and the Settlement House, 1889-1894. *American Quarterly* 22. 1 (1970): 45-66.

Schechter, Patricia A. *Ida B. Wells-Barnett and American Reform , 1880-1930.* Chapel Hill: U of North Carolina P, 2001.

Schultz, Rima Lunin, ed. *Urban Experience in Chicago: Hull-House and Its Neighborhood, 1889-1963.* 1 Aug. 2008 <http://www.uic.edu/jaddams/hull/urbanexp>.

---, and Adele Hast, eds. *Women Building Chicago 1790-1990: A Biographical Dictionary.* Bloomington: Indiana UP, 2001.

Solomon, Barbara. *In the Company of Educated Women.* New Haven: Yale UP, 1985.

Starrett, Helen Ekin. *After College, What? For Girls.* Boston: Peters, 1896.

Stebner, Eleanor J. *The Women of Hull House: A Study in Spirituality, Vocation, and Friendship.* New York: State U of New

York P, 1997.
Trattner, Walter I. *From Poor Law to Welfare State: A History of Social Welfare in America.* New York: Free, 1974.
Wells, Ida B. *Crusade for Justice: The Autobiography of Ida B. Wells.* Chicago: U of Chicago P, 1970.
木原活信『J・アダムズの社会福祉実践思想の研究』川島書店　一九九八年
山口ヨシ子「女性改革者たちの社会福祉ネットワーク　アダムズ『ハルハウスの二十年』」神奈川大学『人文研究』一六七号（二〇〇九年）一―二八頁

＊本稿は、「ジェイン・アダムズのセツルメント活動における人種問題」（神奈川大学『人文研究』一六八号、二〇〇九年）に加筆・訂正を施したものである。

20世紀初頭のハルハウス　当時はこのような建物13棟から成っていた
出典　『レディーズ・ホーム・ジャーナル』1906年5月号

20世紀初頭のハルハウス周辺地区
出典　『ハルハウスの80年』

ハルハウスは建物の一部がイリノイ大学構内に移築され、現在、記念館となっている。
写真の女性はいずれもジェイン・アダムズ　2009 年 9 月筆者撮影

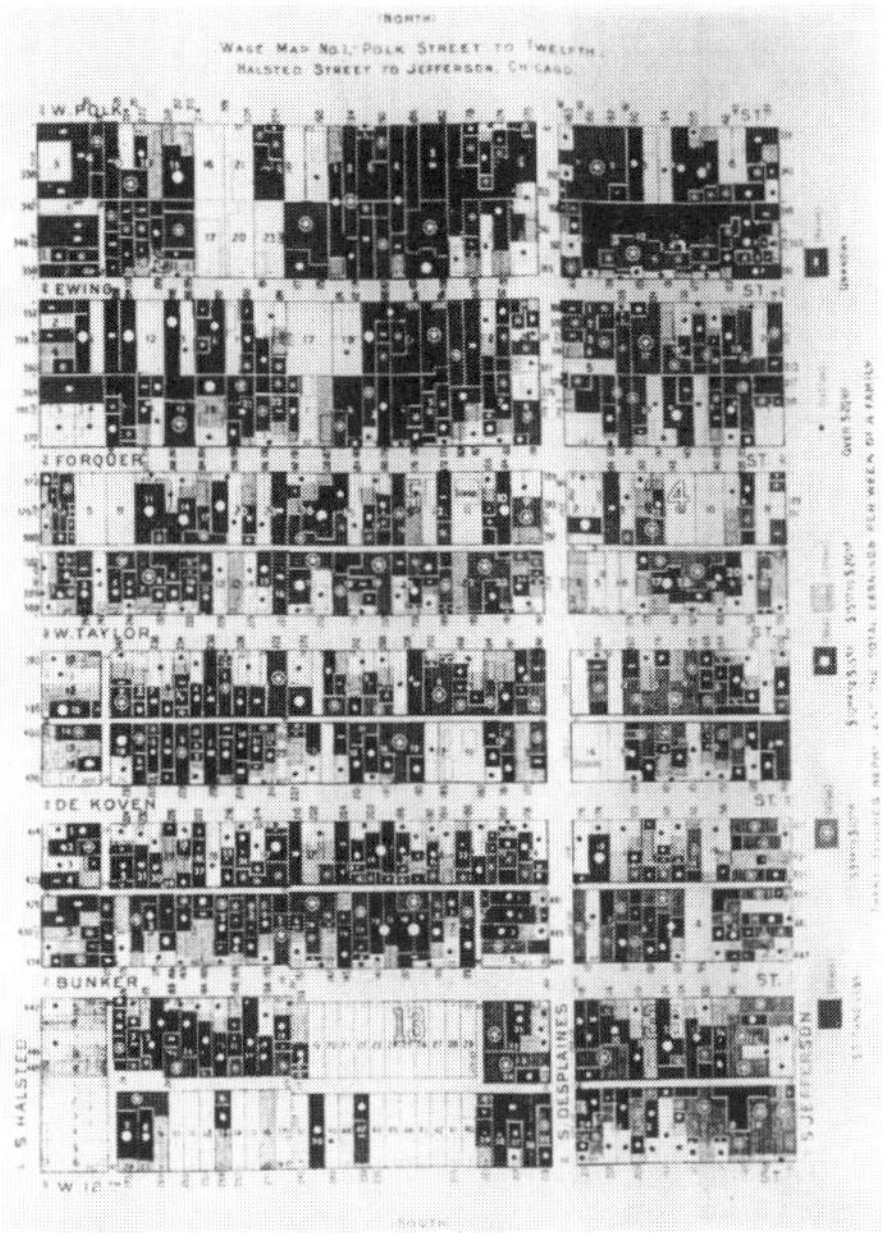

シカゴのハルハウス周辺地区を人種と収入別に色分けした地図（一部）
出典　『ハルハウス周辺の地図と報告書』

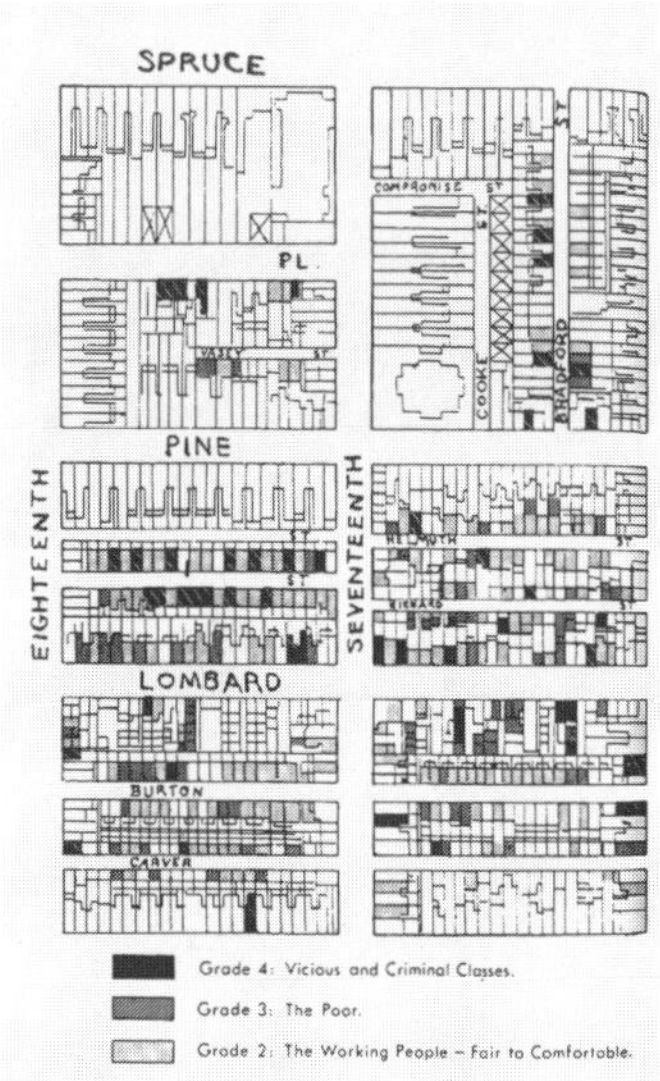

フィラデルフィアの第７区を階級別に色分けした地図（一部）
出典　『フィラデルフィアの黒人』

第六章　女性だけの組織「オンタリオ女性教師協会連合」

河上婦志子

1　女性だけの組織

カナダのフェミニスト組織を分析したナンシー・アダムソン（Nancy Adamson）らは、労働組合の女性たちの体験から生まれた経験則として、女性だけの組織には二つの利点があると指摘する。一つは女性の組織運営力やリーダーシップ能力を開発できること、もう一つは女性の経験から生れたニーズや要望を掲げて運動できること、である。男性支配・男性主導の組織では、この二つの利点を発揮することは不可能である、組織に男性を加えれば彼らが主導権を取って女性に指示命令を与えるようになってしまい、女性はお茶汲みやタイプをやらせられる羽目になる、女性の要求は軽視あるいは無視され、他の要求と一緒にされてうやむやになり、結局実現できなくなってしまう、というのだ（Adamson et.al.：198-220)。

この経験則は男女の力関係から生じており、一般社会の男女の力関係が組織に反映したものであると言えよう。したがって男女の力関係一般が変化し、女性が男性に負けない組織運営上の能力や、男性の一方的な指示命令を許さないだけの発言力を持つようになれば、女性だけの組織は不必要になるだろう。言わば過渡的な補償策として女性だけの組織の必要性があるといえる。あるいは女性だけの組織の長短のバランスで、長所よりも短所の方が大きくなった時に、女性だけの組織の存在意義は消滅する。では女性だけの組織の短所とは何か。

女性だけの組織は、ゲットー化の危険と女性のエンパワーメントの可能性の両方を孕んでいる、とリンダ・ブリスキン（Linda Briskin）は言う。悪くすれば女性だけの組織は、より大きな社会的課題の取り組みを怠り、女性問題だけを扱う組織になってしまって、全体としての社会運動から取り残されてしまう。また財力も権力もネットワークも持たない社会的弱者の集団としてゲットーのように孤立してしまう可能性もある。しかし上手くいけば、財力や権力を確保し、女性の経験から生まれた女性のニーズを代弁して女性が抱える問題を解決する運動団体になり、同時に女性のリーダーシップと組織運営の能力を育む自律的な組織になれる、というのだ（Briskin：94-104）。

女性だけの組織の成功例としてブリスキンが挙げたのが、オンタリオ女性教師協会連合（the Federation of Women Teachers' Associations of Ontario、以後ＦＷＴＡＯと略称する）である。カナダのオンタリオ州各地の女性小学校教師の団体を統合して一九一八年に設立されたＦＷＴＡＯは、一九九八年に男性小学校教師主体の団体と合併するまで、八〇年間にわたって女性だけの組織を維持し続けた。

本稿は、カナダにおける第一波フェミニズムを背景に誕生し、第二波フェミニズムの退潮と共にその幕を閉じたかのように見えるＦＷＴＡＯの歴史を跡づけることによって、なぜ女性だけの教師組織が生まれたのか、女性だけの組織としてどのような活動ができたのか、そしてどのような経過で男性教師団体との合併に至ったのかを明らかにしようとするものである。そしてその作業を通じて、女性だけの組織が持つ意味を考察したい。

2　立ち上がる女性教師

(1) 女性教師の反乱

一八七九年、英連邦総督とルィーズ王女を歓迎する式典がカナダ・オンタリオ州の中心都市トロントで催されることになった。トロント教育委員会はこの歓迎パレードに生徒たちを召集するよう小学校教師に指令を発したが、数人の勇気ある女性教師がこれを拒否したため、教育委員会が彼女たちを解雇すると脅したことによって、問題が法廷に持ち込まれるという事件があった。これは女性教師側の勝訴となり、教育委員会の教師に対する指揮命令権は、学校と校庭、および勤務時間内に限られることになった。教育委員会が恣意的に教師の仕事を増やすことは制限されたのである（French : 21 : Smaller : 108）。

一八八二年にトロントの女性教師たちは給料増額の署名リストを教育委員会に提出したが、「今の待遇が気に入らないなら辞めてもらって結構」という内容の冷淡至極な手紙を送りつけられたので、新たな組織的戦略を取ることにし、トロント教育委員会の会議に集団で押しかけて給料増額を要求した。当時としては過激なこの行動に批判的なメディアもあったが、いずれにしても新聞に報じられたことによって、女性教師の立場や要求を人々が知るところとなった（Labatt : 7 : Smaller : 108）。

この二つのエピソードは、すでに一八八〇年前後のトロントに、自己主張をもった勇気ある女性教師たちがいたこと、団結して教育委員会に対抗する集団が生まれていたことを物語っている。女性教師だけの団体が生まれる素地が次第に形成され始めていた。

トロントの女性教師たちは、彼女たちが置かれていた状況に強い憤懣を抱いていた。男女教師の間に甚だしい不平等があったのだ。たとえば一八八一年、女性小学校教師の給料は二〇〇から六〇〇ドル、男性小学校教師は七五〇から一一〇〇ドルであった。当時トロントには、一八七七年に設立されたトロント教師協会（Toronto Teachers' Association、以後TTAと略称する）があったが、その運営は非常に家父長的だった。一八八五年のトロント教育委員会の下には二三〇人の小学校教師がいたが、そのうち二〇三人が女性であり、残る男性二七人のうち二三人までが校長であった。このごく少数の男性たちが、学校や教育委員会での権威をTTAにまで拡張して、会議の内容や手続きを牛耳っていた。女性教師は、給料・手当て・在職権・労働条件の上で男性との間に大きな格差をつけられていた。女性の多くは補助教師として位置づけられていたが、男性には補助教師は一人もいない上、何かと職務給が支給された。その結果、給料に甚だしい男女差が生じていたのである。しかしTTAはそれを問題として取り上げようとはしなかった。女性教師たちは自分たちの主張を公式の議題にするために男性教師の支持をとりつけようと働きかけたが、成功しなかった。公式の会議が終了した後、男性有志たちの間でこれらの議題が話し合われていたからである（Smaller：105-107）。

TTAは、オンタリオ州政府の教育省（Department of Education）が設立し資金を提供していたオンタリオ教育協会（Ontario Educational Association）のもとに作られた組織で、教師ばかりでなく教育委員たちも加わっていた。TTAの組織目的は次の三つであった。①専門職としての訓練をまったく、あるいは少ししか受けていない教師に対して現職教育を行なうこと、②教育に関心を持つ人々に毎年、共通の教育問題について話し合う機会を用意すること、③教育省が教育政策を作成するのに役立つような公開討論の場を用意すること。つまり教育省の意向を教師たちに伝達する御用団体であった。教師たちは、自己主張をせず、権威者に従うという立場に置かれていた（Lawton, et.al.：17-20）。TTAは教師組合というより、教育省主導の教育関係者団体であり、その会合は儀式的で宗教性を帯びた倫理的色彩の濃いものであった、ともいう（Smaller：106）。

（2）トロント婦人教師協会

一八八五年、女性教師にとって不満だらけのＴＴＡの会合が終わった後、八人の女性教師が集まって女性だけの教師協会を作ることを話し合った。婦人参政権運動のように女性教師も団結し組織化すれば、州の教育省や各地の教育委員会に対して発言権を持つことができ、女性教師の抱えている要求を実現することができると考えたのである。焦眉の要求は三つあった。大規模クラス故の劣悪な労働条件の改善、男性教師との給料格差の解消、そして教育委員会に女性教師の声を届けること、である（Prentice 1985：97-108）。

こうした女性教師の動きに反応したのか、トロント教育委員会は一八八六年、昇給基準を担当学年から勤続年数に変更し、再就職した教師の給料算定に復職以前の勤続年数を加えることにした。この変更の恩恵を被ったのは、低学年の担当者や家庭の事情による一時退職者が多かった女性教師たちであった（Smaller：109）。さらに同年、ＴＴＡ内部にも変化が起きた。ＴＴＡでは一八七七年の創設以来、三人の上級幹部は常に男性であった。また運営委員会の五人の委員のうち三人が男性で、女性は二人しかいなかった。当然会長も男性であった。数の上では圧倒的な多数派であるにもかかわらず、幹部八人のうち女性は二人だけだったのである。だが一八八六年には女性教師が四つの幹部ポストと副会長に就任し、その後幹部に占める女性教師の数がさらに増え、ＴＴＡの内部で大きな影響力を発揮するようになった（Smaller：109）。

こうした前進を背景に一八八八年、先の八人の女性教師たちは正式にトロント婦人教師協会（the Lady Teachers' Association of Toronto）を立ち上げ、綱領や規則を定め、自前の病気休業補償制度を発足させた。一八九一年には三六一名の署名を集めて給料増額運動を起こしたが成功しなかったので、女性教師の運動の限界を感じて「女性参政権運動協会（Women's Enfranchisement Association）」と組んで地域の選挙に出馬したメンバーもいた。またトロント教育委員会に初の女性委員三人を送り込むことには成功したが、給料問題は依然として改善されなかったので、一八九二年、再び教育委員会の会議に乗り込んで給料増額の要求を提出した。「女だてらに浅ましい姿をさらしたものだ」と非難する新聞もあったという（Smaller：110-111）。

（3）トロント女性教師協会

一八九二年、トロント婦人教師協会は改称してトロント女性教師協会（the Women Teachers' Association of Toronto）になった。そこで新たに三つの項目が綱領に加えられた。女性教師の立場が正当に認められるような社会的・専門職的な女性教師団体にすること、専門職の精神を奨励すること、職業に関わるすべての問題について自由に討議することである（Smaller：111；Prentice 1985：110-111）。この時点では組合としての方向を採る道もあったのだが、彼女たちは専門職としてのアイデンティティを選んだのである。

教育委員会の支配を受けず、また男性の参入に邪魔されずに、女性教師だけの会合を開くためには教育委員会の建物を使うことはできなかった。彼女たちは、教会の日曜学校の教室や女性団体の施設などに会合場所を求めて転々とした。会合の度に会場を変えるのでなく、何時でも自由に集まれる事務所が必要だったが実現は困難だった。教育省からの補助を受けられない協会にとって会費だけが収入源だったが、会員を増やすためには会費を値下げしなければならなかったので、事務所の賃貸料を生み出すことも容易でなかった。定期購読の雑誌を置いておく場所もなかった。自分たちだけの場所を確保するために、彼女たちが常に苦労していたことが、トロント女性教師協会の議事録に読み取れるという（Smaller：112-116）。

トロント女性教師協会の最大の課題は給料の値上げであった。一九〇〇年前後のトロントでは女性小学校教師の平均給料が三二四ドルであったのに対し、郵便局の掃除婦三二一ドル、道路清掃人四二一ドル、農場労働者五四六ドル、市役所の速記人五二八ドルであったという（French：21）。女性教師の平均給料は、一九〇〇年で男性の四五％、一九一〇年で四八％、一九二〇年になっても五七％にすぎなかった（Staton & Light：51）。

この低い給料の陰には、それでも喜んで働く若い独身女性教師の存在があった。というより、若い独身女性が女性教師の大半を占めていた。なぜなら結婚した女性は教職に就くことも留まることもできないとする「マリッジ・バー」が存在したからである。

（4）マリッジ・バー

第二次世界大戦が終了するまで、オンタリオの教育界にはマリッジ・バーと呼ばれる既婚女性排除の慣行があった[1]。そのため既婚女性教師は教職に就くことができず、また独身女性教師も結婚するや否や教職を去らねばならなかった。婚約していると採用されなかったので婚約指輪をはずして面接に臨んだ女性や、教職を続けるために結婚を諦めた女性がいた（Labatt：30）。破産した男性との秘密の結婚生活を二〇年間も続けた女性教師がいたともいう（Staton & Light：91）。

なぜ既婚女性は教職に就けなかったのか。それは当時、既婚女性の居場所は家庭であるべきだという言説が支配していたからである。女性の本来の居場所は家庭であって、結婚した以上は家庭で妻や母の役割を果たすべきであり、また結婚すると家庭責任が生じるため教職に専念できない、と考えられた（Graham：200）。経験を積み、それなりの見識を持った女性教師は教育界を牛耳る男性たちにとって煙たい存在であったことも、マリッジ・バーが採用された理由であったという論者もいる（Reynolds：217-219）。

たとえばトロント教育委員会がそれまで慣行にすぎなかったマリッジ・バーを公式に規定したのは一九二五年である。教育委員の一人が既婚女性を雇うことに強硬に反対したのだ。その結果、当時一年契約で採用されていた既婚女性は即座に解雇され、契約期間中でも結婚すると退職しなければならなくなった。たとえ結婚後も働き続けていたとしても、結婚後の分の給料は支払われないことになった。ただし夫が障害者で生計を維持できない場合や未亡人などは例外とされた（Reynolds：221-222）[2]。トロントのように、マリッジ・バーが公式に規定されている地域もあったが、規定のない単なる慣習として運用されている地域も多かったという（Prentice 1998：32）。

マリッジ・バーの存在によって、女性教師とは結婚までの一時期を腰掛け気分で教職に就いている若い未婚女性である、というステレオタイプが生まれた。このステレオタイプは、女性教師の給料を低く抑えようとする教育委員会の方針を合理化するのに役立った。経験もキャリア意識もない若い女性に、高い給料を支払う必要はないというのだ。

こうしてオンタリオの小学校には、使い勝手がよく安上がりの若い未婚女性教師が次第に増加していったが、小学校誕生当初の教職は、必ずしも若い女性だけの仕事ではなかった。

（5）女性教師の増加

十九世紀半ばから二〇世紀前半まで、広大なオンタリオの各地に散在する小学校の多くは、義務教育年齢の男女をまとめて一つの教室で授業をする一教室学校であった。地区で選出された三人の教育委員が教育委員会を構成して教師を監督していた一教室学校が、第二次世界大戦後の一九五〇年になってもおよそ二三〇〇校あったという

（Gidney：10-11）。

そのため教室には青年期に入りかけている男子生徒もいる。かつてはそんな年かさの少年を指導することなど、女性にはできないと思われていた。また独身女性にも農家を切り盛りする仕事があり、教職希望者は多くなかった。その反面、現金収入に結びつく魅力的な仕事が他にないこともあって、男性の教職志願者が多かった。

しかし都市化が進み、教育期間が延び、年間を通して学校が開かれるようになると、農業との兼業で教鞭を取り、農作業の繁忙な夏だけ若い女性に学校を任せていた男性の兼業教師は少なくなっていった。人口増加と産業の発展にしたがって、製材業などのもっと実入りのよい職業が増えてくると、農村部でさえ次第に教師になる男性が少なくなってきた。女性教師が多くなるのを憂慮した教育委員たちは、移民の男性を雇いさえした。一八〇〇年代のオンタリオの七つの郡の統計によると、一八五一年の男性教師のうち三三・八％がイングランド、スコットランド、アイルランドで生まれた人々であったという。こうしたことが可能であったのは、教師の資格についての明確な基準がなかったからである。教師の多くは初等教育終了後数年間の中等教育しか受けていなかった。移民男性たちも、カナダの生活に慣れてもっとよい職を見つけると教職から離れていった。彼らにとって教職は一時しのぎの仕事に過ぎなかったのだ（Danylewycz,et.al.：34-42）。

カナダ出身の男性にとっても、教職は次の仕事に移る前の踏み台でしかなかった。たとえば一八五六年に師範学校を卒業した一二人の男性のほとんどは、最終的にビジネス、医療、法曹、牧師、農業、公務の世界に入っていったという（Graham：177-178）。

こうして女性の小学校教師が増えていった。先のオンタリオ七郡の統計によると、一八五一年の女性教師の比率は一六％で、そのうち二九歳以下が七九％であり、マリッジ・バーがなかったのか独身者は七八％だった。しかし一八八一年になると、女性教師の比率は四四％に上昇し、二九歳以下の年齢層が八六％、独身者は九五％に達している。また親元から通っている女性は一八五一年の三一・七％から一八八一年には七〇・二％にまで増加している（Danylewycz,et.al.：46）。一九世紀半ばのオンタリオでは、女性教師の比率が八〇％に達していたという説さえある（Gidney：21）。

なぜ教職の女性化が進行したのだろう。その理由の第一は、教職が女性にとって将来の母親業に役立つ仕事であるとみなされていたことである。若い女性が学校を卒業してから結婚するまでの数年間子どもたちを教えて過ごすことは、子どもを育てる時にその経験が役に立つというのである。つまり教職は若い女性の結婚までの腰掛け仕事として最適であると考えられていた。また教育委員会にとっても、教職に花嫁修業としての意味をもたせることで、低い給料を合理化することができた。

第二に、一九世紀の半ばまで女性に開かれた職業はほとんどなかった。教職はその数少ない職業の一つだったのである。教職が家事労働や工場労働よりも魅力的だったのは、その仕事が人々の尊敬を受けやすく、清楚で上品なイメージがあったからである。そのため工場労働者より低い賃金でも教職につきたがる女性が多かった（Graham：177-178）。

第三に、こうした女性教師イメージは教育委員会にとっても都合がよかった。教育委員会は教師に対して、服装や髪型、異性との付き合い方、家庭での過ごし方について細かく規定し、飲酒・喫煙を禁じていた（Wotherspoon：118）。女性教師にはさらに、日曜学校で教え、聖歌隊で歌い、地域の劇団を指導することを要求されていた（Graham：186-187）。親たちは娘が地元の学校に勤めることを望んだので、女性教師の大半はその地域で生まれ育った人間であった。地域の有力者たちによって形成されている教育委員会に向かって、学歴が低くてうら若く、地縁に縛られた女性教師は何か文句があっても声を挙げることが出来なかった（French：20-21）。真面目で従順で我慢強い若い女性は、管理監督する立場の校長や教育委員、あるいは州の教育行政官にとって非常に都合のよい存在だったのである。

第四の、そして最大の理由は、女性教師が安上がりだったからである。小学校教師に高い学歴は不要だと考えた教育委員会は、できるだけ経費を節約するために資格の低い女性教師たちを喜んで雇った。女性教師たちの多くもまた、結婚までの数年間の職業生活のために高い学歴を取得しようとはしなかった。短期の研修で簡便に取得できる下級免許があれば十分と考えたのだ。

第五に、女性教師は男性教師と遜色がない能力を発揮し、あるいは男性以上の実績を挙げたのではないかと推察できる。たとえば一九二〇年代から三〇年代に教職に就いていたある女性教師は、男性教師の中にはひどい教師もいたが男性であるがゆえに馘首されなかった、と語っている（Arbus：175）。いくら安上がりでも、女性教師の能力や資質に問題があり、保護者からの不満や批判が大きければ、教育委員会としても女性教師を雇い続けることはできなかったに違いない。

（6）非婚を選んだ女性教師

だが実際に教職に就いていたのは若い女性ばかりでなかった。とりわけ都市部には年長の女性教師たちもいた。トロントには従来から女性教師が多く、一八五〇年代末には八〇％が、一八八〇年代末には九〇％が女性教師であったという（Prentice 1985：102-104）。一九〇七年の調査によれば、トロントには自分以外の家族の生活を支えていた女性教師が七六％もいたという（Smaller：115）。また結婚よりも教職に生き甲斐を見出して一生を捧げる覚悟を決めた女性や、男性に依存することなく自立した人生を歩みたいと考えて教職に就いた女性たちもいた。当時トロント市部の女性教師は郡部の女性教師と比較するとかなり年齢が高かった。これがトロントで女性教師協会が生まれた理由の一つであるという（Prentice 1985：102-104）。

トロント女性教師協会を立ち上げたのは、独身を通して教職に一身を捧げる覚悟をし、専門職従事者としての自覚と男性に負けない業績を挙げているという自負に満ちた、経験豊かな女性たちであったのだろう。だが教育界を支配する男性たちは、結婚までの腰掛けとして教職を選んだ若い女性教師というステレオタイプを手放そうとはせず、女性教師の給料を上げることに難色を示した。

親から独立して生計を営む女性教師、それどころか親や兄弟姉妹の扶養を課せられた女性教師にとって、あまりにも低い給料は死活問題であった。トロント女性教師協会の第一の課題が給料増額であったのはこの故である。彼女たちはまた年金問題にも真剣に取り組んだ。それは彼女たちが独身であることに関連していた。高齢になってからの生活を保証してくれる年金が必要だったのである。独身女性にとっては、それもまた死活問題であった。しかし女性教師が独身を続けて長く教職に従事することは、政府関係者たちの念頭になかった。一八八一年、女性教師たちの年金制度の改善要求に対して教育大臣は次のように回答したという。「もし二五年以上の勤続者が高い年金を貰えるという制度にしたら、仕事ができる年齢を超えてまで働きたがる女性教師を増やすだけだ」と。（Graham：191）。

教師たちは教育委員会と個々別々の労働条件で契約を結んでいたので、年金条項がない契約で働いている女性教師もいた。教育省が法的な裏づけのある年金制度を制定しなければ、年金をもらえない女性教師が生まれることになる。トロント女性教師協会は、年金制度の確立を要求して政府に働きかけ続ける一方、自分たちの基金から二度にわたって退職女性教師の年金補助を行なった。ようやく一九一七年、不完全ながらも教員年金法が制定され、教師たちは老後の不安から解放されることになった（Graham：191；Labatt：9）。

この法案の成立に寄与したのが、他の都市に続々と誕生していた女性教師協会であった。トロント女性教師協会の活躍が刺戟になったのである。一九〇七年にはオンタリオ州のロンドン、ガルト、オタワといった都市にも組織ができた。たとえばオタワの女性教師協会は、メンバーの出費を抑えるための共同洗濯事業に着手し、契約上の諸問題を取り扱い、雇用事務所や教育委員会と紛争を起こした場合の法的支援を提供し、貧しい退職教師のための年金の改善などを行なった（Graham：189-191）。

給料問題にしろ、年金問題にしろ、女性教師たちが自分たちの声を挙げ始めたのは画期的なことであった。教職に就く者として、そして女性として、行動の制約を受けていた当時の女性教師にとって、会合に出席して意見を述べたり、女性の参政権運動や大学入学運動に参加したりするのは非常に勇気のいる行為だったのである。しかし女性教師たちは、男性教師も校長も教育委員も視学も当てにできないことを痛感し、自分たちの足で立ち上がり、自分たちの組織を創る必要があると気がついたのだ（French：26-28）。こうしてオンタリオ各地に女性教師協会が生まれ、女性教師の地位と福祉の向上を求めた活動を行なうようになり、州レベルの連合組織結成の気運が次第に盛り上がってきた。その結果誕生したのがＦＷＴＡＯである。

３　苦闘するＦＷＴＡＯ

（１）ＦＷＴＡＯの誕生

一九一八年、オンタリオ州の九つの女性教師協会の代表が、トロント大学東館六五番教室に集合し、女性だけの教師団体「オンタリオ女性教師協会連合」すなわちＦＷＴＡＯを立ち上げた。専門職としての地位の確立と経済的地位の向上を掲げる綱領が提案されたが、経済的地位という文言にこだわる参加者もいた。「お金のために教師をしているのではない」、「世間の人にどう思われるか」、「まるで労働組合のようで賛同できない」という意見が出されたが、投票の結果この綱領は採択された（French：33）。労働組合とは一線を画して専門職主義を採ったＦＷＴＡＯのこの路線は、女性教師が組合運動に関わることが難しかった時代の雰囲気を反映していたが、戦後も一九七〇年代まで受け継がれ、ＦＷＴＡＯを他の教師団体とは異なる存在にした要因の一つとなった。

ＦＷＴＡＯの設立から一年後の一九一九年、オンタリオ中等学校教師連合（Ontario Secondary School Teachers' Federation）が誕生した。中等学校には男女教師が勤務していたが、設立を主導した校長たちは「代議員には男性を選ぶように」と指示した秘密の手紙を他の中等学校長に送ったという（Lawton,et.al.：21）。男性小学校教師たちのオンタリオ公立学校男性教師連合（Ontario Public School Men Teachers' Federation）が設立されたのは一九二一年になってからである。ＦＷＴＡＯはオンタリオにおける教師たちの利益を守る団体創設の先鞭をつけたのだ。

ＦＷＴＡＯの初代会長は一九一九年、給料の最低基準を法制化して女性教師の給料を上げること、教育委員会やオンタリオ教育協会に女性を送り込むこと、同一労働同一賃金の実現を目指すこと、といった目標を発表した。当時の状況に照らしてあまりにも楽観的であったが、時代はちょうど第一次世界大戦が終結して自由主義国が勝利を収めた後であり、第一次フェミニズム運動が成果を挙げて、一九一七年には州レベルで、一九一八年には連邦レベルで女性の参政権が認められたばかりであった。ＦＷＴＡＯの幹部たちは意気軒昂だった。しかし第一次世界大戦は物価上昇率六〇％という後遺症を生み出していた。この経済的困窮がオンタリオに散在していた女性教師協会の連帯を強め、ＦＷＴＡＯの結成につながったのである。それだけに給料増額の要求は最重要課題であった（Labatt：14-15）。

（2）給料格差の是正

すでに見たように、女性教師の給料は低いだけでなく、男性教師との間に歴然とした差があった。一九二〇年代に入ると景気が回復し、女性教師の平均給料は一一五〇ドルまで上昇したが、男性教師の平均が一七〇三ドルであったので、依然として大きな男女差があった（Labatt：28-29）。トロント教育委員会のように、一九二〇年から一九二七年にかけて男性教師には年に一〇〇ドルずつ昇給させておきながら、経費削減を理由に女性教師の昇給を見送った教育委員会もあった（Graham：192-194）。教師の給料は一九二九年の大恐慌によって減額の一途を辿ったが、その際にも男女格差が歴然と現れた。一九三〇年から一九三六年にかけて女性教師の給料は五五％にまで減少したのに対し、男性教師の減額率は三六％だった（Labatt：28-29）。性差別待遇は明らかだった。

男女教師の間に給料格差が生まれたのは、最低限の資格しか持たない結婚志向の女性教師が多かったこと、女性教師は給料の少ない低学年を担当させられ管理職がほとんどいなかったこと、最低の給料でもよいから教師になろうとする若い未婚女性が多かったこと、家族を養う必要のない女性教師の給料は低くてもよいという教育委員たちの思い込みがあったこと、が要因とされている。だがＦＷＴＡＯの事務局長は、それらの理由づけに潜むセクシズムを喝破していた。一九二〇年、彼女はＦＷＴＡＯの機関紙に「男性が優位に立てるのは、ただ体が大きくて力があることから生れる幻想のためである。男性が多くの給料を得ているのは、単に男性だという理由からである」と書いた（Labatt：19-20）。

ＦＷＴＡＯは、給料の男女格差を解消するために、担当学年ではなく経験年数を算定基礎にした給料表をオンタリオ各地の教育委員会に採用させようと要望運動を起し、女性教師たちに向かって低い給料で契約を結ばないように働きかけた。また女性教師の資格を向上させることによって給料格差を解消しようと、低い資格の女性教師を教育界から排除する方針を採った（河上　2009：9-12：Cavanagh：42）。

（3）会員数の減少

設立直後の一九一九年には四三二六人しかいなかったＦＷＴＡＯの会員は、一九二〇年には五〇〇〇人近くに増え、支部の数も七五になった。だがそれも束の間、一九二三年には二八五〇人にまで減少してしまった（French：37-55）。一九一七年にロシアで勃発した十月革命が教師たちの労働条件改善を求める運動を直撃したのだ。

会員を募るため一九二一年、ＦＷＴＡＯは会員勧誘の専門家を雇った。彼女は精力的に地方を回って団結の必要性を訴え勧誘に努めたが、当時の社会にはそれを危険視する風潮が生まれていた。ＦＷＴＡＯの活動を共産主義と同一視し、彼女に対して「荷物をまとめてロシアに行っちまえ！」と罵倒した新聞さえあった。地域によってはＦＷＴＡＯに加入することに失職の危険すら伴った。そうでなくても昇給停止や減給の恐れがあった。勧誘者は反乱分子、トラブルメイカー、大衆煽動者であると見られた。かつて参政権運動を推進していた団体さえ、ＦＷＴＡＯを批判する側に立ったという（Labatt：20-22：Richter 2006b：4-5）。

とりわけ孤立した僻地の学校でただ一人、地域有力者である教育委員に生殺与奪の権を握られて働いていた地方の女性教師たちは、ＦＷＴＡＯを危険視する教育委員たちの判断に従うしかなかった。解雇の危険を冒すことはできなかったのである。また彼女たちはＦＷＴＡＯを都市部の女性教師たちのための団体だと考えていた。前世紀から少しも改善されていない労働条件のもとで働いていた地方の女性教師こそ、もっともＦＷＴＡＯを必要とした人々だったにもかかわらず、彼女たちを組織化することは困難だった（Labatt：33）。短期の養成で資格を取り、結婚前の花嫁修業のつもりで教壇に立っていた地方の女性教師たちの眼には、独身を通す覚悟で教職に専心する、資格や意識の高いＦＷＴＡＯの女性たちは、自分たちとは無縁の、遠い存在だと映ったのかもしれない。

だが一九二七年に入ってＦＷＴＡＯが弁護士を雇って法律相談に乗り、女性教師たちが教育委員会と交渉する場合の支援を提供するようになると、再び会員数が増え始めた。四一七三人が新規加入し、一九三五年にはおよそ五〇〇〇人まで回復した（Labatt：29-38）。孤立した女性教師たちには、抽象的なスローガンではなく個別具体的な援助が必要だったのだ。

（4）教師の権利を守る運動

一九二八年、ＦＷＴＡＯは他の教師団体と連携し、それまで教育委員会と教師の間で個々別々に行なわれていた雇用契約について、必須項目を明確にした書式モデルを採用させるための共闘運動を開始した。それは雇用者・被雇用者の権利と義務を明らかにし、教育委員たちの恣意を排除することに役立つはずであった。一九三一年には州政府が、契約モデルの採用を教育委員会に呼びかけた。だがすべての教育委員会がそれに同意するまでに二〇年の歳月を要した（河上 2009：9）。

年金制度についても、オンタリオ公立学校男性教師連合と共闘体制をとって運動を展開した。すでに一九一七年には教員年金法（the Teachers' Superannuation Act）が成立していたが、この受給には勤続四〇年を必要とした上、もっとも給料のよい一五年間分を除外して算定するものであったため、一〇〇〇ドルを上限として支給されることになっていたが、実際に受け取れたのは平均二五〇ドル程度でしかなかった（Richter 2006b：8）。一九二四年になっても、四〇年勤続の女性教師の平均年金額が四一六ドル七〇セント、男性は五九二ドル五五セントであった。こうした状況の改善を求めていったんは男女一致して立ち上がったのであるが、男性教師たちは妻子への遺族年金も基金から出すように要求した。だがそれは女性教師に容認できる原則ではなかった。このような運動方針の違いが男女二つの教師組織に亀裂を生むことになったという（French：63）。

また教師の待遇改善が進まない理由の一つが教師の過剰供給にあった。一九二五年、この事態を打開するためFWTAOは、オンタリオ公立学校男性教師連合およびオンタリオ中等学校教師連合と共同で、師範学校の入学定員を制限し、教師の資格を厳しくして教師になる人を減らすようにして欲しいと、教育大臣に請願書を提出して一定の成果を収めた（Labatt：25-28）。

一九三五年、FWTAOは病気休職中の収入維持のための相互扶助制度を導入した。これによって女性教師は保険金を支払っていれば、重い病気にかかっても貧窮に陥らなくても済むようになった。扶養家族を抱えている女性教師も、これで安心して働き続けられるようになった。当時男性には扶養家族がいるが女性はそうではないという思い込みがまかり通っていたが、実際にはかなりの数の女性教師に扶養家族がいたのである。教育財政委員会が一九三八年に発表したところによると、女性教師の一五％が二人以上の扶養家族を抱えており、また他の多くも家計に貢献していたという（Labatt：30）。

（5）戦時中の協力と体験

第二次世界大戦が勃発すると、教師の待遇改善運動は棚上げになった。女性教師たちも進んで戦争に協力した。イギリスやヨーロッパから逃れてきた子どもたち、あるいは親が出征している子どもたちの世話をし、農場で食糧生産にも励んだ。バザーを催して戦時国債の資金とし、戦勝祝賀コンサートを開催し、赤十字や教会の活動に参加し、子ども赤十字クラブを設立し、軍事産業のために金属・古着・紙・ゴム・ガラスを収集し、炊き出しに加わり、また無数の政府の委員会に参加したという（Labatt：36-37）。こうした記述からは、女性も武器をもって戦う男性に劣らず国家に貢献していることを示そうと努力したことが窺える。戦争協力を拒める状況ではなかったのだ。

また二〇〇〇人以上の女性教師が軍需産業で働いた。その時彼女たちは、産業界ではいかに労働条件が整備されているかを知って驚いた。給料はずっと高いし、バスの送迎サービスがあり、健康保険や医療保障も充実していた。女性教師たちはそこで自分たちの待遇改善要求の正当性に気づかされたのであった（Richter 2006b：7）。

4　クローズドショップ以後のＦＷＴＡＯ

（1）「教職専門職法」の成立

第二次世界大戦終了間近の一九四四年、オンタリオ州で「教職専門職法（The Teaching Profession Act）」が成立した結果、クローズドショップ制が採用されて、オンタリオの公立学校で働く教師は自動的にオンタリオ教師連合（Ontario Teachers' Federation、以後ＯＴＦと略称する）に加入することになった。ＯＴＦにはＦＷＴＡＯなど五つの教員組織が加盟していて[3]、いったんＯＴＦに納入された会費は、たとえば女性小学校教師の分はＦＷＴＡＯに振り分けられることになった。ＯＴＦは同一資格同一賃金の原則を樹立すること、および各支部が賃金体系をつくって賃金交渉の一般的手続きを整備することなど、賃金交渉の基本政策を打ち出した（Gidney：21-22：Lawton,et.al.：27）。ＯＴＦは有力なロビーグループとして政府に対峙し、教育委員会や公衆を相手に教師の利益を代表できるようになったのである。またそれぞれの教師協会が教師の待遇について個別に教育委員会と交渉することになった。クローズドショップが実現した結果、ＦＷＴＡＯは会員数五三〇〇人の任意団体から一挙に一二五〇〇人を擁する巨大組織に、多数の会員と莫大な会費を持つ強力で財政豊かな団体に、変貌したのである。一方オンタリオ公立学校男性教師連合の会員数は一六〇〇人から三四〇〇人になった（Richter 2007a：2）。

ブリスキンは、ＦＷＴＡＯが女性だけの組織として成功できた理由として、自動加入により会員が確保されていること、またそれに伴って安定した会費収入があること、比較的高給の専門職集団であること、ＯＴＦ傘下の教師団体として他の教師団体と共に団結して政府と交渉できること、を挙げている（Briskin：103）。教職専門職法の成立によって、ＦＷＴＡＯはそれまでと全く異なる新しい組織として、その勢力と財力を行使することができるようになった。

（2）マリッジ・バーの廃止

第二次世界大戦後、オンタリオ州ではマリッジ・バーが廃止された。廃止経過の一例をトロント教育委員会で見てみよう。一九四六年一月、一二人の教育委員のうち女性が六人も含まれているという前代未聞の構成メンバーによる新しい教育委員会が開かれ、戦時中に臨時教師として採用された八八人の既婚女性教師の処遇に関する議題が審議された。五月一〇日教育委員会の中の経営委員会が、これら八八人の女性教師に辞職を求める決議を行なったことで、マリッジ・バーの存廃が重要な問題として浮上し、地域社会の人々や教育委員たちを巻き込む大きな議論に発展した。マリッジ・バーの存続に賛成する委員は、女性の「本来の居場所」は家庭であるとし、八八人の教師は退職して家庭に戻るべきだと主張した。その当時、第二次世界大戦から帰還した復員兵と女性との間で職の奪い合いが生まれていた。年配の女性教師は若い女性に席を譲るべきだと主張する人もいた。さらに戦後起きた「女は家庭に帰れ」運動が、この傾向に拍車をかけた。既婚の女性教師は、男性教師の既得権益を脅かす存在でもあった。というのは経験豊かで円熟した中年の既婚女性教師は、行政的ポストへの昇進を狙っている男性教師にとって強力な競争相手になりかねなかったからである（Reynolds：218-219）。

これに対して社会的正義を掲げてマリッジ・バー廃止の論陣を張ったのが、男性の教育委員、ハーディ（E.A. Hardy）博士だった。かつて校長を務めたことのあるハーディ博士は次のように述べた。「女性たちは戦時中、男性に代わって労働力を提供してくれ、私たちも彼女らの活躍の恩恵を受けたではないか。結婚しているからといって女性の働く権利を奪ってよいのか。イギリスやアメリカのいくつかの都市では、すでに既婚の女性教師を受け入れ始めている。男性がこれまで女性に科してきた首枷は今や揺るぎ始めている。古臭い規定を排して進歩しよう。女性は男性と同じように参政権と生活権、そして幸福を追求する権利を持っている。教育委員会は既婚女性が職業生活の幸福を追求しようとする権利を奪うことはできない」と。

女性の教育委員たちも賛成し、マリッジ・バーは個人の自由を妨げる不必要な規定に過ぎないと主張した。ただ議論を左右したのは実際的な意見であった。八八人もの女性教師を辞めさせて、それと同じくらいの能力のある独身女性を一定の期間内に雇うことができるだろうか、今後教育が拡大して幼稚園や職業高校での教師需要が増えた時に彼女たちは有効な人材となるのではないか、彼女たちを退職させることは能力と訓練と教育の大いなる損失である、学校区が拡大し都市化が進んでいるので既婚女性教師を見つけ出して辞めさせることは困難になるだろうし、実際にはひそかに結婚している女性教師もいるのだ、などなど（Reynolds：219）。

ついに一九四六年五月一九日、トロント教育委員会はマリッジ・バーの廃止を一四対四の大差で可決した。だが教育長は「教育委員会は男性や独身女性を優先して雇うことになろう」と予測し、女性教育委員の一人も「女性教師たちも、結婚後数年働いた後で退職し、家庭に専念するだけの良識は備えているでしょう」と語ったという（Reynolds：219-220）。

（3）既婚女性教師の増加

第二次世界大戦中の男性教師の払底によって深刻な教師不足に陥った各地の教育委員会は、既婚女性を臨時教師として採用していた。終戦になって男性が帰還すると、既婚女性は解雇されたが、その後のベビーブームによって教師が不足した上、他職種で既婚女性の労働市場参入が常態化すると、既婚の女性教師は不安定な地位を強いられつつも増加の一途を辿り、一九六〇年代末にはFWTAOの会員の三分の二を占めるまでになった（Labatt：126）。

実はFWTAOは従来からマリッジ・バーを支持してきた。というのはFWTAOは、独身女性だからこそ家庭責任のない男性と同等の働きができるのだと主張して、待遇の平等を要求してきたからである。マリッジ・バーの廃止は長い間展開してきた運動の根拠を奪うものであった。FWTAOの幹部たちはマリッジ・バーの時代に教職を継続してきた女性であったため、そのほとんどが独身であった。幹部ばかりではなくメンバーの多くが独身女性であった。なぜなら結婚志向の若い女性教師はFWTAOに加入しなかったからである。一九三〇年代後半から一九四〇年代初めにかけて、オンタリオにはおよそ一二〇〇〇人の女性教師がいたが、その半数以下しかFWTAOに加入していなかった。結婚志向の若い女性が、ちょっと専門的な仕事にふれてみたいと、教職から出たり入ったりしていたからである。こうした若い女性に対して、FWTAOの幹部たちは「結婚前の腰掛け気分で働いているので、給料や労働条件には関心がなく、待遇改善要求運動に不熱心で、労働の安売りをしている」と批判していた（Cavanagh 1998：65-69）。

実際、結婚までの腰掛けとして教職に就く若い女性の中には、FWTAOが教育委員会に要求している水準以下の給料で契約書にサインしたり、条件の悪い教育委員会に対してFWTAOが展開していた応募拒否運動を無視して、採用に応じたりした者がいたという（Labatt：25-28）。そうした結婚志向の女性教師は、統一した行動によって男女平等を勝ち取ろうとしていたＦＷＴＡＯにとって邪魔な撹乱要因でしかなかった。

専門職法の成立によって自動的にＦＷＴＡＯの会員になった既婚女性教師もまた、ＦＷＴＡＯの運動方針通りに動けない事情を抱えていた。ＦＷＴＡＯは、給料の男女平等を実現するために、給料格差の根拠にされている学歴格差を解消しようと、現職の女性教師に対して大学卒の学位取得や資格アップのためのコース受講を督励した。しかし既婚の女性教師は、小学校教師には専門職としての誇りより授業に役立つ実践的知識の方が必要だからと資格アップに消極的で（French：189-192）、夫より高い学歴を取得することに難色を示す者や、家族への責任を理由に夜間コースの受講を逡巡する者がいた（Labatt：72-110）。既婚女性教師たちは、学校や職場に通う子どもや夫を犠牲にして遠い勤務地に転勤することになるのを嫌って資格取得に尻込みした。偏見と嫉妬から共稼ぎ家族に対する反撥の強い小さな地域社会で給料増額運動をすると、夫の仕事を危険に晒すことになると恐れる者もいた（Richter 2007a：5）。こうした既婚女性教師の態度はＦＷＴＡＯの幹部たちを苛立たせていたようである。

（4）育児休業制度の確保

ＦＷＴＡＯの幹部たちの思いをよそに、既婚女性教師の数は次第に増えていった。一九六八年にＦＷＴＡＯが実施した調査では、ＦＷＴＡＯのメンバーのうち五八％が既婚者で、二八％が子持ちであった。また当時の州政府の統計によれば、結婚を理由にした退職者の数は教員全体の四％にすぎず、また退職した女性教師のほとんどが復職した。ＦＷＴＡＯの調査でも復職者の五三％が四年以内に復職を果していた（Stokes：34-35）。

教育委員会は、臨時契約の低い給料で「特別スタッフ」として既婚女性を雇った。彼女たちは一年契約で働かされ、よりよいと思う教師を教育委員会が見つけたら、数日前の予告だけで辞めさせられた。時には六週間の夏期講習を受けただけの一七歳の若い男性が、資格のある既婚女性に取って代わった。終身雇用の女性教師でも、結婚すれば臨時雇用契約に切り換えさせられ、妊娠が明らかになるとすぐさま退職を迫られていた（Richter 2007a : 5）。

ＦＷＴＡＯも、組織内部の既婚女性のニーズを無視することができなくなった。一九五〇年代の終わりからＯＴＦに対して育児休業の制度化を運動に盛り込むよう求めていたものの、既婚女性に対して冷淡であったＦＷＴＡＯ幹部たちが、ようやく本格的に育児休業問題に取り組んだのは一九六〇年代末になってからである。一九六九年、ＦＷＴＡＯは次のような方法を提案した。それは①まず妊娠した女性教師と教育委員会は休業開始の時期を取り決める、②休業開始までは当該女性教師は通常通りの仕事をするので同僚に迷惑がかかることはない、③休業期間が終わったら先任権・給料表の位置づけ・永続的契約を保証されたまま教育委員会内の学校に復帰できる、④仮に彼女が一年間の五〇％以上を働いていれば当該年の定期昇給を受けることができる、⑤教師は教育委員会と交わした休業期間の約束を変更することができる、⑥教育委員会は取り決めた時期より早く職業復帰を求めることはできない、⑦教師も一方的に休業期間を延長することができず、もし期間延長について双方の合意が形成されなければ教師は辞職を申し出て、通常通りの再雇用の過程を経なければならない、というものであった。だが教育委員会は育児休業の制度化に消極的であった。一九七〇年に「女性の機会均等法（the Women's Equal Opportunity Act）」が制定され、一年一一ヶ月以上雇用されていたすべての女性に一七週間の育児休業が保証され、性別や婚姻状況を理由にした雇用・解雇・訓練・昇進の差別が禁止されたにもかかわらず、女性教師に育児休業を与えることに合意した教育委員会は半数以下であり、すべての教育委員会で育児休業が認められたのはようやく一九八〇年代に入ってからであった（Labatt : 150-151; Richter 2007a : 5-6）。

（5）勤務条件の改善運動

ＦＷＴＡＯが取り組んだのは育児休業制度の確立だけではなかった。クラスサイズの縮小をはじめとして、雑務の排除、自己教育や介護のための休暇制度、教師の養成制度の改善、新しい領域に関する教師の再訓練、教材研究時間の確保などを要求し続けたのである（Labatt：239-240）。

たとえば一九六〇年代後半には「教師には教育をさせよ！」というキャンペーンを張って、教師の雑務からの解放を訴え、授業補助者や事務職員を配置させ、授業準備時間を確保することに成功した。また一九七〇年代には一クラス三〇から三五名であったクラスサイズを、一九九〇年には低学年で二〇人以下にまで縮小させた。ＦＷＴＡＯは、子どもたちのためによりよい教育条件を確保するという、専門職としての立場を掲げて改善に取り組んだのであるが、結果的にはこれらの運動は女性教師たちの勤務条件を向上させることにつながった。なぜなら、女性教師はクラスサイズの大きい低学年クラスに配置されており、学校内のさまざまの雑務を課せられる存在だったからである。また管理職の少ない女性教師にとって、教材研究の時間や研修の確保は、男性教師よりずっと大きな意味を持っていた（河上　2009：9-11）。

給料の平等化のために給料表の採用を教育委員会に要請することも、戦前に引きつづきＦＷＴＡＯが行なった運動である。一九六〇年代初頭にはオンタリオの公立学校で給料表が採用されることになった。しかし教育委員会は何かと理由をつけて、男性教師の給料加算を行った。部活指導、既婚者であること、運動場の仕事、その他何でもが理由とされた。だが女性が特別に仕事をしても加算の対象とはみなされなかった。給料が低いと年金も低額になる。ＦＷＴＡＯは年金基金が確保されるまでは、男性教師が要求する遺族年金の拡大に反対して、女性教師の乏しい年金を守り抜こうと闘った。このために意思決定をする高い地位への食い込みを図った。また男性教師の六五歳に対して、女性教師の定年を六二歳に設定している教育委員会の慣習にも抗議した。それらは高齢の女性教師の生活を困難にするものであったからだ。一九五四年にＦＷＴＡＯは各教育委員会に抗議文を送ったが、この差別的定年の慣習は一九六〇年代後半まで撤廃されなかった（Labatt：52-53）。

これら女性の地位や状況から生れるニーズを、ＦＷＴＡＯが直接的に関係機関に訴えることができたのは女性教師だけの組織だったからであるといってよいだろう。

（6）女性たちのための活動

第二次世界大戦後のＦＷＴＡＯはその潤沢な資金を使って、女性教師ばかりでなく組織外部の女性たちのためにも支援活動を実行し、個人や団体への援助を行なった。

まず会員である女性教師のためにさまざまのサービスを提供した。教育委員会や教育省と渉りあって労働条件を改善したばかりでなく、機関紙を発行して教育情報を提供し、さまざまの現職教育を実施して女性教師のスキルアップを図り、管理職養成コースを開催して女性教師の昇進を援助した（Labatt：107-108, 141-143）。

一方で、組織外部の若い女性のための支援活動も行なった。その一つは、教職を目指す女子学生への援助である。一九五〇年代から教職を目指す女子高校生に奨学金を提供していたし、一九六〇年代には教員養成機関で学ぼうとしている先住民の少女への奨学金制度を開始した。二つ目は発展途上国の少女たちへの支援である。一九六〇年代後半には、教員養成機関に限らずカナダの大学で学ぶアフリカ人女子学生への奨学金制度を創設した。二〇〇〇ドルの奨学金がアフリカ出身の学部生あるいは大学院生数人に給付され、彼女たちが自国に帰って自らの技能を発揮できるよう援助した（French：148-188）。

また一九六六年には親の意識調査を実施し、親たちが娘には看護婦、教師、ソーシャルワーカー、息子には医師、技師、科学者、建築家、法律家、ビジネスマンになってほしいと考えていることを明らかにした（Labatt：93-94）。第二波フェミニズムの影響を受けた一九七〇年代以降は、さらに女性問題への関心を深め、先住民の女性や子どものための活動、虐待されている子どもたちの保護や支援に関する研究、女性への暴力問題についての調査などを精力的に行なった。一九八一年には『危機に直面する女性（Women in Crisis）』というブックレットを出版した（Labatt：228-317）。子どもへの体罰は家庭教育の範疇であるとされ、ドメスティック・バイオレンスは夫婦間のトラブルにすぎないとされていた時代に早くも、これら隠された社会問題について積極的に取り組んだのである。

5　新しい展開

（1）第二波フェミニズム

第一波フェミニズムの影響を受けて誕生したＦＷＴＡＯは、第二波フェミニズムの興隆とも無縁でなかった。すでにみたようにＦＷＴＡＯは戦前戦後を通じて教師の労働条件の改善と男女平等化を求める運動を展開していたが、さらにそれに力を添えたのがカナダを席巻した第二波フェミニズムであった。

カナダ連邦政府が設立した「女性の地位に関する国立委員会（the Royal Commission on the Status of Women in Canada）」は、各地の女性団体に対して女性差別に関する事情・意見聴取を行なって実情を把握し、それにもとづいて一九七〇年に報告書を刊行した。この報告書の中の教育に関する提言は、幼稚園から大学に至る学校教育、さらには生涯教育を通じて、男女平等を実現しなければならないとしていた。一九七〇年当時、女性の教育機会は公式的には閉ざされていなかったが、家族や教師や友人やメディアの影響によって、女子の進路は女性向けの学科や女性職に偏り、大学に進学せず高卒で就職するように水路づけられていた。この状況を変革するには、家族や政府や企業が努力しなければならず、また教材のステレオタイプな内容を見直して女子に適切なロールモデルを提示する必要があり、女性も経済・社会・政治の諸問題の意思決定に参加すべきである、と報告書は勧告した。この報告書はベストセラーとなって三版まで重版され、その後の二〇年間大きな影響力をカナダ社会で発揮した。報告書に書かれた女性の地位について議論する全国的な集会がもたれ、これらの提言を政治や法律の分野で実現するために国レベル・州レベルの組織が作られた。一九六〇年代末から一九七〇年代初期にかけてキャリアを開始した女性研究者が女性の歴史を再発見し、現代社会におけるジェンダー関係を見直して学問領域を再組織化したことの影響も大きかったという(Gidney : 157-150)。

「女性の地位に関する国立委員会」が実施した意見聴取に対して、ＦＷＴＡＯは学校の状況についてさまざまの情報を提供していた。また教科書の中の性役割のステレオタイプ、保育所や学童保育の必要性、スポーツ活動での女子の機会の拡大、継続教育や職業教育の必要性などについて、国立委員会の勧告と同じ見解をもっていたＦＷＴＡＯは、他の女性団体と共に女性の地位向上を目指す集会を開き、各地方支部を回って報告書の成果と今後の課題を説明するなど積極的な活動を行なった(Labatt : 143-145)。ＦＷＴＡＯは、この権威ある報告書によって自分たちの運動の正統性と新たな方向性を見出したといえよう。

第二波フェミニズムの影響を受けたＦＷＴＡＯは、それまでの「女性らしさ」や「専門職性」を行動規範とする方針から、より戦闘的に教育委員会や州政府に対峙するという姿勢に転じ、また幹部たちは女性だけの組織であるという自覚を強めていった。その上、当時のオンタリオの状況はすべての教師を戦闘的にしていた。増え続ける事務作業や生徒管理業務からの解放、教育内容や方法についての権限、労働条件の交渉権などを要求する教師たちに対して、教育委員会はこうした問題は管理責任者の専権事項であるという理由から、教師たちの要求をはねつけたのである。雇用期間や条件の交渉権、集団交渉の権利、ストライキ権を要求した教師たちは一九七三年、三万人の教師による大規模デモを組織した。ストライキは教育委員会との契約不履行にあたるとして消極的であったFWTAOも、他の教師団体と一緒にストライキに参加し、デモ行進を行なった（Labatt：192-194：Richter 2007a：7）。

ただFWTAOの基本的立場は、既存の体制の中で男性と同等の地位や機会を要求するリベラル・フェミニズムであった。中絶問題には深入りせず一線を画していた。当時のカナダには、ウーマンリブは家庭の調和を破壊し、母親を子どもから引き離し、妻の尻に敷かれた去勢された夫を生み出し、ソ連のように子どもを公立保育園に放り込むものであり、ブラジャーを焼き捨て旗を振り回す女性活動家はバラ色の幸福な社会の破壊者である、とみなす人もいた。FWTAO幹部はウーマンリブには同調しなかった。ただ女性を権力から排除し、高い給料の仕事から女性を排斥し、やり甲斐のある仕事を女性から奪い、家事育児を女性に押しつける家父長制に、異議を申し立てて男女平等を達成しようとしているだけであると考えていた、という（Labatt：154-155）。

この姿勢からFWTAOは、同じようにリベラルな立場の女性の団体である「女性の地位に関する全国活動会議（the National Action Committee on the Status of Women：NAC）」や「女性のための法教育と行動の基金（Women's Legal Education and Action Fund：LEAF）」を積極的に支援した。FWTAOは、一九七一年に「女性の地位に関する全国活動会議」が発足した時には無償で事務局を貸与し、事務作業を手伝い、FWTAOの事務局職員を支援要員として派遣した。FWTAOは単にその理想に賛同しただけでなく経済的な支援を与え続けた。またこの団体が一九八五年に財政窮乏に陥った時には三〇〇〇〇ドルを寄付して存亡の危機を救った（Labatt：171-172）。一九八四年に「女性のための法教育と行動の基金」が設立された時も、事務所を寄付し、職員二人分の給料を払った。こうした寄付の総額は九五〇〇〇ドルにもなった。その後もこの組織を支援し続けた（Labatt：286-287）。

他の女性団体に対するこうした支援活動は、ＦＷＴＡＯが女性だけの組織であったからこそ可能だった。

（2） 昇進差別の解消運動

給料の平等や待遇の改善、育児休業制度の確立や女性のための奨学金など、ＦＷＴＡＯは戦後から一九七〇年代半ばまで、たゆまぬ努力を重ねて着実に成果を挙げてきた。しかしまだ課題が残っていた。それは昇進差別との闘いである。オンタリオでは女性小学校教師の人数は男性よりずっと多いにもかかわらず、一九六七年の時点で三四五九人もいた小学校校長のうち女性は九二五人（二七％）にすぎなかった（Gidney：157）。教育委員会の統廃合が進んで、小規模学校が減少した一九八〇年には、女性が小学校教師の三分の二を占めていたにもかかわらず、校長はわずか七％、副校長は二〇％にまで減少してしまった。（Richter 2007b：3）

一九六八年にＦＷＴＡＯが行なった調査では、四八％の会員が昇進に関心があると回答していた。しかし地方では、昇進の可能性もないのに資格を向上させる気持になれないという意見や、既婚女性が資格を向上させたくとも通える範囲に大学や夏期講習の場がないという障害、自分より地位の高い女性に対して男性が敵意を露わにする地域が依然としてあるという現実など、さまざまの問題が指摘されていた（Labatt：119-120）。

第二波フェミニズムは、より責任の重い地位に女性教師を昇進させよという要求の正統性と、結果の平等という概念そしてそれを達成するためのアファーマティブ・アクションという方法をＦＷＴＡＯにもたらした。アファーマティブ・アクションとは、「歴史的に差別され現在も社会的に差別されている人々に対して、積極的補償すなわち特別な配慮や支援を行って、結果の平等を実現する方策」をいう。たとえば管理職の輩出率に男女格差があるのは、その陰にシステムに内在した差別が存在するからであり、そしてその差別を簡単に排除できない以上、なんらかの積極的補償策を講じて結果の平等をもたらそうとすることは何ら公正の原則に反しない、という考え方から生まれた格差解消策である。ＦＷＴＡＯはこの方策に飛びついた。積年にわたって解消しようとしてきた給料の男女格差の原因の一端は、女性の管理職が少ないことにあった。そのため資格・能力・経験の点でずっと優れた女性教師が、若い未経験の男性管理職に指示命令されなければならないという屈辱を、女性教師たちは味わい続けてきた。この差別的状態から脱却するために、アファーマティブ・アクションは格好の方法であるとみなしたＦＷＴＡＯは、州政府や教育委員会にこの政策を採用させる運動を開始した。ＦＷＴＡＯに幸いしたのは、すでにオンタリオ州政府がアファーマティブ・アクション政策に取り組んでいて、公共部門での導入を指示していたことである。そのうえ当時の教育大臣は女性であった。一九八四年、教育省はアファーマティブ・アクション誘導基金を設置し、採用した教育委員会に補助金を与えるという財政的裏づけを与えた。その効果については留保すべき点もあるが、女性教師にも管理職への道を開くべきだとの平等化理念を広める役割を果たした（河上　1989；河上　2004）。

ＦＷＴＡＯは外部に対して平等化政策推進を強力に働きかけると同時に、内部の会員にも管理職への応募と、その前段階である管理職研修コース[4]への受講を呼びかけ、ＦＷＴＡＯ自ら研修会を開催し、受験指導を行なった。本部内に専任のアファーマティブ・アクション推進担当者を配置し、アファーマティブ・アクションについて説明し支持を呼びかけるリーフレットや冊子を数多く出版し、政府へのはがき作戦や関係者を招いての集会などを実施した。多大の資源が女性管理職輩出運動のために費やされた（河上 1989；河上 2004）。

しかし、すべての女性教師が管理職を目指したわけではない。一九九一年にＦＷＴＡＯが実施した調査では、かなりの数の会員が教室で授業をすることに価値を見出しているので管理職になる気はないと回答していた。また管理職になれば男性のように振る舞わなければならないから管理職になりたくないと言う会員もいた。ＦＷＴＡＯは、そうした態度は女性の自信を不必要に喪失させ、管理職になろうとする人の足を引っ張りかねないと批判的であった（The Fedration of Women Teachers' Association of Ontario : 9）。とはいえ、ＦＷＴＡＯの努力が実を結び、徐々に管理職が増えていった。一九八五年の女性校長比率は九・六％、副校長は二〇・四％に、一九九〇年にはそれぞれ一八・三％と三九・二％に（河上 2004 : 89）、そして一九九六年には校長四二％、副校長六〇・四％にまで上昇していった（Richter 2006a : 4）。

ＦＷＴＡＯがそれまで行なってきた給料格差の解消、クラスサイズの縮小や年金制度の改革、育児休業制度の導入などの運動は、男性教師の勤務条件を改善こそすれ、なんらマイナスの影響を及ぼすものではなかった。しかし昇進差別の解消運動は、男性教師の既得権益を脅かすものであった。管理職ポストという限られたパイの奪い合いが始まったからである。

ＯＴＦの中でも最大多数の会員数を誇るＦＷＴＡＯは、会員数に応じた豊かな財政的基盤をもっていた。そのＦＷＴＡＯが女性管理職の増加を最大目標に掲げて動き出したのである。それは合併に向けての男性教師の動きを加速させたにちがいない。

（3）男性教師団体の合併攻勢

ＦＷＴＡＯの設立から二年遅れて誕生したオンタリオ公立学校男性教師連合（Ontario Public School Men Teachers' Federation、以後ＯＰＳＭＴＦと略称する）は、一九五八年にＦＷＴＡＯに対して合併を持ちかけたのを始めとして、その後もしばしば合併を呼びかけていた。一方一九六〇年代の生徒数の急増によって大量に雇用された新任の女性教師たちは、ＯＰＳＭＴＦとの合併を検討するように要求し、ＦＷＴＡＯの総会では毎年のように合併が議題に上がるようになっていった。一九六九年にＦＷＴＡＯが会員を対象に実施した調査では、ＦＷＴＡＯとＯＰＳＭＴＦとの合併についての意見は、現状維持が二四％で最も多く、合併一七％、地方レベルでの合併・州レベルでの分離一五％であった。地方の会員は合併よりも現状維持を望み、大規模校では合併賛成が多いことも明らかになった。この調査の報告書の著者は、「変化することが格好いいという風潮があるが、ＦＷＴＡＯは誇るべき伝統を持った組織なので変化を求めることには慎重でなければならない」と合併に否定的な結論を出していた（Stokes：111-113）。またこの調査によると、一九六九年のオンタリオには、約四二八〇〇人の公立小学校教師がいて、そのうち女性は七三％、男性は二七％であったという。またＦＷＴＡＯ会員の五八％が既婚者で、二八％が子持ちであって家庭責任との両立に苦労していること、彼女たちが教室中心主義的であり、昇進や政治に対する関心が薄く、しかも昇進に有利な立場に置かれておらず、機会も与えられていないことも明らかになった。こうした女性教師固有の状況がある以上、女性だけの組織の必要性はますます明らかだと幹部たちは考えたようであるが、地域間の差違に配慮して、場合によってはその地域だけで男性の教師団体と合併してみてもよいかもしれないと譲歩の姿勢も見せていた（Labatt：132-134）。

一九七一年、ＯＰＳＭＴＦはそのニューズレターで、すべてのＦＷＴＡＯ支部はそれぞれのＯＰＳＭＴＦ支部と合併すべきであるという論説を発表した。ＦＷＴＡＯはすぐさま反論を展開し、管理職が多い男性教師の組織と合併しても、女性教師はリーダーの地位や自律性を失い、お茶汲みをさせられるのがオチである、合併は男性教師に利益をもたらすだけである、と論じた。「ＦＷＴＡＯの五三年の歴史の中で、女性が自分たちの組織を諦めることが望ましかったことは一度としてない。五〇年を経てようやく国立委員会の勧告にまでたどり着いたのである。あらゆる女性が平等の可能性に気づくように五〇年も働きかけてきたのに、今になってすべてを失うことなどできない」と主張したのである（Labatt：152)。

ＦＷＴＡＯは州レベルの合併を一貫して拒否し続けていたが、ＯＰＳＭＴＦからの攻勢は執拗だった。地方支部では事実上の合併が進んでいるところもあったが、州レベルの合併を求めるＯＰＳＭＴＦは一九七四年、一人の男性教師に挑発的な行動を取らせた。彼は自分をＦＷＴＡＯのボランタリーメンバーとして受け入れるようにして欲しいと、教育省に仲介を求めたのである。この要求はもちろん却下された（Graham：195)。

一九七六年ＯＰＳＭＴＦは、さらに過激な行動に出た。ＯＰＳＭＴＦの会長が、一九七七年度をもってＦＷＴＡＯと合併してオンタリオ小学校教師連合（Ontario Elementary Teachers' Federation）を設立するよう申し入れると書かれた公開文書を発表したのである。ＦＷＴＡＯ会長はすぐさま、ＯＰＳＭＴＦはＦＷＴＡＯの潤沢な会費収入と権力の奪取を狙っている、と反撃した（Labatt：225-226)。

一九七七年春、ＦＷＴＡＯは調査会社に依頼して合併に関する会員の意見調査を実施した。合併に賛成している会員は一四％であり、しかも年齢の高い会員の方が合併に反対していることが明らかになった（Labatt：225-227)。世代間格差が明らかになりつつあった。

一九七二年からＯＰＳＭＴＦは女性教師を任意加入の形で取り込んでいたが、一九八二年になると団体名から「男性」を除いて、「オンタリオ公立学校教師連合」（Ontario Public School Teachers' Federation、以後ＯＰＳＴＦと略称する）とし、あたかもすべての小学校の教師を包摂する団体であるかのように自称した。ＦＷＴＡＯはオンタリオ中等学校教師連合の支援を得て、この名称が小学校教師を代表しているかのような印象を与えるとして、変更を要求した。しかしこの異議申し立ては却下され、新しい名称はそのまま残った。ＯＰＳＭＴＦはすでに合併が行なわれたかのような印象を与えることに成功したのである（Labatt：300-301）。

ＯＰＳＭＴＦが地方支部レベルでかなりの女性教師を取り込んでいたことが、こうした行動に出る動機を与えたのであろう。たとえば一九八七年に筆者がインタビューした小学校の女性教師は、ＦＷＴＡＯではなくＯＰＳＴＦに属していた。その理由は保守的なＦＷＴＡＯではなく、左翼的な新民主党（New Democratic Party：NDP）を支持するＯＰＳＴＦの政治姿勢に共鳴したからだという。「ＦＷＴＡＯは穏健保守的だけど、ＯＰＳＴＦは革新進歩的で組合志向も強いので、この特徴に惹かれてＯＰＳＴＦに加入した」と彼女は語った。彼女自身、勤務地のＯＰＳＴＦ支部（男性五〇〇人、女性八五人）の支部長を務めていた。彼女の話では、一九七〇年代半ばから女性教師の会員が増えてきたので、一九八二年にＯＰＳＭＴＦからＯＰＳＴＦに名称変更したが、彼女の会費は自動的にＦＷＴＡＯに入るので別に二五ドルをＯＰＳＴＦに納めている、会員数は男性約一七〇〇〇人、女性二〇〇〇〇人で、支部長としての彼女の課題は、既婚女性の多い臨時教師の組織化である、ということだった。

（４）合併への抵抗

一九八五年、ＯＰＳＴＦが『なぜ統合が必要か？』という冊子を刊行したことを受けて、ＦＷＴＡＯはニューズレターにＯＰＳＴＦの主張に対する反論を掲載した。ＯＰＳＴＦは統一組織の方が強力であるというが二つの組織から二つの声をあげた方が力になる、刊行物の重複を避けて節約できると主張するがパートタイムワーク・育児休業制度・中断による年金問題・リーダーシップの訓練など女性固有の課題がある、女性だけの組織の方がこうしたニーズに応えられ、女性教師の能力を有効活用でき、女性のリーダーシップ能力を養うことができる、などとして、合併反対の論陣を張った（Labatt：301-303）。

同じ一九八五年、ＯＰＳＴＦは女性教師を原告とする法廷闘争を開始した。その告発内容は、女性というだけで自動的にＦＷＴＡＯの会員にされ、彼女が支払う会費が意に反してＦＷＴＡＯのものになるのは、所属団体の選択の自由を侵害されているというものであった。このためＦＷＴＡＯは法廷闘争への対策に追われることになった。退職した会長が復帰して現職事務局長や弁護士と一緒に訴訟対応チームを結成した。法廷闘争には莫大な費用がかかり、女性教師のための教育や対策プログラムは手薄にならざるを得なかった。ＦＷＴＡＯは法廷で、女性問題の研究を引用したり、フェミニストを証人に立てたりして、女性だけの組織の必要性を訴えた。

たとえば訴訟対応チームは、イギリスの女性教師団体が男性教師団体と合併した後、何が起きたかを次のように検証した。イギリスでは、一九二〇年代に「全国教師組合（National Union of Teachers、以後ＮＵＴと略称する）」の男性指導者が女性教師の利益を擁護しようとしなかったので、分離して全国女性教師組合（National Union of Women Teachers）を設立し、一九六〇年代に給料の男女平等を獲得した。そこで真の平等が達成されたと誤解して、男性教師組合との合併に踏み切ったが、すぐに女性の権利を擁護する活動を諦めなければならなくなった。しかし今更どんなにその必要性を感じたとしても、二度と再び女性だけの組織をつくることはできなかった。女性の利益は男女の全体の利益の中に包含され、リーダーや責任ある地位にはつけず、女性たちの闘いが故意に挫折させられることもあった。代表性が確保できないのでＮＵＴ内部に女性の組織である女性部（the Women in NUT）を作ったが、それはかつてのような公式の全国的組織とはなりえなかった。ＮＵＴの指導者たちは、自分たちが女性教師の利益を代表していると主張して、女性が直接代表になることを許容しなかった。女性部はＮＵＴを支配する男性幹部が認める範囲内での代表性しか確保できなかった。女性が主導権を手放す時、男性とそれを分かち合えると期待するが、男性は決して分けようとはしない。こうした例をみても、ＦＷＴＡＯが合併すれば男性に主導権を奪われてしまうに違いない、と法廷で主張した（Labatt：307-310）。

ＦＷＴＡＯは機関紙でも、女性だけの組織でいる方が女性のニーズに合わせた運動、すなわちパートタイムワークやジョブシェアリングの推進、育児休業制度の充実、職業の中断によって不利になる年金問題の解決、女性のリーダーシップ発揮の機会の確保、女性の能力の活用などができるが、合併してしまえば女性のための活動や運動は後回しにされ、女性は補助的で周辺的な仕事をさせられることになると、会員たちに合併反対を訴えた（Labatt：301-303）。

しかし当時の教師たちを取り巻く環境は厳しかった。州政府は苛酷なほどの教育財政緊縮政策をとっていた。支援スタッフは解雇され、図書室は閉鎖され、クラスサイズは拡大し、交通費・保守費・施設費の予算はカットされた。学校の建物は古ぼけたままだった。政府は支援も教科書も訓練も用意しないで、新しいカリキュラムを導入した。その一方で、組合の集団交渉権やストライキ権を剥奪し、収税権を教育委員会から取り上げて教育費の権限を州政府の手に集めようとした。八〇年以上の歴史の中で、教師組織は多くの困難に直面してきたが、このような大幅で急速で、しかも何の相談もなく実行された教育変革はこれまでに例のないものであったという（Richter 2006a：7-8）。こうした州政府の政策に対抗するには、教師団体同士で争っている余裕はなかった。団結が必要だったのである。訴訟はまだ続いていたが一九九八年、ＦＷＴＡＯはついに合併に合意し、その歴史の幕を閉じた。

6　女性教師だけの組織の意味

ＦＷＴＡＯは八〇年間もの長期にわたって女性だけの組織であり続けた。女性問題の解決に特化した組織ではなく、教師という職業団体、しかも自動加入の組織としては稀有な例であるといってよい。ここでＦＷＴＡＯが女性教師だけの組織であったことの意味について整理し、考察してみよう。

（1）なぜ生まれたか

ＦＷＴＡＯあるいはその前身である女性教師協会は、教育界を牛耳っている男性に任せていたのでは自分たちの要求が実現できないと感じて、女性だけの組織を立ち上げた。彼女たちの要求とは、生計を維持できる給料と老後の保障となる年金制度であった。だが教育委員たちは、女性教師とは若い独身女性であって、いずれ結婚するのだから高い給料も年金も不要であると考えていた。マリッジ・バーがあったので、若い未婚女性が女性教師の大半を占めていたことは事実だった。教育委員たちはこの多数派の女性教師像を盾に、女性教師協会の要求を退けていた。しかしこのステレオタイプにあてはまらない女性教師もいたのだ。

ＦＷＴＡＯを創設した女性教師たちは、次のような特徴を持っていた。

①都市部の教師　彼女たちは都市部に住み、参政権運動など新しい時代の息吹を吸って、女性の権利に目覚めていた。彼女たちは、地縁・血縁の支配する因習的な地方や女性に伝統的な女らしさを要求する旧弊な農村部で教職についていた女性たちとは違った環境にいた。

②非婚の選択　彼女たちは非婚を選択していたので、私生活での男性パートナーがいなかった。男性に依存せずに生きていたともいえる。異性との関係の持ち方について、多数派である結婚志向の女性教師たちとは異なる考えを持っていた。

③生計維持者　彼女たちは、自分で生計を維持しなければならなかったし、場合によっては親や兄弟姉妹を養わねばならなかったので経済的自立が重要な課題であった。一方、地方に住み、親元から通っている若い独身女性教師にとって給料の多寡はさほど重要ではなかった。

④専門職志向　彼女たちは年齢が比較的高く、それだけに長い経験を積み、教師としての自信と自負心をもっていた。

数年間で辞めていく若い女性教師たちとは異なり、強い専門職意識をもっていた。⑤高学歴・高資格　教職に一生を捧げる決意の彼女たちは、比較的学歴や資格が高く、また資格や能力を向上させようとする意欲も高かった。それに対して、多数派の女性教師たちは、できるだけ短期に安く資格を取得して結婚まで教職を経験しておけばよいと考えていた。

このように、ＦＷＴＡＯを立ち上げた女性教師たちは、女性教師の中の少数派集団であった。ＦＷＴＡＯを立ち上げた後の会員獲得が難航したのも当然であるかもしれない。しかし彼女たちは自分たちこそ女性教師のモデルであるべきだとの信念をもっていたかのように、要求運動に、そして会員獲得や会員サービス活動に邁進していた。女性だけの組織であったことによって、女性教師の要求を最重要課題として前面に押し出していくことができたし、リーダーシップ能力や教育委員会との交渉戦略や組織運営の技能を培うことができた。苦しい時代に女性だけで助け合い励ましあって組織を維持し続けてきたことが、彼女たちに自信と実力を与えたのだということができる。男性から差別され疎外されていた弱者の集まりではあったが、比較的社会的地位の高い教師という職業であったことと、専門職であるとの自負心とによって、ゲットー化することなく生き延びることができたといってよい。

それどころか、ＦＷＴＡＯ発足後に、他の教師の団体も後を追うように自分たちの組織を立ち上げたのである。御用団体あるいは親睦団体のようなオンタリオ教育協会から相対的に自立し、会員の利益を擁護し代表する教師団体設立の先鞭をつけたのがＦＷＴＡＯであったといえる。この成立事情こそ、男性教師団体への統合からＦＷＴＡＯを守り、女性だけの組織を維持させる礎になったのだといえるだろう。

ただＦＷＴＡＯを創設した女性教師たちが、当時の女性教師たちの間ではあくまで少数派であり、ある種のエリートであったことが、その後のＦＷＴＡＯの歴史に影を落としていたように思われる（河上　2009）。

（2）何ができたか

次にＦＷＴＡＯが女性だけの組織であったことによって、何ができたかを検討してみよう。

①給料の男女格差の是正　給料の値上げは男女教師に共通する課題であったが、格差の是正は女性教師だけの要求であった。男性たちは家計維持主体者であることを理由に格差の温存を図ろうとしていたのである。女性教師の利益を代表する組織の存在は重要な意味をもっていた。また格差是正のために女性教師の資格を向上させようとする運動や努力にも女性だけの組織であったことで資源を投入できた。男女混成の組織では、女性のためだけのプログラムは実行しにくかったであろう。

②労働条件の改善　人員削減反対やクラスサイズの縮小要求は教師全体の課題であるが、実際には、人員削減策のあおりを真っ先に受けるのは女性であり、大クラスで授業しているのは低学年担当の女性教師であり、女性教師が学内雑務を引き受けさせられているという状況があって、男女教師の利害は必ずしも一致していなかった。女性だけの組織であるＦＷＴＡＯが、女性教師の実情にあった要求を強力に訴える必要があったし、実行したのである。

③年金制度の確立　この問題も男女両性の課題ではあったが、妻帯している男性教師と独身の女性教師との間には大きな懸隔があった。遺族年金の必要度に違いがあり、また年金額に影響する定年にも男女差があったのだ。女性だけの組織だったからこそ、女性教師の利益にかなう提言を突きつけていくことができたといえる。

④女性のためのプログラムやサービスの提供　専門職法によって豊富な資源を獲得したＦＷＴＡＯは、国内外の女性や少女ために資金を提供し、児童虐待やドメスティックバイオレンスについて調査研究するなど、女性としての経験と視点を生かしたさまざまな活動を行なった。女性に焦点を当てたサービス提供は女性の組織ならではといえよう。

⑤女性管理職輩出運動　管理職という限られたポストにより多くの女性を就任させようという運動は、それが男性の

既得権益を侵すものであるので、女性だけの組織でなければ資源を投入するには困難が伴う。ＦＷＴＡＯが莫大な時間と労力と金銭を費やし、さまざまの戦略や方法を駆使してアファーマティブ・アクション運動を推進できたのも、女性だけの組織だったからである。

（3）なぜ消滅したのか

ＦＷＴＡＯは世界にもまれな女性だけの教師団体として八〇年間もその活動を続けたが、ついに男性の教師団体を母体とする組織と合併して消滅した。それはなぜだったのだろうか。その理由について考察してみよう。

①男性教師からの合併要求　一九四四年の教職専門職法成立以降、男性小学校教師の団体が執拗に合併を迫っていたことは、すでに述べたとおりである。その意図が、ＦＷＴＡＯの莫大な会費収入にあるとＦＷＴＡＯの幹部たちは考えていた。ＦＷＴＡＯはその資金をもっぱら女性教師のため、女性のために使っていた。またこの資金があればこそ、ＦＷＴＡＯは発言力を持つ自律的な組織でありえたのだ。ＦＷＴＡＯの資金と会員を動員することができれば、確かに小学校教師の団体は大きな勢力を持つことができる。政治的意図をもつ者にとって、ＦＷＴＡＯは魅力ある組織であったに違いない。

②反動的教育政策への対抗の必要性　合併前後の数年間、州政府は教師に対して苛酷な政策を実行していた。ストライキ権を取り上げ、教育予算を削って労働条件を悪化させたのである。これに対抗するには、教師同士で争っている余裕はなかった。大同団結が必要だったのである。

③女性の地位の変化　こうした外部的要因だけでなく、ＦＷＴＡＯ内部にも変化が生まれていた。たびたび実施された意見調査でも明らかなように、若い世代の女性教師たちは女性だけの組織であることの必要性を認めなくなってい

た。一九六〇年代後半からカナダで急速に進展した男女の平等化は、差別体験を希薄化し、女性の経験や要求にこだわる姿勢を風化させたようである。たとえば一九六八年にＦＷＴＡＯが実施した意識調査では、八七％の女性教師が、彼女たちの所属する教育委員会は既婚女性を差別していないと回答している（Labatt：119-120）。こうした世代間格差に加えて、ＦＷＴＡＯ本部と地方支部の間にも意見の相違が生まれていて、すでに一九七〇年頃にＦＷＴＡＯも、地方支部での合併を容認せざるを得なかった。外堀が徐々に埋められていたのだ。

④幹部と一般教師の乖離　ＦＷＴＡＯは当時の女性教師の中での少数派が立ち上げた組織として出発した。中枢を担った女性たちは、遅れた地域の意識の低い女性教師たちを督励して資格を向上させ、専門職意識を高め、管理職への意欲を掻き立てようとした。時には専門職化の運動方針に従わない女性教師を非難さえした。また幹部たちは女性だけの本部事務所で方策を立て、頑迷固陋な教育省の幹部や教育委員たち相手に交渉し、要求を勝ち取ることに努力を傾注していた。しかし現場で働いている多くの女性教師たちは、さほど強く女性差別を感じていなかった。同僚である男性教師は職場の仲間であり、所属する教育委員会との交渉では男性教師と共同歩調を採らねばならないこともあっただろう。ある時期まで既婚女性問題や育児休業対策に不熱心であったＦＷＴＡＯへの不満もあったかもしれない。穏健すぎる政治姿勢を物足りなく思っていた女性教師もいた。

ＦＷＴＡＯ幹部の視点からその歴史を描いたメアリ・ラバット（Mary Labatt）は、男性教師団体の策略や陰謀によってＦＷＴＡＯが合併に追い込まれたと感じているようだが、彼女の記述から浮かび上がってくるのは、次第に広がっていくＦＷＴＡＯ幹部と一般会員との亀裂である。結婚しないで教職に生涯を捧げようと決心した創始者たちと、教職を結婚までの体裁のよい職業経験とみなしていた若い女性教師たち。学位や高い資格を専門職の証にしようとしたＦＷＴＡＯ幹部たちと、現状に甘んじようとする既婚の女性教師。苛酷な差別体験をもつベテランと平等化社会に生きる若い世代。管理職輩出によって男女平等を実現しようとする幹部たちと、授業担当教師であることを選ぶ一般の女性教師たち。「女性の経験」は多様であった。ＦＷＴＡＯへの自動加入制度はＦＷＴＡＯを巨大化させ財政豊かな組織にしたが、それと同時に、専門職化と男女平等を追求する幹部たちと理想や思想を分かち合うことのできない会員を包摂することにもなった。

ＦＷＴＡＯの幹部たちは、教育委員会の上層部、さらには教育委員会連合のトップや教育大臣とも交渉し、説得しなければならない立場に置かれていた。社会的エリートたちに対抗するために、ＦＷＴＡＯも学歴水準の高い専門家を雇って交渉や勧誘に当たらせた。古くはトロント大学の卒業者や博士や勧誘の専門家、時代が下ってからは調査の専門家やアファーマティブ・アクション政策推進者など、外部から女性の解放や平等を目指すさまざまの人材を採用して、ＦＷＴＡＯの立場を強化し、交渉力を高めようとしてきた（河上 1989；河上 2009）。その成果はあったように見える。しかしその一方で現状に満足している多くの女性教師たちと、ＦＷＴＡＯ中枢部の懸隔が広がっていった。それは第二波フェミニズムが退潮していく時期とも重なっていた。

7　その後の小学校教師組織

ＦＷＴＡＯとＯＰＳＴＦとの合併によって新たに設立されたオンタリオ小学校教師連合（the Elementary Teachers' Federation of Ontario、以後ＥＴＦＯと略称する）は、小学校教師の勤務条件の改善運動や教育問題への発言などの活動を展開している。ここではＦＷＴＡＯとの関係でいくつかの変化を指摘しておこう。

ＦＷＴＡＯとＯＰＳＴＦは合併に際して、合意事項を含んだ新しい綱領を作成した。そこには女性のために幹部ポストを用意すること、女性のためのプログラムに年間予算の六％に当たる額を割り振ることが決められていた

(Richter 2007b : 3)。だが、ＥＴＦＯのホームページ（www.etfo.ca）によると、初代ＥＴＦＯの会長は女性であったが、その後男性が会長になり、第一副会長も男性であった。二〇〇九年八月の総会では、その第一副会長が会長に昇任し、引き続き男性が会長職に就くことになった。

合併直後の一九九八年の総会で、ＥＴＦＯは代議員の満場一致で保守政権打倒と、公立学校教育の改善を公約に掲げる候補者の支援を決定した。そして六月の選挙に際しては、他の教師団体や地域社会と協力して公立学校の現状を人々に示そうと、屋外広告、リーフレット、ラジオやテレビでの広報活動を行なった（Richter 2006a : 3）。このような大々的な政治活動は莫大な会費収入の裏づけによって可能であったといえる。党派的行動には一歩間を置いていたＦＷＴＡＯ時代とは、大きく方向転換したといってよい。

また二〇〇〇年の総会で代議員たちはカナダ労働者会議（Canadian Labour Congress : CLC）とオンタリオ労働者連合（Ontario Federation of Labour : OFL）に加盟することを決議した。ＥＴＦＯは労働運動に参加している最大の教師団体となった（Richter 2006a : 5）。労働者と同一視されることを嫌って、専門職集団としての方針を長く維持してきたＦＷＴＡＯとは異なるアイデンティティを選択したのだ。

エステル・フリードマン（Estelle Freedman）は一九七九年の論文で、かつてアメリカの参政権運動家の女性が、女性は女性としてではなく市民として投票すべきであるし、政治的課題を決定するのは性別ではなく知性と信条であり、女性と男性の差異は政治的経験や社会的訓練の不足による一時的なもので、政治活動を続けるうちにそうした差異は消滅するはずだと考えて、男性中心の組織に女性を組み込むことで参政権を獲得しようとした結果、男性に支配権を奪われたままになり、女性だけで声を挙げなければ、政治的権力も男性からの尊敬も勝ち取ることができないことを悟った、という例をあげて、第二波フェミニストたちに警告を発している（Freedman : 522-524）。

ＦＷＴＡＯの合併は、女性教師たちが男性と同等の発言力とリーダーシップ能力を獲得した暁の、発展的解消であったのだろうか。また合併後の新しい小学校教師組織ＥＴＦＯは組合色と政治性の強い戦闘的組織になっているが、それは多くの女性教師たちが本当に望んでいる方向なのだろうか。

注

（1）マリッジ・バーという用語は、論文題目などにはほとんど発見できない。また入手できたアメリカの資料でもマリッジ・バーという言葉を使っていないので、オンタリオ州だけの慣用的表現なのかもしれない。しかし簡便でわかりやすいのでこの言葉を使って論述することにした。

（2）一九二五年のトロント教育委員会のマリッジ・バー規定は次のようであった。(1)校長は既婚女性教師の名簿を主任視学に提出しなければならない、(2)結婚した女性教師は自動的に退職するものとし、給料は結婚した日までしか支払われない、(3)教育委員会に雇用されている既婚女性教師との雇用契約についての調査を委託された委員会は、次の理由を例外としてよい。①未亡人、②夫と同居していない者あるいは夫に扶養されていない者、③身体的精神的疾患によって夫が彼女を扶養できない場合で、彼女が自分や家族の生計を維持しなければならない場合、④主任視学が彼女の能力を余人をもって換え難し、と判断した場合。（出典：トロント教育委員会史料）（Reynolds：221-222）

主としてカナダ中西部の教師研究をしているベス・ヤングは、女性教師は結婚すると、また時代が下ってからは妊娠すると、教職を辞めなければならないという政策（politics）があったと書いている（Beth Young 1994, An Other Perspective on the Knowledge Base in Canadian Educational Administration, *Canadian Journal of Education*, Vol.19,

No.4, pp.351-367）。

アメリカにも同じような既婚女性教師排除の慣習があった。一九一一年ウェスト・ヴァージニア州のある郡で、公式に定められた解雇理由の中に「結婚」という項目はなかったにもかかわらず（ちなみに明記された解雇理由とは、無能力、義務違反、飲酒癖、不道徳行為、虐待、猥褻行為であった）、世間が許さないという理由で結婚したばかりの女性教師が解雇された例があるという。また勇敢にも不当解雇の訴訟を起こし、裁判での勝利を勝ち取った女性教師もいたが、その判決後も既婚女性排除の規定は州のあちこちで存続し続けたという（Robert J. O'Brien 1997, Persecution and Acceptance : The Strange History of Discrimination Against Married Women Teachers in West Virginia, *West Virginia History*, Vol.56, pp.56-75）。

（3）他の四つの組織は、すでに述べたオンタリオ中等学校教師連合とオンタリオ小学校男性教師連合のほか、オンタリオ英国系カソリック教師協会（Ontario English Catholic Teachers' Association : OECTA）と、オンタリオフランス語系教師協会（Association des enseignantes et des enseignants franco-ontariens : AEFO）である。なおオンタリオの私立学校は公費補助を受けず、その代わり政府の統制も受けていない。

（4）管理職研修コースというのは、管理職に応募しようとする教師が事前に受けておかなければならない研修である。受講資格は、教員免許、一〇年以上の経験年数、修士号、そしてボランティア経験である。しかし一九八一年まで、このコースの受講者割当の決定権を男性が握っていたため、女性教師の受講チャンスは少なかった。またコースの修了後に管理職に応募するに際しては上司の推薦状が必要であった（Smith, Laverne, 1991, The Gender Composition of the Pool of Prospective School Principals, *Canadian Journal of Education*, Vol.16, No.2.pp.198-205 <Research Note>）。

引用文献

Adamson, Nancy, Briskin, Linda and McPhail, Margaret, 1988, *Feminist Organizing for Change : The Contemporary Women's Movement in Canada,* Oxford University Press, Toronto.

Arbus, Judith, 1990, Grateful To Be Working : Women Teachers During the Great Depression, in Frieda Forman, Mary O'Brien, Jane Haddad, Dianne Hallman and Philinda Masters (eds.) *Feminism and Education : Canadian Perspective,* Centre for Women's Studies in Education, OISE.

Briskin, Linda, 1993, Union Women and Separate Organizing, in Linda Briskin and Patricia McDermott(eds.) *Women Challenging Unions : Feminism, Democracy and Militancy,* University of Toronto Press.

Cavanagh, Sheila, 1989, The heterosexualization of the Ontario woman teacher in the postwar period. *Canadian Woman Studies,* Vol. 18, No.1 (Spring), pp.65-69.

—— 2003, The Gender of Professionalism and Occupational Closure : the management of tenure related disputes by the 'Federation of Women Teachers' Associations of Ontario' 1918-1949. *Gender and Education,*Vol.5, No.1 (March).pp.39-57

Danylewycz, Marta, Light, Beth and Prentice, Alison, 1987, The Evolution of the Sexual Division of Labour in Teaching : Nineteenth Century Ontario and Quebec Case Study, in Jane S. Guskell and Arlene Tiger Mclaren (eds.) *Women and Education : A Canadian Perspective,* Detselig Enterprises Limited.

Freedman, Estelle, 1979, Separatism as Strategy : Female Institution Building and American Feminism, 1870-1930, *Feminist Studies,* Vol.5 No.3 (Fall).pp.512-529

French, Doris 1968, *High Button Bootstraps : Federation of Women Teachers' Associations of Ontario 1918-1968*, The Ryerson Press.

Gidney, Robert. D., 1999, *From Hope to Harris : The Reshaping of Ontario's Schools*, University of Toronto Press.

Graham, Elizabeth, 1974, Schoolmarms and Early Teaching in Ontario, in Janice Acton, Penny Goldsmith and Bonnie Shepard, (eds.) *Women at Work Ontario, 1850-1930*, The Canadian Women's Educational Press.

河上婦志子　1989,「女性教員のためのアファーマティブ・アクション」『神奈川大学 心理・教育研究論集』第7号　pp.11-30.

—— 2004,「平等化戦略としてのアファーマティブ・アクション」『女性学研究』第11号（大阪女子大学女性学研究センター）pp. 89-109.

—— 2009,「オンタリオ女性教師協会連合の専門職主義」『神奈川大学 心理教育研究論集』第28号　pp.5-15.

Labatt, Mary, 1994, *Always a Journey : A History of the Federation of Women Teachers' Associations of Ontario 1918-1993*, the Federation of Women Teachers' Associations of Ontario.

Lawton, S. B., Bedard, G., MacLellan, D. and Li X., 1999, *Teachers' Unions in Canada*, Detselig Enterprises.

Prentice, Alison 1985, Themes in the Early History of the Women Teachers' Association of Toronto, in Paula Bourne (ed.) *Women's Paid and Unpaid Work : historical and contemporary perspectives*, New Hogtown Press.

—— 1998, Mapping Canadian Women's Teaching Work : Challenging the Stereotype, in Alison Mackinnon et.al. (eds.) *Education into the 21st Century : Dangerous Terrain for Women?* Falmer Press.

Reynolds, Cecilia, 1987, Limited Liberation : A Policy on Married Women Teachers, in Patricia A. Schmuck, (ed.) *Women Educators ; Employment of Schools in Western Countries*, State University of New York Press.

Richter, Barbara 2006a, *It's Elementary : A brief history of Ontario's public elementary teachers and their federations*, The Elementary Teachers' Federation of Ontario.<http://www.etfo.ca/SiteCollectionDocuments/About%20ETFO%20Documents/ETFO%20History%20Documents?>

―― 2006b, It's Elementary : *A brief history of Ontario's public elementary teachers and their federations Part 2: Early 1800 to 1944*, The Elementary Teachers' Federation of Ontario. <同上>

―― 2007a, *It's Elementary : A brief history of Ontario's public elementary teachers and their federations Part 3: Early 1945 to 1980*, The Elementary Teachers' Federation of Ontario. <同上>

―― 2007b, *It's Elementary: A brief history of Ontario's public elementary teachers and their federations Part 4: 1980 to 1998*, The Elementary Teachers' Federation of Ontario. <同上>

Smaller, Harry, 1991 "A Room of One's Own": The Early Years of the Toronto Women Teachers' Association, in Ruby Heap and Alison Prentice (eds.), *Gender and Education in Ontario*, Canadian Scholars' Press.

Staton, Pat and Light, Beth, 1987, *Speak with Their Own Voices*, Federation of Women Teachers' Associations of Ontario.

Stokes, Shirley, 1970, *The Shortest Shadow*, The Federation of Women Teachers' Associations of Ontario.

The Federation of Women Teachers' Associations of Ontario, 1992, *Go for it ! : barriers to women's promotion in education.*

Wotherspoon, Terry, 1998, *The Sociology of Education in Canada : Critical Perspective*, Oxford University Press in Canada.

第七章　婦女新知の時代

――一九八二―八七年の台湾におけるフェミニズム

顧燕翎

1　増える社会抗議活動

一九八〇年代、台湾に第二波フェミニスト運動が到来した時、社会抗議活動を統合し、市民社会を動員する勢力が具体的な形を取り始めた。それは、「最初の、最も行動的で、最も目立った」（Severeignhaus 1989：13）非政府組織（NGO）、すなわち中華民国消費者文教基金会（the Consumers Foundation of the Republic of China：CFROC）であった。この非政府組織は平均的消費者の権利を擁護するために一九八〇年に設立された。一九八〇年代に台湾の非政府組織が果たした役割について調査をしたセヴァレインハウス（Severeignhaus）は、「中華民国消費者文教基金会が、台湾社会の開放と多様化のために行なった偉大な貢献の一つは、人々が抱えている問題にたとえ政府が注意を払わなくても、市民組織の力でそれを是正することができるということに気づかせたことである」と断言している（Severeignhaus 1989：14）。社会学者の張茂桂によると、中華民国消費者文教基金会の最大の強みは、その非党派性と非政治性であり、そのために政治家や政党に対して懐疑的であった人々の信頼を即座に勝ち取ることができたのだ、という（張茂桂 1989：50）。

国民党政府は、リベラルな学者や専門職の活動が既存の権力体制の脅威にならないことがわかると、彼らの要求に応えるようになった（Hsiao 1990：167）。消費者運動の成功と社会の変革を求める熱意に刺激されて、一九八〇年代初期に多くの公共的支援グループが誕生した。非公式の会合を開いて議論していた専門職女性の小さなグループ（筆者も参加していた）と李元貞（1946-）は、台湾におけるフェミニズムを主導するため一九八二年、非営利的雑誌を出版するフェミニスト集団「**婦女新知**（Awakening）」を立ち上げた。メンバーの多くは三〇代前半で、台北市に住んでいた。その後の一〇年間、**婦女新知**は独立した運動団体として、また台湾で最も行動的な女性グループとして活動を続けた（張茂桂 1989：65-66）。

2　反政府運動からフェミニズムへ

家父長制が深く根づいている権威主義的社会では、初期段階のリーダーシップの態様がフェミニスト運動にとって重要な意味を持つ。一九七〇年代に呂秀蓮が、自らはフェミニスト運動に手を染めるつもりがなかったにもかかわらず、熱狂的な仲間によって一時的にしろフェミニストの立場に祭り上げられてしまったのに対し、李元貞はジェンダー問題について熟考を重ねた上で、運動団体を立ち上げることによって社会を変革しようと決心した。呂秀蓮が、一般市民の支持を得にくいフェミニスト運動では政治参加の機会がないことに我慢できず、公的な地位を求めて野党に鞍替えしたのに対し、李元貞は、最初から野党に属していて、その後フェミニズムに身を投じたのである。

台北郊外の淡江大学の中国文学教授である李元貞は、女性としてのライフサイクルの各段階を通過していく中で、次第にジェンダー化された人間としての自己に目覚めていった。彼女は一九七〇年に大学のクラスメートと結婚し、その後の二年間幸福な結婚生活を送った。娘が生まれた後、夫の求めに応じて彼の両親と同居し、伝統的な同居嫁の役割を強いられる中で彼女は、自分の人生も時間も自分のものではなくなってしまって、結婚制度からくる呼吸困難に陥ったという。

私の結婚生活の経験は、私の意識覚醒に重要な役割を果たした。結婚は親密な関係や愛情に満ちた支え手をもたらしてくれるが、制度としての結婚は女性を抑圧する働きをもってもいる。一旦結婚すると、あらゆる種類の制度化された役割（名份）が私の生活に入り込んできた。私は誰かの妻で、誰かの嫁で、誰かの母親になった。役割期待を果たすために私は本当の自分を押し殺したので、しばしば呼吸困難に陥った。細々とした家事をすることは厭でなかったが、自分の自由を制限されることに慣れることはできなかった。旅行に行く自由がなくても、映画を見に行けなくても、活動に参加できなくても我慢できた。しかし私は私の感情や思考が中断され制限されることには苛立ちを覚え、苦痛を感じた。男性は仕事や社会生活の中に避難場所を見つけることによって結婚の抑圧から逃げ出すことができる。しかし女性は家に留まり、混乱した感情を抱え、果てのない日常作業に向き合い、空疎さと無益感に堪えねばならない。愛と自由の狭間で苦しみながら徐々に、私には愛よりも自由が必要なのだと気づいていった。私は私自身に対して真摯でなければならない。私は愛を捨てて自由を選ぶという辛い決断を下した（李元貞 1987b：111-112）。

一九七二年の妻殺し事件に対する人々の関心が高まったことも、彼女が女性役割に対する社会の抑圧について考え直すきっかけになった。当時の多くの知識人と同様彼女もまた、公然と「女性の人権」を要求する呂秀蓮の勇気に強く憧れていたが、まだ自ら行動を起こすには至っていなかった（李元貞 1987b：112）。一九七三年、夫が彼女に愛人をもつこと（extra-marital affair）を受け入れてくれと頼んだ時に、彼女の結婚生活は離婚という形で終わりを告げた。次の年、彼女は演劇を学ぶためにアメリカへ渡り、そこで初めて西洋のフェミニズムに出会い、苦しみ悩んできた彼女の経験がすでに存在していたこと、そして世界共通であることを発見した。彼女は感慨を込めて言う。

女性問題の中心的課題は自由への希求である……（家父長制社会においては）男性は私たちの恋人でもあれば敵でもある。男性に愛情と自由の両方を求めることは、不可能ではないにしても、困難である。女性を服従させようとする、あらゆる悪しき習慣と考え方を払拭しないかぎり、男性と女性の間には真の愛情も真の自由もありえない（李元貞 1987b：112）。

一九七六年に台湾に戻ってきた時、彼女はフェミニズムに強く共感していたが、まだフェミニストとしての行動を起こすには至っていなかった。代わりに彼女は、労働者階級の経験を代弁し、民主化を推進しようとする「郷土文学」（native soil literature）をよみがえらせる文学運動に参加した。中国の伝統的な知識人たちと一緒に、売春婦や工場労働者などの社会的に剥奪された集団のための援護活動をしながら、この人たちの直接的な苦しみの方がフェミニスト思想の宣伝より緊急性を要すると、彼女は信じていたのである（顧燕翎 1987：50）。

しかし男性が主導する死刑廃止運動や公民権運動や新しい左翼運動の中で、アメリカやヨーロッパや日本のフェミニストたちの多くが経験していたように、いわゆる台湾民主化運動でも、男性がリーダーの役割を担い、考え、企画していて、女性は男性に奉仕し、男性の必要を満たす役割を課せられていた（田中　1977：Deckard 1979　を参照）。

ジェンダーを超えた人間としての平等や相互尊重を実現すること、そして進歩的な社会運動グループの中にすら存在する男性支配に挑戦することは、世界的な第二波フェミニズム運動を生み出した動機の一つであった。「民主化運動内部に巣喰う男女の権力関係の構造」に、そして男性活動家が「女性のニーズと尊厳」を無視することに幻滅した李元貞はついに、「台湾でフェミニスト運動を推進することの必要性と重要性」を感じるようになった。

民主化と人権を目指す運動に参加していると、苛立ちを感じることがしばしばあった。尊敬され賞賛されるべき進歩的男性リーダーが、女性運動を無視することにたびたび気づかされたのである。彼らができる最善のことは、いかに女性運動を彼らの計画に利用するかを考えることであった。彼らは人類の別の半分がもつニーズや尊厳に対してまともな関心を持たなかった。……彼らは始終、人間全体の問題が解決すれば、女性に固有の問題も解決されると強調した。男女間の問題も人間問題の一部であると想像することから、彼らは完全に逃げていた。一般的な問題には一般的な解決が必要であるが、ジェンダーに固有の問題は伝統的なジェンダー役割を再調整しなければ解決しない。野党陣営で常にジェンダーの平等と再編を要求し続けたために私は、「男女を敵対させている」と非難された。私はこの経験によって、台湾にフェミニスト運動が必要かつ重要であることを痛感したのである（李元貞 1987b：112）。

一九七八年、彼女は華徳女子宿舎と通用電子公司の女性委員会に毎週通うようになった。彼女はまた、一〇代の売春婦を収容して職業訓練をする政府機関「広慈博愛院」でボランティアとして教えてもいた。この少女たちの生活環境を知るにつれて李元貞は、彼女たちが制度的保護と公的教育を受けていないことに気づくようになった。原住民の人々を苦しめている経済的・文化的な悪条件のゆえに、一二歳から一六歳までの原住民少女の多くが、親から捨てられ、あるいは売られて大都市の売春婦として働いていたのである。女衒や顧客に対する刑罰はあまりにも軽く、この儲けの厚い仕事の増殖を留めるには役立っていなかった。少女たちに読み方を教え、彼女たちの問題を解決しようとする一方で、李元貞とその友人は、訓練所の中にバスケットボールのコートを作るための基金を集め始めた。ゾンタ・クラブ（崇她社）の支援を得て、彼女はこうした少女のための公式の職業学校の設立を台北市に要求した。専門家による八ヶ月の実験的カウンセリング講座を実施した後、ゾンタ・クラブは一九八〇年七月、台北市の幹部、警察署長、市会議員、国会議員を集会に招いて、少女たちのための中間施設（社会復帰施設）であるアパートと学校の設立を提案した。参加者全員の賛同とメディアの同席があったにもかかわらず、残念ながらその提言は実行に移されなかった。ニュースは大幅に検閲されていた。ゾンタ・クラブでさえ、犯罪シンジケートの報復を恐れて、それ以上の関わりを拒絶してきた（李元貞 1987a：0-1）。

この大きな敗北を経験したことで李元貞は、男性が「過激」だと非難する運動と同一視されることを嫌がる既存の女性グループの支援を期待していては、フェミニストの改革を実現することはできないと悟った。既存の女性グループにもそれ自身の追求すべき優先事項や関心があった。ＹＷＣＡ、ゾンタ・クラブ、台湾省婦女会、婦連会（侵略に反対する中国女性連盟）などの伝統的な女性団体や、そのリーダーたちの多くは、支配的組織との間に長い歴史と密接な絆をもっていたり、あるいはより大きな組織構造や利益誘導型の機構の中で一定の機能を果たしたりしていた。一九七〇年代の「国際職業婦女協会台北分会」（女性の事業家・専門職の国際的連盟台北支部）のような既存の女性団体にとって、社会変革を叫んで支配的価値からの離脱をはかるなど、あまりにも危険なことだった。女性が自分の要求を打ち出す勇気をもてるようにするには、思い切った手段を採ってフェミニスト意識を高める必要があった。

3　フェミニストの言説―雑誌

女性は自分の福利を求めてはいけないと社会化され続けていたうえ、女性雑誌の多くが、女性は困難に耐え黙って苦難を受け入れるように説いていた。これに対して**婦女新知**は、女性が自立的に自らの問題を解決するよう、さらには社会の活動的メンバーになって自らの可能性を開発するよう、励ますことを目指して「女性の意識昂揚」を目標に掲げた（李元貞 1986：5）。

一九七〇年代に比べて一九八〇年代は、台湾社会が大きく変化した時代であった。人々は異なる価値観に対してより寛容になり、男女の関係はより平等になった。**婦女新知**が暴力夫を殺害して有罪判決を受けた女性を支援するようになる一九九四年まで、呂秀蓮が受け取ったような抗議の手紙がメンバーに届くことはなかった。しかし、一九七九年から一九八四年の間に行なわれた研究によると、郊外の中産階級の女性たちの間では強い反フェミニズム感情があったという。たとえば、一九七九年に姚李恕信が面接した女性たちは、女性の権利を擁護するために大声を上げるのではなく、もっと穏やかなやり方で闘うべきだと語っている。フェミニズムが人びとの認知を得た後でも、彼女たちは、職場の女性差別や働く女性の二重負担を無視し、女性に対する尊敬や地位の改善はそのうち実現されるだろうと考えていた（Yao（姚李恕信）1981）。廖榮利と鄭爲元による一九八四年の調査では女性の六〇％が、台湾では女性運動の必要がないと感じていたという。彼らが面接した女性管理職たちも同じ意見だった。なぜなら「女性はすでに憲法の下で平等を享受しているから」というのだ。彼女たちは女性の権利を話題にするのを嫌がり、女性たちがもっと責任ある地位に就くためには女性がその能力を高める努力をしなければならない、と信じていた（廖榮利＆鄭爲元 1985）。

設立後の最初の二年間、**婦女新知**は「男女両性の社会的ニーズと女性についての理解」の促進を穏やかに求めるという低姿勢の戦略を取った。雑誌『婦女新知』の内容は、フェミニスト理論、女性の歴史、家族法や家事の知識、女性の健康管理情報など広い範囲に及んでいた。だが年月が経つにしたがって運動にはずみがつき、フェミニストによる批判が中心になっていった。ある評論家たち（observers）によると、『婦女新知』の見解は呂秀蓮の立場ほどラディカルではないが、一〇年前に比べると、雑誌の筆者たちは家父長制の実態に対してより批判的になり、女性の「本来の義務（natural duties）」や「期待される役割」を受容する姿勢を失っていった、という。評論家たちの語り口は説教調ではなく、その文章は複数の筆者によるものらしく、文体もさまざまであった。『婦女新知』の内容は、主流の雑誌や新聞よりもかなり「ラディカル」であると考える者もいた。常連の執筆者の中には、国立台湾大学の西洋文学の教授であり長年の寄稿者であった黄毓秀もいた。彼女の仕事の守備範囲は、フェミニスト文学批評、家族法、人権問題、古い中国古典、たとえば『易経』に見られるジェンダー・イデオロギーなど、多岐にわたっていた。

娘には両親を扶養する義務がない代わりに、扶養する権利も与えられていない。その結果、娘には両親の財産を相続する権利がない。その権利は民法に保障されているのだが、実際に娘と息子に平等に財産を分け与える家族は、現在でも稀である。

父系主義的伝統と女性の血筋を無視する中国の超保守的な傾向は、近代的世界とは相容れないものである。西洋世界が市民社会化していく過程では、正統性をもった多くの女王が生まれている。王女たちは、母親ではなく父親の名前を受け継ぐが、（継承順位が低いとはいえ）王位に上ることから排除されてはいなかった。一般人の間でも富裕な男性相続人と同じように富裕で権威をもった女性相続人がいる。それに比べて、中国の氏族システムは女性に対して苛酷であり、女性の社会的地位をまったく認めていない（黄毓秀 1985：2）。

沙凡は作家であり編集者である王瑞香のペンネームである。彼女が個人的体験に基づいて生き生きと描き出す家父長的ジェンダー関係は、『婦女新知』の読者たちの間で人気を博していた。

真夜中に女性たちが泣き叫ぶ声を聞いて私たちが心を痛めるのは、それが夜に起きるからではなく、それが暴力、しかも最も親密な間柄での暴力によるものだからである。しかもそれは「愛に満ちたわが家（home sweet home）」で、したがってどれほど恐ろしい暴力が振るわれていても誰からも干渉されない家庭内で、起きるからである。いわゆる「隠れた暴力」は配偶者や恋人の間で、親子の間で起きている。しかし最も多いのは結婚したカップルの間で起きるものであり、被害者はほとんどが女性である。隠れた暴力は本当に隠れていて見えない。私たちが気づかないのは、それを違った目で見てしまうからである。他者から干渉されない避難場所であるはずの「家庭」で起きるからである。その意味で家庭はこのタイプの犯罪の温床となっている（王瑞香（沙凡）1987：13）。

一九八二年と一九八七年の間に『婦女新知』が取り扱ったトピックは、

①西欧のフェミニズムの紹介　ジョン・S・ミル『女性の隷属』（第三―四号、1982）、メアリ・ウルストンクラフト『女性の権利の擁護』（第八号、1982）、ヴァージニア・ウルフ『私だけの部屋』（第九号、1982）、ジーン・B・

ミラー『新しい女性心理学に向けて』(第十号、1982―第二四号、1984)、シモーヌ・ド・ボーヴォワールとアリス・シュヴァルツの対話(第三三号、1985)など

②フェミニストの視点からの映画論や文学論

③中絶の合法化、夫婦間の財産権、親の訪問権、分離扶養者控除など

④中国史における女性の経験の見直し

⑤国内外の女性ニュースと世界のフェミニスト運動の情報

⑥子ども、雇用、家事、健康、加齢などの女性に関わるさまざまの問題と、**婦女新知**が設定したその年のテーマに関するトピックスであった。

『婦女新知』の発行部数は、創刊時の一九八二年の月間三〇〇部から次第に増えて、一九八五年には一五〇〇部になったが、その大部分は他の雑誌社や新聞社に配布され、また相互交換に供されていた。**婦女新知**のメンバーはメディアと良好な関係を築いていたので、女性問題に関する社会的事件のコメントを求められたり、特別なコラムへの寄稿を依頼されたりした。次第にメディアや社会への影響力を持つようになって、一九〇〇年代には目立つ存在になり、主流の新聞や雑誌が『婦女新知』の執筆者たちの文章を求めるようになっていった。

4 行動主義―年間の活動テーマ

(1) 自己開発と女性保護

雑誌やフェミニスト文献を発行する傍ら、**婦女新知**は毎年その年のテーマを設定し、一般の人々や新聞社などを対象にした年間活動を組織した。そして活動のピークを三月八日の国際婦人デーの近辺にもってくるようにした。年間

テーマはさまざまであったが、女性のニーズに合わせて慎重に選ばれた。とりわけ社会的に受け入れられやすいもの、たとえば中絶の合法化（後述）のようなテーマにするよう配慮された。テーマが決まると組織の内外からの基金集めが実行された。アジア基金や台北市、あるいは内政部から基金が集まることもあれば集まらないこともあった。

一九八三年のテーマは「女性の可能性と開発」であった。大規模な展示会、お茶会、集団討議、講義、フェミニスト映画会などが一週間にわたって台北市で開催され、多くの参加者、とりわけ中産階級の主婦たちが集まった。「女性の保護」をテーマとした一九八四年、**婦女新知**は台北市の若い勤労女性や学生を対象として、女性に対する性暴力の調査を行なった。その結果、八六・一％が性的いやがらせを受けたと回答しており、九三％が強姦犯人は被害者の告訴によって起訴されるのでなく、検察官による公訴の対象となるべきだと考えていた（曹愛蘭 1984：19-20）。この結果は広くメディアに取り上げられ議論が沸き起こった。男性議員である黄主文は立法院で、強姦は犯罪であり、公権力が犯人を逮捕して刑事事件として扱うべきだという**婦女新知**の立場を支持する発言を行なった。

> 強姦者は犠牲者の個人的利益を侵害するだけなく、社会秩序を破壊し、女性の安全を脅かすことによって公共の利益も侵害しているのである……多くの強姦事件では、原告が被告から金銭的補償を得ることによって示談に持ち込まれている……もし犯人が金持ちであれば、かれは口止め料を被害者に支払うことによって罰を免れることができる。しかし貧しい男は最低五年間の刑期を科せられる……罪の有無が保有する金銭の有無で決まるようであれば、どこに社会的正義が、どこに法的平等があるといえるだろう？（黄主文 1984：59）

当時内政部長であった林洋港は次のように語った、「民法を見直す時にはこの意見を真剣に取り上げなければならないと李元簇法務部長が言明した」と。しかし一九九三年、林洋港が司法院長官になり、李元簇が副総統になった時にもまだ、女性たちのグループは強姦を公的犯罪とするべく闘っていたのである。

中国社会では伝統的に、女性は家父長制家族のために再生産機能を果たし、男性の性的愉楽に服従するものとされてきた。女性は生涯ただ一人の夫に仕え、自分の命を捨てても貞節を守るべきだと教え込まれてきた。現代台湾においてさえ、多くの人は強姦された女性を傷物として、すなわち穢れた恥ずべき存在とみなしている。犯罪学の専門家であり、また強姦された犠牲者に強い同情を示しているある男性社会学者でさえ、もしも彼の妻が強姦されたら彼女を許せるかどうかわからないと語っているという（尤美女　1984：35）。

強姦犯人を起訴しないのは、多くの人にとって、それが犠牲者を守り世間の侮りから庇護する方法だからなのである。しかし強姦が強姦犯人に自信をもたせており、強姦をしても逮捕されないなら、たぶん女性を強姦するだろうと男性の三分の一が語っていることは、多くの西洋の研究者が指摘しているとおりである（MacKinnon 1989：145）。強姦犯人を起訴しないことは、女性に対する暴力へと男性を駆り立てて、女性を危険に陥れることになる。一九九〇年代に至るまで、強姦犯人を公権力が起訴すべきかどうかという問題は、台湾で感情的な議論を生むテーマだった。

一九八〇年代の初め**婦女新知**は、中産階級女性の福利増進と能力の再開発に焦点を当てた。そして活動がピークに達した一九八五年を「主婦の年」と定めた。その戦略は家事の金銭的価値を確定すること、そしてもう一つは、主婦に自らの「能力の再開発」、たとえば労働市場へ再参入することやボランティア活動に参加すること、あるいは社会の活動家になるのを奨励することであった。女性を特定の男性の家事労働に縛りつけておく契約のもつ特殊な性質や、夫あるいは「主人」との関係の中で彼女の労働が特定されていることなどは批判しなかった。性的関係は社会関係として疑問なく受け入れた。多くの論文が主婦に対して、その財力の範囲で新しい知識を獲得し、自信、社会的技能、

体力、家事のテクニックを身につけるよう長広舌をふるい、社会が彼女たちのニーズに応えるべきだと煽った。たとえば、

主婦たちは自分の能力を高めることを嫌がっているのでなく、ただ時間がないだけなのだと言っているということを、よく耳にします。彼女たちは学ぶのをやめるつもりはないのですが、新しい知識をどのように獲得すればよいかわからないのです。新しい概念が現代社会の問題を解決することを彼女たちが理解できないわけではありません。彼女の子どもについて、夫について、新しいことについて理解しようとしていないわけではありません。しかし社会は、彼女たちに生け花、メイクアップ、エアロビクスなどのクラスしか提供していないのです。誰も彼女たちの無視されたニーズに注意を払おうとしていないのです。主婦たちは学びたがっており、進歩したがっており、自分自身を探したがっているのです（林美絢 1984：1）。

自分の家事労働を専門家の仕事とみなして、経済的貢献を算出しようとした主婦もいた。

私たちが家庭で行っている仕事、つまり夫に仕え、子どもを愛し、夫の両親に嫁としての務めを果たすこと、それらはすべて労働とみなされるべきで、金銭を支払われるべきです。私たちの夫が外で稼げるのは、私たちが家事をしているからです。したがって私たちには夫の稼ぎの半分を貰う権利があります……もっとも難しいのは夫を助け、子どもを教育し、夫の両親とうまくやっていくことです。家庭を快適にし、結婚生活を幸せなものにし、子どもたちとオープンなコミュニケーションをとり、夫の両親と調子を合わせていくには、専門家としての

姿勢が必要なのです（徐慎恕 1983：13-14）。

しかし主婦の経済的貢献についての彼女たちの主張は、女性の労働が矮小化され周辺化されているという現実を変えることはできない。女性の権力（power）は、彼女たちの労働の価値を主張することではなく、女性として社会的な権力活動をすることからもたらされるからである。女性たちが権力を要求せず、権力について語ることすら遠慮している限り、「そうした活動は彼女たちが無力な存在であるという現実を強めるばかり」であり、「彼女たちが利用されてきたやり方の価値を高めるだけである」のだ（MacKinnon 1989：80）。

主婦を労働市場や社会へ再参入させようと試みる論文も掲載された。「先進諸国」から借りてきた概念をもとに、フレックスタイムやジョブ・シェアリングを提言したのだ。

女性の雇用を阻んでいるもっとも強固な障害は、家庭責任であり、それは雇用者に女性を採用しない口実を与えてきました。解決策としては、西ドイツのフレックスタイム制があります（薄慶容 1985：1）。

この文章に引き続いて著者は労働時間を、すべての人が共有するコアタイムと、出退勤の時間を勤労者が選べるフレックスタイムとに分けるテクニックを説明している。さらに勤労者は日々の労働時間を週単位あるいは月単位で貯めることができると……。勤労者は仕事が立て込んでいる時は残業をし、閑な時には休暇を取ることもできるのだという（薄慶容 1985：1）。

李元貞は、定型的な仕事が多い販売・事務・サービスの分野にジョブ・シェアリングを導入して、雇用者はそこに主婦を採用すべきであると論じた。雇用者の視点から見てもこれには利点があるとし、ボーナス・年金・健康保険を節約することができ、短い時間集中して働かせることによってサービスの質を高めることができる、と主張したのである（李元貞 1985：3）。

家父長的な家庭における性役割分業観、およびフルタイムで働く世帯主の男性だけが真剣で重要な労働者であるという考え方が揺らがない場合、パートタイムやフレックスタイムで働くことは、家計補助のために女性の労働力を活用する唯一の方法であるかのようにみえる。しかし社会保障や福利厚生のない低い地位の仕事に、主として女性が就くというのが新しい働き方であるとすることは、女性に経済的自立をもたらさないばかりか、労働市場における男女の分離を促進するだけである。フェミニストの運動は、一九七〇年代のように女性を既存のジェンダー化された権力構造に適応させることによって世間と折り合っていくのか、それとも家父長制と決別して世間の支持を失うという危険を冒すのかの二者択一を迫られることになった。ついに一九八六年、多様な女性運動の要求に多くの社会的資源が投入できるようになった年に、分裂が生じた。主婦の部門が台北市の他の主婦グループと一緒になって「新環境主婦連盟」を立ち上げたのである。もっとも**婦女新知**から独立はしたが、その後も共通の関心事項については連携して運動している。

李元貞は当時を振り返って、「この年の一連の活動は中産階級の主婦たちの注目を集めた。彼女たちは次々と〈主婦の〉自己開発グループを作っていった。彼女たちの自己開発の結果、主婦として社会的影響力を発揮することを目的とした、女性・消費者・環境運動への参入を基礎づける主婦のネットワークが出来上がっていった」と述べている（李元貞 1986：5）。

（2）性のステレオタイプの打破

一九八六年のテーマ「両性間の対話」は、有害な性のステレオタイプを打破し、フェミニスト運動に男性を組み込もうとする初期の試みであった。心理学者である楊國樞と李美枝は「両性具有」が男女の心理的特徴の理想的配分であると考えた。彼らが実際に推奨したのは、トレビルコットの言う「単一両性具有（monoandrogynism）」（Trebilcot 1982：162）であり、それはすべての人にとっての唯一の理想であるとされた。一人一人の男女が「女らしさ」と「男らしさ」を共に備えるべきであり、すべての男女はこれまで両性に振り分けられていた活動に従事すべきだというのである。三月八日の演説で、国立台湾大学の著名な男性心理学者である楊國樞は、役割分担の理想型を推奨した。

外見でも内面でも、すべての人に「女らしさ」と「男らしさ」を共に同時に身につけさせようではありませんか。彼らはすぐに状況に適応します。誰もが家では「女らしく」子どもの面倒をみたり、家事をしたりするのです。実際、家庭は人々を「優しくする」環境をもっています。一方、誰もが「男らしい」特徴を示す必要がある職場では、「男女ともに男らしく」行動すべきです。上司が上司らしく行動すべきように……。誰もが可能なかぎり多くの能力を開発すべきです。人の人格構造が柔軟になればなるほど、人が享受できる人生の局面は広がるのです（楊國樞 1986：10）。

李美枝は、女性グループに性のステレオタイプについて語った最初の女性心理学者であり、女性たちが慣れ親しんだ世界をわかりやすく説明した人でもある。一九七〇年代に呂秀蓮が行なったよりも一歩踏み込んで、彼女はステレオタイプ化された女性役割を美化する代わりにその正当性について問いかけた。楊國樞のように彼女も、男女両性のよい特徴を備えているのが理想的な人間であるという見解をとっていた。

現代の女性は三つのタイプに分かれます。第一は家族と結婚が彼女の人生の最優先事項だと考える伝統的タイプです。第二は家族と職業キャリアを同じ重みをもって考え、両方のバランスをとろうと努力するタイプです。第三は男性のように職業キャリアを自分の第二の人生のように考えるタイプです。女性がキャリアに関心をもつようになればなるほど、女性は男性的になっていきます。しかし女らしさと男らしさは必ずしも相互に排除し合うものではありません。これからはもっともっと両性具有の女性が社会に増えていくと私は確信しています。両性具有は適応性と柔軟性を意味します。両性具有の人間は仕事では決断力と判断力を発揮し、人間関係においては暖かさと理解力を示します。それは人間の理想的性格なのです（李美枝 1986）。

彼らは二人とも、「女らしさ」と「男らしさ」は単一の理想型ではなく、「純粋の」「女らしさ」と「男らしさ」にはさまざまの形態があり、そのさまざまの組み合わせがあるとする「複合両性具有（polyandrogynism）」の概念（Trebilcot 1982：163）を、受け入れようとしなかった。彼らはまた、一九七〇年代の欧米のフェミニスト心理学者の間で広まっていた議論、すなわちすべての人に単一の理想を当てはめようとすることの問題性について、またそれがもたらす欲求不満の弊害について論じようとしなかった。ウォレンが言っていたように、「もし私たちが男性と女性についての彼らの古い考えを捨て去るように人々に求めるとしたら、その人たちに理解できる言葉で語りかけなければならない。多くの人々は女らしさと男らしさのどちらか一つではなく、両方の良いところを持ち合わせている方がいいということは理解できるだろう。しかしこの説を完全に理解するには、そしてこの説に関する議論を理解し受け入れるには、人々が実践してきた男らしさや女らしさについての古い行動規範が無意味になるということに気づかなければならない」（Warren 1982：182）のである。
その年、大学で最も人気のあったグループ活動は「両性間の対話」であった。男性と女性とが恋愛、コミュニケーション、自己教育についてパネル・ディスカッションをするという形式は**婦女新知**が設定したものである。

呉（女性）　何が起こっているのかわかるような方法で、両親間の諍いについて子どもに話す両親はほとんどいません。普通、彼らは子どもの前では自分たちの争いごとを見せないようにしています。両親や書物から葛藤解決の方法を学べないので、私たちは自分の結婚生活上の問題を試行錯誤しながら解決していくしかないのです。

沈（男性）　僕たち男性は子どもの頃から成功を目指すことしか学んでこなかったから、どうしても成功を目指してしまうのです。

石（男性）　多くの問題の根源は基本的には民衆のイデオロギーと社会システムにあるのです。たとえば、女の子はふつう結婚と情緒性を大切にするよう社会化されます。それで他のことには関心を持たないようになってしまうのです。女性は父親や男兄弟と力を競い合うことを学ばないから、そうした技能が身につけられない……もし男性が他の人と協力して仕事をやっていくことができるとすれば、それは父親や男性の大人からそうした社会的技能を学んでいたからにちがいない。しかし父親たちは妻と仲よくやっていく術を、たとえ頼まれても息子に教えようとしないのです……。

呉、杜（女性）　私たち女性にとっては自分の気持を表に出すことは比較的簡単だけれど、男性は自分の感情を押し殺してしまう傾向があると思います。

張、石（男性）　自分の気持ちを表すことが出来る男性もいるけど。しかし自分の感情をさらけだすと、女性たちからさえ、冷やかされたり、拒絶されたり、嫌われたりするんです。それで次第に喋らなくなってしまう……。（婦女新知雑誌／基金会 1986a：7；1986b：7）

現代台湾のジェンダー関係の実例を示すこの一断面は、一九三〇年代の中国でオルガ・ラング（Olga Lang）が、そして一九六〇年代の台湾でマージェリー・ウルフ（Margery Wolf）が観察したことと酷似している。伝統的な中国式の結婚では、愛は期待されていないし、また表立って表現するものでもなかった。夫ないし父親は厳格で非情であるべきだと考えられており、女性は配偶者に対して感情を露わにしてはいけないとされていた。家族の中では、夫婦関係は親子関係よりも二義的なものであり、父親はいかめしく、権威的で冷厳であった（Lang 1946：201：Wolf 1970：61を参照）。ステレオタイプ化されたジェンダー役割では、厳父が発した命令には服従しなければならず、疑問をさしはさむことなどできなかった。

国際婦人デーを祝うために**婦女新知**は、人気のあったTV番組「我愛張生（張生を愛してる）」をもじった「我愛紅娘（紅娘を愛してる）」というパロディを作って、ジェンダー役割をドラマ化することにした。その目的は二つあった。一つは「若い男女が直面している求愛、仕事、社会適応などジェンダー関係の問題を提示すること」であり、もう一つはジェンダー役割を「極限化」してみせることであった（婦女新知雑誌／基金会 1986：4）。そのドラマの男性助監督だった黃奕壽は、次のように書いた。

肉体的構造の差異と社会・文化的な相違にもとづいて、男性と女性は異なる役割を課せられているだけでなく、まったく違った、そして相反する性格、行動、考え方をするかのように対立させられている。すべての男性と女性は個人差の入る余地がないくらい、また両者の間に中間点がないくらいにステレオタイプ化されたジェンダー役割によって束縛されている（黄奕壽 1986：11）。

彼は、男女がその自然な性差を心地よく感じられる社会的雰囲気を、このドラマが生み出すことを望んでいた。この目的のために、彼は男性雑誌『赤子』を創刊した。だが不幸にも突然髄膜炎に罹った彼は、第二号を出す前に一九歳の生涯を閉じた。

(3) 労働市場における性バイアスへの挑戦

一九六〇年代中期、台湾の労働集約産業は大量の安くて従順な補助労働者を必要としたので、多くの女性が工場で働き、家で内職をするよう奨励された。女性労働者は、賃金と地位が低く、保証の少ない職種に集中していた。彼女たちは家庭では家事労働の主たる担い手でもあった。一九四七年の憲法、一九二九年の工廠法、一九七六年の工廠法施行細則は、女性の労働権・同一賃金・産休などを公的に保障していた。一九八四年に成立した労働基準法は妊娠した女性を特別に保護し、女性を深夜勤務から除外すると規定している。しかし実際には性バイアスが社会に浸透しており、雇用に関係する法律は、それを促進する機関を欠いていたので実効性をもたなかった。女性の平均賃金は最大でも同学歴の男性の給料の三分の二にすぎず、賃金の男女格差は学歴水準が下がるほど拡大していた。また公的機関より私企業での男女賃金格差が大きかった（Chang & Ku 1985：10-11）。しかしその公的部門でさえ、考試院が実施する試験で、男性には特別割当や女性より優先的な配属を適用していたのである（鄭至慧&薄慶容 1987：9）。

組織の支援を得られないうえ失職する恐れがあったので、待遇改善を求める訴訟を起こす女性はほとんどいなかった。雇用均等法と反差別法がないために、下される評決は、働く女性を傷つける可能性のある関係法規を判事がどのように解釈するかに依存せざるをえなかった。一九八六年の日本で女性の早期退職や強制退職を憲法違反としたような判例は、当時の台湾にはなかった（兪慧君 1987：35-69）。偏狭な考えをもった法律学者たちの多くは、憲法は国家権力に関する最高原理の体系であって、市民権を扱うものではなく、従って個人は憲法にもとづいて告訴することはできないという見解を取っていた（尤美女ら 1990：62；陳惠馨 1990：101）。法体系の中に集団訴訟がなかったので、個人や集団が、同じ立場の人々の集団のために訴訟を起こすことはできなかった。すべての働く女性は、性バイアスに苦しみつつ、自分で対処しなければならない人生を課せられていた。

二〇世紀初頭の日本占領時代以来、台湾の銀行や信用組合には結婚退職の慣習があった。国民党支配下の政府管掌金融機関は一九六〇年代にこの慣習を廃止し、財政部は私企業もそれを倣うように指示した。それに対して経営者側は、女性労働者との契約を一年更新にして、結婚届が出されたことがわかった時点で退職させると口頭で伝えるという形で対応した。その結果、多くの女性が独身を通すか、それとも仕事を続けるために結婚していることを隠すかのどちらかを選択した。曾麗君は一九八四年にこのシステムに公然と反対した最初の女性である。彼女は台南市長の蘇南成の介入によって最後には復職した。彼女はメディアの広範な支持を得たが、同僚の女性たちからの支援は得られなかった（朱恩伶 1985：32-37 参照）。一九八五年楊麗君は、結婚退職を迫られたことによる解雇手当の支払を信用組合に要求して裁判を起こしたが敗訴した。だがこの二年間に及ぶただ一人の闘いは台湾議会の介入をもたらした。その信用組合は遂に彼女に解雇手当を支払い、他の女性たちにも結婚後の就労を認めたのである（婦女新知雑誌／基金会 1987:8-12参照）。一九八六年三重客運公司は、バスの女性車掌二二人を遠隔地に配置することで解雇手当を払わずに馘首しようとした。労工法律支援会の援助を得た彼女たちは台北市で記者会見を行い、その後**婦女新知**が援助の手を差し伸べた。李元貞と彼女の補佐は、女性車掌たちの問題に関心を持っているという手紙を会社側に送った後、社長に直接会いに行き、解雇手当の支払いに同意させた（田奇 1986 参照）。

婦女新知は一九八七年を「働く女性の年」として、労働関係法と過去三年間ニュースになった事件の研究にもとづいて、女性に対する職業差別についての報告書を発表し、次のようなことを明らかにした。

①結婚、妊娠、出産、子育てを理由に女性がしばしば解雇されている
②採用方法が女性差別的である
③同一労働をしているのに女性の賃金が男性より低い
④女性は特定の伝統的な仕事に集められている
⑤女性の方が昇進可能性のない職種についている
⑥高学歴女性が男性ほど雇用されていない
⑦両性の雇用機会の平等が法的に保障されていない
⑧職場の施設や設備が女性用にデザインされていない
⑨台湾女性の就業率は他の先進諸国より低い
⑩多くの女性が賃金労働と家事労働の二重負担に苦しんでいる（鄭至慧&薄慶容 1987：2)。

同年三月七日『婦女新知』は、台湾の指導的財界人、王永慶に対する公開質問状を掲載するという劇的な行動をとった。それは彼の道義的責任を追及し、彼や他の財界人に次のような方針を採るように迫ったものである。

①未婚、大卒以下の学歴、昇進可能性のない職種などの、女性の採用に関する条件を撤廃すること

②女性とも男性と同じ雇用契約を結ぶこと。特別休暇・ボーナス・年金などの福利厚生の費用を削減するために、既婚あるいは出産後の女性にだけ一年ごとの契約更新を課してはならない

③企業内保育所を設置運営し、それを法人税の控除の対象とするよう働きかけること

④女性労働者の会社への貢献度を高めるために、女性を男性と同じ条件で雇用し、訓練し、昇進させること（婦女新知雑誌／基金会 1987：3）。

しかしこのテーマの活動は、前の年ほどメディアの関心を惹きつけなかった。というより、この問題が労使関係という微妙な論点に踏み込んでいたため、メディア産業の経営者たちがこれを取り扱うことを忌避したので、ニュースにすることができなかったのである。高い理念をもった強力な労働運動の支えがなかったため、女性労働者たちは、目前のニーズや利害を超えた視点からの労働環境一般の改善を目指す運動を作り出すことができなかった。散発的な抗議活動がいくら行なわれても、雇用者の一部との妥協による解決で終ってしまった。同じ理由から、女性の権利を目指す会合へのこの年の女性労働者の参加は低調であった。この結果を振り返って**婦女新知**は、「女性労働者は一般に自分の権利に無自覚である。彼女たちは自分の職の安全が脅かされた時だけ助けを求めるのだ」と結論づけた（婦女新知雑誌／基金会1987：4）。忍耐と諦めという古い道徳観念が、当時なお女性労働者の大半によって遵守され実践されていた。

とはいえ**婦女新知**は、ニューズレターを用いて職場における女性の権利についての広報活動を継続した。労働団体、人権団体、宗教団体などと協力して、労働権についての調査を実施し、どうすれば労働者を支援できるかを論じた。八月三日、台北市の國父記念館に、さまざまの社会抗議運動団体から五七人の女性が集まって来て顧問弁護士の呂榮海と共に、女性が妊娠もしくは三〇歳になった時点ですぐさま退職を迫るという労働慣行を撤廃するように求めたの

である。**婦女新知**と新たに結成された新環境主婦連盟は、すぐさま他の女性グループに参加を呼びかけて、八月一八日に國父記念館の前で女性の労働権を支持するデモを組織した。八月二〇日この差別的条項は契約から削除された。しかし何時実行に移されるのかは決められず、労働契約は一年更新のままであった。社会変化を政治レベルで実現することの必要性を知った**婦女新知**は、「男女工作平等法」研究グループを立ち上げたと発表した。そのメンバーの多くは台北市の若い女性弁護士たちであった。彼女たちは法律を通して女性の平等な雇用を獲得するための草案作成にとりかかった。

5　ゲームのルールへの挑戦

(1)　中絶の法制化─優生保健法

年間テーマを企画する以外に、**婦女新知**は台湾で唯一の組織された運動体として一〇年間も活動してきたので、女性に関わる政治的課題や社会的事件に対応することを求められるようになっていた。一九八二年の設立後すぐに、**婦女新知**は他の女性グループと連携して優生保健法案について検討を加え、報告書を作成して一九八四年六月の成立に向けてロビー活動を開始した。

中絶は一九八四年まで、母体の命あるいは「健康」に関わる理由がない限り犯罪とされた。もっとも台湾では中絶の巨大な闇市場が繁栄していた。その違法な中絶の多くは、子持ちの既婚女性が受けていた。彼女たちは違法な中絶に対して法外な支払いをし、時には深刻な合併症に苦しまなければならなかった。一九七〇年代以降、医師、弁護士、法学者たちは中絶を合法化するように提言していた（婦女新知雑誌／基金会 1982）。

一九七二年初頭、衛生署は産児制限の方法としての優生保健法の草案を作成した。しかし反対があまりにも大きかったので、行政院は法案を引っ込めねばならなかった。立法院が法案を再提出したのは、国民党が人口増加率を一・七—二・〇％から一・二％にまで引下げることを決定した一九八三年になってからであった（李聖倫 1987）。この法案は、次のような場合であれば合法的に中絶を行うことができるとしていた。①女性の生命の危険がある場合、②生まれてくる子どもに肉体的・精神的ハンディキャップが生じる可能性が非常に高い場合、③近親相姦あるいは強姦によって妊娠した場合、④妊娠が母親の精神衛生あるいは家族の生活を危険にさらす場合、である。「任意の」中絶を許すことになる最後の条件が含まれたことは、いつでも依頼に応じる中絶を事実上合法化するものである、と一般にみなされたため、議会や新聞紙上で白熱した議論が展開された。反対論者たちは、この法案は中絶に対してあまりにも手緩く、これでは人々に道徳的放縦や「無責任な性行動」を奨励するようなものであると批判した。婚外交渉で妊娠した女性を不道徳だと非難し、議会で彼女の相手を「無責任な無頼漢」と決めつけた議員がいた（彼は一九四九年に大陸中国で選出され一九八四年にもまだ議席を持っていた）（立法院 1984）が、そうした考えを持っていた議員は彼一人ではなかった。

その結果、五〇人の古参議員（senior legislators）が中絶をもっと制限すべきであるとして、次のように提案した。①最後の条件を削除する、すなわち法的に必要性を認められる中絶に限定すること、②国家、夫、拡大家族などに女性の身体をコントロールする権限を与えること、すなわち女性の中絶依頼を審査する地方委員会を創設すること、であった。委員会の決定は、女性自身、配偶者、そして（通常は夫側の）拡大家族からの訴えを受け入れるものとした。だがこの方法では、多くの「任意の」中絶は必然的に非合法となり、複雑な審査手続きのために、法的中絶が許可される前に妊娠月数が長くなりすぎてしまう。

これでは女性たちを再び闇中絶に追い込むことになると気づいた**婦女新知**は、他の六つの女性団体、ＹＷＣＡや

『婦女雑誌』の発行者などに呼びかけて、元の法案が通るように一緒に請願運動をすることにした。議会にも圧力をかけるために法案成立の過程を注視する集会を開いた。これが実行されたのは戒厳令が布かれていて、立法院に陳情をした女性グループが一つもなかった時代であった。他の女性グループからの支援を確保するために、新聞や一般大衆からの賛同を獲得するために、そして何より法案の通過を確実にするために、**婦女新知**は、政府機関の考え方に合わせた（すなわち女性のセクシュアリティや行動に関する家父長的概念に合わせた）陳情活動を行ない、合法的中絶は若い女性の行動を規制し、社会を安定的に維持し、人口増加を抑え、無垢な少女を強姦や近親相姦の結果としての妊娠から保護することができる、と訴えたのである。妊娠や出産は女性の性的原罪に対する罰だとする主流イデオロギーに歩み寄ってまで、男性から性暴力被害を受けた貧しく無垢な少女への同情と保護を勝ち取ることに焦点づけた請願活動を行ったのは、他の選択肢がない状態に追い詰められた少女が中絶を受けることは、彼女の生存と社会の秩序の両方にとって必要だとみなしたからである。女性が自分の人生設計を立てるための、かつ自分の生殖器の機能をコントロールするための、「任意の（自由な）」中絶という、フェミニストの視点から生れた中絶の意義は、完全に取り残されてしまった。またほとんどの中絶は避妊に失敗した既婚女性が行なっているという事実も、請願には含まれなかった。

支配層の優越感を満足させつつ彼らの同情と保護を獲得しようとするこの戦略は、意図したとおりの効果を挙げた。世の中に浸透している家父長制イデオロギーに歩み寄らなかったなら、あまりにも過激で極端だとの批判を受けて、**婦女新知**は支持者の署名を十分集められなかったかもしれない。そして議員たちはフェミニストの圧力に負けて賛成票を投じたのだという印象を持たれないために、法案を通過させなかったかもしれない。逆に「過激な」フェミニストの要求に対抗するために、法案を廃案にした可能性すらある。主流イデオロギーに迎合し、フェミニストのイデオロギーの純粋さに固執しなかったことによって、**婦女新知**は女性の、とりわけ政府による公衆健康サービスに依存している低所得の女性の、直接的で実際的な利益を確保できたのだ。さらに中絶が必要な事例に関する議論を盛り上げたことによって、広汎な人々の支持を獲得することができたのである。一旦法案が通過してしまえば、二種類の中絶の間の「微妙な」違いなど消えてしまう。仮にその法律が、本来は貧しく無垢な少女を保護するという意図を持っていたとしても、実際にはすべての年齢の女性に、未婚・既婚に関わりなく適用されたのである。新しい法律によって、すべての女性がより安全で合法的な中絶ができるようになり、自分の身体をよりコントロールできるようになったのだ。

実際的・戦術的な目的のためのイデオロギー上の譲歩は、運動の柔軟性を示すものではあったが、代償なしにはすまなかった。女性の身体とセクシュアリティに関する女性の権利を強硬に要求せず、支配層との直接的なイデオロギー対立を避けたため、台湾の運動は、イタリアのフェミニストたちが一九七〇年代に経験したような女性たちの大規模運動を引き起こす機会を失ってしまった。だが一方では、自由な中絶を合法とし、生殖に関する決定権を女性に与えた一九七三年のアメリカのレオ対ウェイド（Loe v. Wade）判決に対して生れたような、強力で継続的なバックラッシュを避けることができた。ただ台湾での運動が、その情勢下で大衆的な動員をかけることができたほどの資源とネットワークを持っていたかどうか、はなはだ疑問である。この時点で中絶の合法化が成功したのは、フェミニスト運動の目標と政府の人口抑制政策が重なり合うという稀な機会に恵まれ、しかもフェミニストたちがその機を逃さず女性のためになるように仕向けたためである。しかしイデオロギーレベルで中絶反対を唱える議員たちに挑戦することはできず、未成年者には両親の、妻には夫の同意を必要とする優生保健法を受け入れなければならなかった。したがって女性の自分の身体に対する権利、ひいては自分のセクシュアリティに関する権利を、まだ夫と両親の手に握られたままであった。

さらに、その戦略が直接的対峙であれ柔弱な懇願であれ、進歩的な社会勢力に応じて生れたはずの法律が、その施行過程で後退してしまったのである。一九九二年三月までは、中絶を行なう医師はすべて衛生署による指名を受けた者でなければならなかった上、合法的中絶を行なえたのは非常に限られた数の女性に過ぎなかった。そのうえ中絶費用は公的健康保険によっても雇用保険によってもカバーされなかった。したがって、中絶費用を補助していた台北市の家族計画促進センターが実施した一九九〇年の調査によれば、中絶手術を受けた既婚女性の九〇%は、プライバシーを守るために私立クリニックを利用していたという。中絶医に関する制限が撤廃された後は、産婦人科医であれば誰でも中絶を行うことができるようになった。中絶手術を嫌がる医師ばかりではなかった。とりわけ出生率が下がって仕事が減っていたので、中絶希望者に対する需要は大きかった。一九八〇年代にも、その後中絶が合法化されてからでも、妊娠した女性のおよそ四人に一人が中絶を望んでいた。統計的に特に大きな変化は生じなかったのである。

台湾での経験とは対照的に、カリフォルニアでは、治療的中絶法（Therapeutic Abortion Act）が成立して中絶の九九%が安全に行われるようになった一九六七年以降、州内の中絶反対運動が活発化していった、とルーカーは指摘する。労働市場への女性の参入が進めば進むほど、中絶を禁止する法律は受け入れ難いものになっていく。「労働市場における女性の活躍が増大することによって生み出された政治的・社会的な変化の中で、中絶法はシンボリックな重要性を持つと考えられるようになり、すべての中絶法撤廃要求は、性別に分離された労働市場と女性役割への文化的期待に対する異議申し立てになっていった」とルーカーは述べている（Luker 1984 : 120）。

一九七三年のアメリカ最高裁の判決はフェミニストの偉大な勝利であったが、同時に女性を分断することになった。

別種の女性たち、主として高卒で、子持ちの既婚で、家庭の外で働いたり政治活動をしたりしていない女性たちのグループは、自分たちの基盤となる価値が脅かされていると感じて反中絶運動に入っていった（Luker：138）。当時の、七〇年代半ばのギャロップの調査によれば、アメリカ人の多数派は二つの対立的な考え方のどちらにも与せず、「必要な」中絶を承認するわけでもなければ、「自由な」中絶に反対したわけでもなかった、という（Luker：227）。中絶論議は、女性の再生産の権利および女性の人間としての価値についてのイデオロギー闘争へと移行し、ロエ判決の後も沈静化するどころか強まっていった。女性の身体は、相対立する社会的・民族的・象徴的な言説の戦場と化した。一九七〇年代から一九八〇年代にかけて、中絶に反対する勢力は法律を成立させ法廷闘争で勝利して、アメリカ女性、とりわけ貧しい女性が中絶を受けることはますます困難になっていった（Davis 1991：183）。

それとは対照的に、台湾女性は仲間割れすることもなく、安全で合法的な中絶を容易に受けられるようになって、バックラッシュの脅威にもさらされていなかった。政策策定者の隠された動機よりも、実際的な健康サービスの提供を重視する姿勢は、一九八〇年代のブラジルのフェミニストたちにも見られるようになっていたものである（Barroso & Bruschini 1991：167）。

中絶を犯罪に留めておこうとする主要な動機は、女性の地位を固定化し、女性の身体を男性、すなわち父親や夫や男性医師の支配の下に置こうとすることにあった。男女が不平等な状態では、中絶のしやすさは女性に自由を与えるというより、男性の攻撃性を容認する結果になってしまう。さらに男性支配が規範となっているので、女性の自分の身体に関するコントロールは、多分無意識なのだろうが、男性を喜ばせるという目的に使われてしまう可能性があった。超音波の使用は胎児の性定を判別するのに用いられ、産まれる前に胎児を選別することが出来るようになった。台湾では、一九四七年から一九五六年にかけて産まれた子どもの男女比は女子一〇〇に対して男子一〇五・六で、ほぼ世界平均の数値と同じであったが、一九九二年には一一〇・三に上昇した。第三子、第四子になると一二九にまではね上がった。この歪んだ状況は、台湾女性はこの世に生まれる前から性差別に苦しまねばならないのだという悲観的予言を証明するものである。中絶の合法化は貧しい女性に安全で安価な中絶を可能にしたが、女性の身体はまだ女性自身の掌中にはなく、そのほかの社会的条件も変化していなかった。

(2) 民法親族編の改正

一九三〇年に制定された民法親族編は当時としては進歩的であったとはいえ、女性を夫との関係で非常な劣位に置くものであった。一九七四年、近代化の圧力に負けた法務部は、民法親族編の改正に着手した。一九八五年に立法院で改正が議論された時、**婦女新知**はＹＷＣＡと協力して母系・父系の両系に同じ重みを持たせることの重要性を認識させることに成功したが、法案は集団行動を起こす暇もない驚くべき速さで成立し、草稿にあった女性の権利のいくつかは立法院において削除されてしまった。その結果既婚女性は、憲法が両性の平等を宣言しているにも拘らず、夫婦の財産、居住地の選択、離婚などについて家父長的権威に服従することになり、息子優先も法律によって再び強化されてしまった。主な項目について旧法と改正法を比較してみよう。

(1)夫婦の財産

旧法は、婚姻前および婚姻中に獲得された財産の所有権を、妻が自分の分離財産であると証明できるもの（妻の給料や贈与された財産）を例外として、すべて夫に与えていた。夫は、妻に属する財産を管理し、使用し、生じる利益を回収する権利をもっていた。言い換えれば、もし妻が持参金として家を所有していた場合、彼女の夫は妻の同意なしに、それを賃貸すること、賃貸料を自分のものにすること、それを売ったり誰かに与えたりすることができた。妻に出来る最大のことは、あとで夫に補償を要求することだけであった。

夫が妻の財産に対する支配権を握っていたため、夫は妻の所有権を無効にすることができるだけでなく、妻の潜在的事業の可能性を妨害することもできた。なぜなら妻は自分の財産を担保にすることが認められていなかったからである。既婚女性が銀行ローンを組む場合には夫の承認が必要であった。また妻は夫の同意なしには他人の保証人になることが出来なかった。女性は結婚すると同時に経済的自立性を喪失してしまったのである。

改正法は、旧法で完全に夫に属していた共有財産の平等な所有権を女性に与えたかのように見える。しかし実際には婚姻期間中の彼女の財産は夫の掌中にあり、依然として夫はそれを管理し、使用し、共有財産からの利益を集める権利をもっていた。その上旧法で保障された、妻の分離財産であり妻だけが所有権を持っていた彼女の収入に対する権利が、改正法によって剥奪されてしまった。妻は共有財産について夫が同意しない限り、彼女自身の給料を含む共有財産を管理する権利を行使することができなくなった。簡単に言えば、妻の稼ぎは夫によって管理・使用され、夫の利益となり、その余剰金についての妻の権利が発生する前に家計に消費されてしまうのである。

共有財産の半分に対する妻の権利が保障されているといっても、共有財産関係が解消する時に要求することができるというだけである。言い換えれば女性は、離婚するか、夫が亡くなるまで、財産の彼女の取り分を管理する権利はないのである。そのため、女性の家庭での再生産労働はいまだに女性の「本来的な義務」とされ、金銭的報酬の対象にならないのである。

(2)離婚

かつて両願離婚（consent divorce）は、妻と夫が結婚の解消に合意すればすぐに、そして容易に行うことができた。書面と証人二人の署名があれば離婚が成立した（1050条）。だが改正法は役所への離婚届の提出を義務化したので、手続きが複雑化し、離婚の決意を覆す機会を夫婦に与えることになった。

旧法では、判決離婚（judicial divorce）は重婚、遺棄、謀殺など極端な条件がある場合に限られていた。もし夫婦の片方が判決離婚を申請すると、うんざりするほど証拠の提出を求められ、審理が延々と続くのである。配偶者（多くの場合妻）が暴力を理由に離婚を申請した場合、判事はその傷害が同居不可能なほど深刻なものかどうかを判断しなければならなかった。「家庭破壊」に対する伝統的な態度は、暴力を受けた女性を、暴力を振るう夫のいる家庭に帰す結果を生んでいた。だが改正法によって、同居が許容できない重大な理由を夫婦の片方が発見できた場合には、容易に判決離婚ができるようになった。離婚率は一九七〇年代初期から引き続き急激に上昇している。

(3)親権と養育費

親権と養育費に関する条項は見直されなかった。両願離婚の場合には父親が子どもの親権をもつ（1051条）。たとえ父親が子どもを自分の親戚に預けた（よく起きることだが）としても、母親は父親の同意なしに子どもの親権をもつことができない。判決離婚の場合、法廷が子どもの利益を守る後見人を指名することになる（1055条）が、その判断は通常父親になる、なぜなら父親の生活水準の方が高いからである。訪問権は法律で規定されていないので、親権を持たない親、通常母親は、自分の子どもに会う権利を否定されることになる。そのような場合、子どもは以前の結婚相手を「罰する」武器として利用される。多くの女性が子どもを失いたくないばかりに、暴力夫との不幸な結婚生活に留まることを選ぶ結果になる。

両願離婚には養育費の規定がない。判決離婚の場合は、もし過失のない方の生活が脅かされるようであれば、相手方に対して親権を行使するのに必要な養育費を要求することができる（1057条）。しかしこの規定はあいまいで一般的にすぎるため、実行は困難である。養育費を徴収する手立てがないので、通常弁護士は離婚届に署名する前に養育費について交渉するより、一定の補償金で手を打つように依頼人に勧める。

⑷子どもの姓

法改正の過程で、立法院でもっとも議論を呼んだのは子どもの姓の問題であった。なぜならそれは父系氏族システムを根底から脅かす問題だったからである。旧法では、招贅婚（入り婿結婚・母系結婚）でない限り、子どもは父親の姓を名乗るよう義務づけられていた（1095条）。改正案では、原則として父親の名前を継ぐが、もし父親の同意があれば母親の姓を名乗ることもできることになっていた。しかし、これが適用されるのは母親に男の兄弟がいない場合に限るという制限を立法院が設けたため、父系の伝統は無傷なまま残ることになった。

⑸重婚

刑法は重婚罪を犯した者に五年以下の懲役を科すとしているが、旧民法では、婚姻継続の取り消しを法廷に要求できる権利を関係者のどちらか一方（たとえば重婚者あるいはその配偶者）に認めていた（992条）。もし関係者がこの権利を行使しない場合は、一人以上の配偶者と法的な婚姻関係を結び続けることができた。一九八〇年代は男性がまだ家計の主要な役割を果たしていたので、男性が一人以上の妻を持つことが出来る可能性は、女性が一人以上の夫を持つ可能性よりずっと高かった。このため男性は未亡人よりもずっと長生きすることが死亡率の分析からわかる。改正法は、重婚は無効であると宣言してこの現象を過去のものとした（988条）。

(6)居住地

旧法では、女性は夫の居住地を自分の住所とするしかなかった。もし夫が家を出て別の場所に住所を定めたら、妻は夫に従うしかない。そうしなければ夫は妻が同居という婚姻の義務を果たさなかったという理由で離婚することができたからである。一九七〇年代から八〇年代、新聞の分類広告欄には、「家出した妻への警告」という記事が満載されていた。妻は夫から逃げ出す権利を持たなかったのである。一九八五年の法改正によって、居住地の選択は両者の協議によって選択できることになったが、夫の決定権は残存している。

民法親族編の改正は、ジェンダーの平等を目指すものではあったが、男性優位の痕跡を色濃く残していた。重婚の廃止以外は、婚姻家族の家長としての夫の地位は変更されないままであった。家族の財産の管理権、居住地の決定権、子どもの親権や姓の父系制など、夫の権威は改正法にも温存された。夫が喜んで譲り渡してくれない限り、妻は家族の重要な決定を下す権利を与えられなかった。法改正は抽象的にすらジェンダーの平等を達成することが出来なかったのである。民法親族編のさらなる改正のためには、その後何十年にもわたるフェミニストの闘いが必要だった。

6　リーダーシップ・資源・組織

一九八〇年代の李元貞のリーダーシップのスタイルは、その一〇年前の呂秀蓮のスタイルとは異なっていた。自分が中心になるのではなく、若い優秀な女性たちにフェミニストの主張を広め、**婦女新知**に参加するか、あるいは自分自身の運動組織を作るように奨励した。**婦女新知**は有能で影響力のある個人の集まりであるばかりでなく、組織化された集団としてのイメージを創り上げようとした。決定は委員会のメンバーで行われた。多少の混乱は当然とされた。この集団としてのあり方と運動への参加の仕方は、最初の辛い一〇年を耐えるための方策でもあった。

最初の数年間、**婦女新知**は個人の寄付、ボランティアの労力、数少ない定期購読者によって支えられた。一九八四年に財政危機が襲い、女性たちは雑誌の廃刊、すなわち組織の解散を真剣に考慮した。しかし感傷的な理由が彼女たちを団結させた。結局、月刊雑誌を小さなニュースペーパーの形に換え、支持者を増やす活動に取り掛かることにした（李元貞 1984：1）。時折遅れはしたものの雑誌を発行し続け、台湾でただ一つのフェミニスト組織としての機能を果たそうと努力した。一九八四年に組織の再編が行われた時、その目標が再確認された。それは、女性の自立を目指して慎重に歩み続けることによって女性の自己覚醒を促し、自己開発を奨励し、困窮している女性を支援し、平等・社会正義・相互尊重・ジェンダーの調和に基づく新しい社会を創る、であった。明らかにされた長期計画には、女性の研究基金とリソースセンターの設立も含まれていた（李元貞 1984：1）。

一九八〇年代半ば、社会資源が次第に利用可能になりつつあった時期に、特定の目的を持った女性グループの組織化を背後から支援するという役割を、李元貞が果たした。一九八五年三月、**婦女新知**とそのボランティアたちは、台湾で最初の女性学会議「国家の発展に果たす女性の役割」の開催を手伝った。五月には亞洲協会（アジア財団）に女性学と婦女研究室を援助することの重要性を訴え、一九八五年に台湾で最初の婦女研究室が誕生した。一九八〇年代に**婦女新知**が支援したグループは、家族から受けたトラウマからのリハビリを助ける「台北婦女展業協会」、離婚女性と未亡人の相互援助グループである「晩晴協会」、少女売春婦の再教育プログラムである「彩虹専案」、「新環境主婦連盟」（これはその後名称を「家政協会（Homemaker's Association）」に変更）、そして若い売春婦を救援するアウトリーチプログラムをもつ「台北婦女救援協会」などであった（呉嘉麗 1989：249）。これらのグループが新しく結成された時、そのメンバーは互いに重なり合っていて、それぞれの資源は分散して少しずつしかなかった。しかし時が経つにしたがって、各グループはその個性を形作っていき、その使命を明確にしていった。その間も**婦女新知**は常に指導的存在であり続け、海外で話題になっている問題にも積極的に取り組み、一九八〇年代後半以後も闘いの前線を広げていった。

参考文献

王瑞香（沙凡）1987〈夜裡的哭聲〉《婦女新知》61：13　Crying in the dark night

尤美女 1984〈法律對性騷擾的制裁〉《婦女新知》25：35　Legal Sanctions on sexual harassment

尤美女、涂秀蕊、陳美玲、劉志鵬等 1990 男女工作平等法草案及相關文獻彙編　台北：婦女新知　Equal Employment Bill and related documents

立法院（Legislative Yuan）1984《立法院公報》七三期　Legislation Bulletin

田奇 1986〈向三重客運公司廿二名隨車服務員致敬〉《婦女新知》51：4-5　Saluting the 22 conductresses of San-chung Passenger Transportation Company

朱恩伶 1985〈曾麗君為已婚婦女的工作權戰到底〉《婦女雜誌》196：32-37　Tseng Li-jun fights for the rights to work for married women

李元貞 1984〈重新開花　繼續結果〉《婦女新知》29：社論　Continue to bloom and bear fruits

――― 1985〈僱用家庭主婦的好處〉《婦女新知》36：3　The benefits of employing housewives

――― 1986〈婦女運動的回顧與展望〉《婦女新知》53：4-6　Review and prospect of the feminist movement

――― 1987a〈雛妓問題步步艱難〉《婦女新知》57：0-1　The difficulties facing the problem of underage prostitutes

――― 1987b〈我為什麼投入婦女運動〉《文星》105：111-114　Why I am involved in the feminist movement

李美枝 1986〈陽剛陰柔之辨〉《婦女新知》46：2　The distinction between masculinity and femininity

李聖倫 1987〈優生保健法帶給醫生的困擾〉《婦女雜誌》220：116-117　Troubles brought upon doctors by the Eugenic Protection Law

林美絢 1984〈婦女的成長目標〉《婦女新知》36：1　The goals for women's development

俞慧君 1987《女性工作平等權》　台北：蔚理法律出版社　Women's equal employment rights

徐慎恕 1983〈我把主婦的工作當職業〉《婦女新知》16：13-14　I am a professional housewife

張茂桂 1989《社會運動與政治轉化》《国家政策季刊》1：52-59　Social movements and political transformation

陳惠馨 1990〝從我國現行法中有關保護女性勞工規定之檢討談未來立法之取向〞男女工作平等法草案及相關文獻彙編　台北：婦女新知　"Laws and regulations for the protection of female laborers：the present status and future development" in Collection of the Equal Employment Bill and related documents

吳嘉麗 1989〈「婦女與環境保護運動」講評〉《女性知識份子與台灣發展》　台北：中國論壇　Comments on "Women and the movement for environmental protection," Female intellectuals and the Development of Taiwan

婦女新知雜誌／基金會 1986a〈兩性對談：感情、溝通、自我教育（上）〉《婦女新知》48：6-8　Dialogue between the Sexes：

emotion, communication and self-education

—— 1986b <兩性對談：感情、句通、自我教育(下)>《婦女新知》49：6-7

—— 1987 <婦女節活動綜合報導：婦女開始行動了!>《婦女新知》59：2-5 Report on activities on the International Women's Day：Women start to take action

黃主文 1984《立法院公報》 73 (20)：59

黃奕壽 1986 <「我愛張生」說了什麼?>《婦女新知》47：11 What does the play "I Love Chang-sheng" say?

黃毓秀 1985 <邁向兩性平等的新社會>《婦女新知》37：2 Toward a new society of gender equality

曹愛蘭 1984「婦女性騷擾問卷調初步報告」《婦女新知》52：19-22 Preliminary report on the sexual harassment survey

楊國樞 1986 <兩性社會的新展望> 劉秀芳整理《婦女新知》 47：10 New prospect of a society of gender equality

廖榮利&鄭為元 1985 <蛻變中的台灣婦女—軌跡與前瞻>《婦女在國家發展過程中的角色論文集》台灣大學人口研究中心編印 631-656 Changing status of women in Taiwan： trajectory and prospect

鄭至慧&薄慶容 1987 <正視職業婦女所受的就業歧視>《婦女新知》58：1-9 Examining the job discrimination faced by working women

薄慶容 1985 <認真考慮採用彈性工作時間>《婦女新知》37：1 We should seriously consider flexible working hours

顧燕翎 1987 <從週期理論與階段理論看我國婦女運動的發展>《中山社會科學譯粹》(2) 3：37-59 Review the development of the feminist movement in Taiwan from the perspectives of life cycle theory and phrase theory. Sun Yat-sen Social Studies Journal

Barroso, Carmen and Cristina Bruschini 1991 "Building Politics from Personal Lives : Discussions on Sexuality among Poor

Women in Brazil," in *Third World Women and the Politics of Feminism.* 153-172. ed. Chandra Talpade Mohanty. Bloomington : Indiana University.

Chiang, Nora, and Yenlin, Ku, 1985 *Past and Current Stauts of Women in Taiwan,* Taipei : Population Studies Center, National Taiwan University.

Davis, Flora 1991 *Moving the Mountain : The Women's Movement in America since 1960,* NY : Toachstone.

Deckard, Barbara Sinclair 1979 *The Women's Movement--Political, Socioeconomic and Psychological Issues.* New York : Harper and Row.

Hsiao, hsin-huang 1990 Emerging Social Movements and the Rise of a Demanding Civil Society in Taiwan. *The Australian Journal of Chinese Affairs,* 24 : 163-179.

Lang, Olga 1946 *Chinese Family and Society.* New Haven: Yale University Press.

Luker, Kristin 1984 *Abortion and the Politics of Motherhood,* Berkeley : University of California Press.

MacKinnon, Catharine A. 1989 *Toward a Feminist Theory of the State,* Harvard University Press.

Severeignhaus, Sheldon R. 1989 "The Emergence of an Environmental Consciousness in Taiwan," paper delivered at the Annual Meeting of Association for Asian Studies, March 17-19.

Tanaka, Kazuko 1977 *A Short History of the Women's Movement in Japan.* Tokyo.

Trebilcot, Joyce 1982 "Two Forms of Androgynism," in *"Femininity," "Masculinity" and "Androgyny".* ed. Mary Vetterling-Braggin. Rowman & Allanheld. 161-169.

Warren, Mary Anne 1982 "Is Androgyny the Answer to sexual stereotyping," in *"Femininity," "Masculinity" and*

"*Androgyny*". ed. Mary Vetterling-Braggin. Rowman & Allanheld. 170-186.
Wolf, Margery 1970 "Child Training and the Chinese Family," in *Family and Kinship in Chinese Society*. ed. Maurice Freedman. 37-62.
Yao, Esther Lee（姚李恕信）1981 "Successful Professional Women in Taiwan." *Cornell Journal of Social Relations*. 16（1）: 39-55.

（河上婦志子訳）

訳者による注記

本論文は、台湾のフェミニスト組織である**婦女新知**の一九八二年から一九八七年までの活動を描写し論じたものである。一九八二年に顧燕翎たちが**婦女新知**を立ち上げた時点の台湾は戒厳令下にあったため、雑誌社という形式をとったが、戒厳令が解除された一九八七年に**婦女新知基金会**に改組したという。つまりここに描かれた**婦女新知**の活動は、戒厳令下でのフェミニズム運動であったわけで、彼女たちの勇気と努力に深く敬服せざるを得ない。

婦女新知の活動に焦点を当て、誕生の背景や活動の詳細を記した本論文は、台湾のフェミニストたちの努力と闘いの軌跡を知るのに格好の文献になっているが、さらに詳しく現代の台湾の女性たち、およびこれまでの歴史を知るには、顧燕翎も執筆者として名を連ねている日本語の文献、『台湾女性史入門』（台湾女性史入門編集委員会編、人文書院、二〇〇八年）が参考になる。この文献でも、**婦女新知**の活動がしばしば言及され、また**婦女新知**が提供した資料が至るところで活用されている。

翻訳するに際しては、台湾のメディアもそしてグループの女性たち自身も**婦女新知**と言い慣わしていたという顧燕翎の助言を受けて、「婦女新知雑誌社」という名称を用いず、**婦女新知**とすることにした。そして雑誌であることが明確な場合にだけ『婦女新知』と表記した。**婦女新知**はその後も現在にいたるまで活発な活動を続けている。また台湾の女性を取り巻く法的・制度的・社会的環境もその後大きく変化した。顧燕翎はすでに英文で本論の続編を書いているが、翻訳者の力量不足のために今回は本論文を訳出するに留めざるをえなかった。いずれ機会があれば続編も訳してみたいと思う。

顧燕翎は、台湾大学の外国語学部を卒業し、アメリカの大学で修士号やスペシャリストの資格を取得した後、一九七五年から台湾・新竹市の交通大学でジェンダー論の教授として教育に従事し、その間一九九七年から一九九八年まで婦女新知基金会の理事長を務めた。一九九八年には台北市の市長となった馬英九に請われたため、大学を休職して台北市政府の公務人員訓練センターの主任に就任、その後二〇〇二年から二〇〇四年まで台北市政府の社会局局長として働き、現在は台北市政府顧問の地位にある（詳しい履歴や業績については、Wikipediaと関連サイトの「性別研究所」を参照してほしい）。この略歴からもわかるように顧燕翎は、研究者、教師、行政官、そして女性運動の活動家として幅広い経験と見識をもつ有能なフェミニストである。

私が台北市にある**婦女新知**のオフィスを訪問したのは、ちょうど彼女が理事長のポストに就いていた時で、**婦女新知**で働きたいという応募者からの書類選考に追われていた。一〇〇平方メートル以上の明るく広い部屋で、若い男女がホットラインで相談を受け付けたり事務作業に励んだりしていた。生き生きとした軽やかな雰囲気であったと記憶している。

また本論文に出てくる呂秀蓮について簡単に紹介しておくと、彼女は一九七四年に『新女性主義』を出版して台湾のニューフェミニズムの旗手となった女性である。その立場は穏健な体制内改革路線であったが、その後、台湾民主化運動に身を投じ、一九七九年の世界人権デーでデモを支持する演説を行なったため、国家反逆罪の科で国民党政権に収監された。一九九二年に日本の国会議員にあたる立法委員に当選、一九九七年には桃園県の県長に就任、そしてついに二〇〇〇年台湾史上初めての女性副総統になった（『台湾女性史入門』p.71, pp.186-187）。

あとがき

本書は、神奈川大学人文学研究所の共同研究グループ「ジェンダー・ポリティクスのゆくえ」の構成員によって企画され、執筆された。この研究グループは、最初の研究成果として二〇〇一年に『ジェンダー・ポリティクスのゆくえ』（勁草書房）を出版後、新たなメンバーを加えて再出発し、ジェンダーの視点からの文化的表象の分析と、支配的なジェンダー秩序への抵抗運動についての考察を深めてきた。本書がその成果の一つであるが、本書がさまざまな角度から浮かび上がらせようと試みた理論と実践の相互関連性は、この研究グループの活動の過程が私たちの日々の認識と行為に与えてきた影響にこそ、もっともよく体現されているように思われる。

最後に、私たちの共同研究プロジェクトを、「神奈川大学人文学研究叢書」の一冊として刊行する機会を与えてくださった神奈川大学人文学研究所のみなさんと、編集を担当された御茶の水書房の黒川恵子さんのご尽力に、執筆者一同心より感謝申し上げたい。

二〇〇九年十二月

村井まや子

執筆者紹介（執筆順）

金貞我（Jeong Ah KIM）

韓国、慶尚南道生まれ。1997年東京藝術大学大学院美術研究科日本・東洋美術史専攻博士課程単位取得修了。米国オレゴン大学アジア・太平洋研究所研究員。神奈川大学外国語学部国際文化交流学科准教授。同大学非文字資料研究センター主任研究員。専門は日本・東洋美術史、東アジア図像資料における文化表象研究。主著に『東アジア生活絵引　朝鮮風俗画編』（共著、神奈川大学21世紀COEプログラム研究推進会議、2008年）、「風俗表現における図様の伝統と創造—東アジア風俗画資料の作例から—」（『人類文化研究のための非文字資料の体系化』第3号、2006年）、「申潤福筆『蕙園傳神帖』について」（『人類文化研究のための非文字資料の体系化』第2号、2004年）、「宗達派『伊勢物語絵色紙』の考察」（『美術史』139号、1996年）がある。

小松原由理（Yuri KOMATSUBARA）

茅ヶ崎生まれ。東京外国語大学大学院地域文化研究科博士課程修了。博士（学術）。神奈川大学外国語学部国際文化交流学科助教。専門はドイツ芸術文化論、特に20世紀前衛美術。主著に「アヴァンギャルドにおける反マスメディア的身体の表象」（『神奈川大学人文学会人文研究』2009年）、『ドイツ文化史への招待』（共著、大阪大学出版、2007年）、“Die Grenze verwischen oder verschieben?: Zur dadaistischen Grenzüberschreitung des ichs”）（『ドイツ文学』5巻1号、2006年）がある。

笠間千浪（Chinami KASAMA）

横浜出身。早稲田大学大学院文学研究科社会学専攻博士後期課程修了。博士（人間科学）。神奈川大学人間科学部教授。専門は社会学、ジェンダー研究。主著に「＜ノイズ＞たちの承認闘争：「感性的なるものの布置」への攪乱」（『神奈川大学評論』第58号、2007年）、『マイノリティと社会構造』（共著、東京大学出版会、2002年）、『日本社会とジェンダー』（共著、明石書店、2001年）がある。

村井まや子（Mayako MURAI）

神戸生まれ。ロンドン大学ユニヴァーシティ・カレッジ比較文学科博士課程修了。PhD（比較文学）。神奈川大学外国語学部英語英文学科准教授。専門はイギリス文学、比較文学、おとぎ話。主著に*Contemporary Fictional Repurposings and Theoretical Revisitings of Fairy Tales and Fantasies*（共著、Edwin Mellen Press、2010年刊行予定）、『女性フェアリーテール作家選集　オーノワ、リッチー、ド・モーガン』（編集・解説、Eureka Press、2010年刊行予定）、『表象としての日本　移動と越境の文化学』（共著、御茶の水書房、2009年）、『無垢なるモンスター　ダニエル・ジョンストン物語』（共訳、プレスポップギャラリー、2007年）がある。

山口ヨシ子　(Yoshiko YAMAGUCHI)

群馬県生まれ。津田塾大学大学院博士後期課程単位取得満期退学。神奈川大学外国語学部英語英文学科教授。専門はアメリカ文学。主著に『表象としての日本　移動と越境の文化学』（共著、御茶の水書房、2009年）、『「アンクル・トムの小屋」を読む　反奴隷制小説の多様性と文化的衝撃』（共著、彩流社、2007年）、『女詐欺師たちのアメリカ　十九世紀女性作家とジャーナリズム』（彩流社、2006年）、『アメリカ文学にみる女性と仕事　ハウスキーパーからワーキングガールまで』（共編著、彩流社、2006年）がある。

河上婦志子（Fujiko KAWAKAMI）

大阪生まれ。大阪大学文学部博士課程修了。神奈川大学名誉教授。専門は教育社会学。主著に「オンタリオ女性教師協会連合の専門職主義」（『神奈川大学　心理・教育研究論集』第28号、2009年）、「ジェンダーでみる日教組の30年」（『神奈川大学　心理・教育研究論集』第25号、2006年）、「平等化戦略としてのアファーマティブ･アクション」（『女性学研究』第11号、大阪女子大学女性学研究センター、2004年）、『ジェンダー・ポリティクスのゆくえ』（共著、勁草書房、2001年）がある。

顧燕翎（Yenlin KU）

台湾生まれ。アメリカ・クレアモント大学院修士号（言語学）取得後、インディアナ大学スペシャリスト（教育システム工学）取得。台北市政府顧問。専門は英語学、ジェンダー論。主著に『差異與平等：香港婦女運動的新挑戦』（共著、香港理工大学応用社会学系社会政策研究中心、2001年）、*Guide to Women's Studies in China, Hong Kong and Taiwan*（共著、University of California Press、1998年）、『女性主義理論與流派』（編著、女書店、1997年）がある。

編者　神奈川大学人文学研究所《かながわだいがくじんぶんがくけんきゅうじょ》

神奈川大学人文学研究叢書26

ジェンダー・ポリティクスを読む――表象と実践のあいだ

2010年2月28日　第1版1刷発行

編者――神奈川大学人文学研究所©
（村井まや子　責任編集）
装幀――鈴木 聖
発行者――橋本盛作
発行所――株式会社御茶の水書房
〒113-0033 東京都文京区本郷5-30-20
電話　03-5684-0751（代）
組版・印刷・製本所――東洋経済印刷株式会社
Printed in Japan
IBSN978-4-275-00867-1 C3036